《曾子学刊》编辑委员会（按姓氏拼音排序）

主　任：彭国翔　朱瑞显
副主任：黄玉顺　颜炳罡　朱险峰
委　员：白彤东　蔡家和　陈壁生　陈晨捷　丁四新　杜　崙　杜保瑞　方朝晖　郭　沂
　　　　金圣基　江林昌　林安梧　韩　星　梁　涛　黄怀信　贾晋华　江　曦　李贤中
　　　　刘光胜　李素金　欧阳祯人　阮玉诗　山口谣司　沈效敏　唐文明　王琛发
　　　　吴进安　温海明　王　平　王　成　肖永明　徐庆文　杨海文　杨世文　曾振宇
　　　　张　涛　郑炳硕　曾　亦　翟奎凤　曾令霞

主　编：曾振宇
执行主编：陈晨捷
副主编：江　曦　沈效敏　翟奎凤

曾子学刊

【第一辑】

曾振宇 主编

曾子研究院 // 中国哲学史学会曾子研究会 // 山东大学曾子研究所 主办

社会科学文献出版社

《曾子学刊》发刊词

曾振宇

　　朱熹的弟子，有姓名可考的有490多人，留下著述的超过100人。根据《汉书》记载，孔子弟子三千，宓子贱、漆雕开和曾子有著述流传于世。但是，隋朝之后留下著作的孔子弟子，或许只有曾子一人。宋度宗在《加封郕国宗圣公制》中说："孔氏之道，曾氏独得其宗。"朱熹也说："只观孔子晚年方得个曾子，曾子得子思，子思得孟子，此诸圣贤都是如此刚果决烈，方能传得这个道理。"曾子对儒家文化的传承之功于兹可见，其在中国思想文化史上的贡献与地位，主要表现为五个方面。

　　1. 曾子及其弟子参与纂辑《论语》，继承、传播与光大孔子思想。

　　2. 曾子开思孟学派之先河，发宋明理学、心学之先声。

　　3.《大学》"三纲领""八条目"，旨在彰明人类天赋的光明纯莹心灵。《大学》之"大"，在于为人类树立了生命意义与理想境界，引导人们追求真理，涵养德行，砥砺奋进，臻于至善至美的理想生命境界。

　　4. 孔子孝道传诸曾子，养亲、敬亲、谏亲与慎终追远，构成孔子、曾子孝道的基本内涵。培育感恩之心，践履仁道之本，"立身行道"，成就自身进而报效家国天下，是孔子、曾子孝道"一以贯之"之精华。

　　5. 曾子力倡君子人格，慎独省察，"吾日三省吾身"，尚忠信、崇仁义，"诚于中，形于外"，夙夜不忘"仁以为己任"，方能成就大丈夫恢弘刚毅"浩然之气"。《大戴礼记》"曾子十篇"，每篇都谈"君子"，君子人格贵在从生活方式到终极关怀全幅贯注儒家精神，以自我生命的存在形态，展示德慧生命的宏大气象。

　　由此可见，在儒家思想史上，曾子是承上启下、继往开来的思想家。源于此，中国哲学史学会曾子研究会、山东大学和山东省嘉祥县合办曾子研究院的相继成立，可谓恰逢其时。《曾子学刊》的创办,并非仅仅关注曾子思想研究,而是给学界与社会大众搭建一个论说的平台,"嘤其鸣矣,求其友声",正是本刊的宗旨与奋斗目标。

五四运动已届百年,白云苍狗,世事如棋。五四新文化运动讨论的热点问题,百年之后仍然是中国人关注的焦点。第一次鸦片战争结束之后,中国人仿佛从一场大梦中惊醒。"天朝帝国"为什么战胜不了"蛮荒小夷"?一部分先进的中国人痛定思痛之后,提出"以夷为师""师夷长技以制夷"。换言之,就是要打破天朝虚骄心态,虚心向西方学习。但是,西方的"长技"究竟是什么?人们的看法大相径庭。冯友兰先生分析说:"首先有人认为,要学习西方的兵器;其次有人认为,要学习西方的宗教(如太平天国);再有人认为,要学习西方的工业(如洋务派);也有人认为,要学习西方的政治(戊戌维新派)。旧民主主义革命家提出要进行更全面的革命,更全面地向西方学习,但没有成功。"五四前后的新文化运动提出西方的"长技"就是文化,中国社会要在世界上生存下去,就必须彻底废除传统的旧文化,全方位学习与吸纳西方新文化。新文化运动的这一观点极其深刻,因为它真正把握了问题的要害之处。

由此须回答的一个问题是何谓"文化"?当时有人认为西方文化是物质文明,东方文化是精神文明,梁漱溟则认为"所谓'文化'就是一个民族的人生态度和生活方式,其范围是极广泛的"。新文化运动对"新文化"的界定令人耳目一新:"新文化运动把新文化的要点归结为两件事:民主与科学。民主,并不是专指一种社会制度,而是一种人生态度和人与人的关系;科学,并不是指一种学问,而是一种思想方法。新文化运动讲到这里,可以说是把西方的长处认识透了,把向西方学习说到家了。它所要求的实际上是一种比较彻底的思想改造,要求人们把封建主义世界观和人生观改变为资产阶级的世界观和人生观,这就是所谓'攻心'与'革心'的真实意义。"基于此,在新文化运动过程中,所有对传统旧文化的批评、批判与否定的言辞至少在社会政治层面上,具有历史进步意义。它对于冲决思想网罗、涤除旧的价值观念、全方位汲取西方先进思想与文化功不可没。

但与此同时,在学术的层面上,我们也应当清醒地认识到,陈独秀、胡适、钱玄同、吴虞等人对以孔子为代表的儒家思想的批判存在着诸多片面与极端之处,所谓"深刻之片面"。尤其值得一提的是,当年猛烈批判儒家的学者,在五四新文化运动结束之后,大多进入了自我反思与检讨的心路历程之中。20世纪初的这一奇特文化现象,可概括为"集体反思"。譬如,章太炎早年曾激愤地批孔非儒,在1902年撰写的

《订孔》一文中，借日本人远藤隆吉之口驳难孔子："孔子之出于支那，实支那之祸本也。"在1906年撰写的《诸子学略说》等文中讥讽孔子为"湛心利禄"的"国愿"。孔子以"富贵利禄为心"，是"儒家之病"；孔子"湛心荣利"，有甚于乡愿，是"国愿"。孔子思想与近代民主革命所追求的"民权""民主"精神相颉颃，因此，"孔教是断不可用的"。然而迨至晚年，其立场与观点大变。1914年章太炎对《订孔》作了修订，把"孔氏"改称为"孔子"，称赞孔子的"圣人之道，罩笼群有"，孔子"洋洋美德乎，诚非孟、荀之所逮闻也"。1933年，章太炎在苏州成立"国学会"，此后又创设"章氏国学讲习会"。章太炎在这一时期讲学的目的，在于弘扬民族文化、呼吁尊孔读经、激励爱国热情。在1935年《答张季鸾问政书》中倡言："中国文化本无宜舍弃者。"章太炎站在爱国主义与民族主义立场上，将读史与爱国相联系，"中国今后应永远保存之国粹，即是史书，以民族主义所托在是"。章太炎将经籍归为史类，读史即读经。因此，章太炎在晚年不遗余力地呼吁尊孔读经。"儒家之学，不外修己、治人，而经籍所载，无一非修己、治人之事。……夫如是，则可以处社会，可以理国家，民族于以立，风气于以正。一切顽固之弊，不革而自祛，此余所以谓有千利无一弊也。"前有《訄书》，后有《检论》，以今日之是非昨日之非。立场与观点的改变，体现的不仅仅是学问的日益渐进，也是人格的日臻完美。像章太炎先生这样在五四新文化运动时期猛烈批孔反儒，在五四新文化运动之后又反思自我，在思想上经历了否定之否定心路历程的人，大有人在。甚至可以说当时绝大多数"先进的中国人"，经历了这一从批判到反思、再到辩证认识的心路历程。胡适早年主张"全盘西化"，呼吁批孔："捶碎，烧去！"晚年却一再申明："有许多人认为我是反孔非儒的。在许多方面，我对那经过长期发展的儒教的批判是很严厉的。但是就全体来说，我在我的一切著述上，对孔子和早期的'仲尼之徒'如孟子，都是相当尊崇的。……我不能说我自己在本质上是反儒的。"在五四新文化运动的先驱者中，钱玄同可以说是一员骁将，多次撰文呼吁废除汉字，"汉字之根本改革的根本改革"。不仅如此，对历史上的孔子与儒教，要"摔破，捣烂，好叫大家不能再去用它"。但是，在1926年4月8日致周作人的信中，他对待孔子和传统文化的心态已趋向平和、宽容："前几年那种排斥孔教，排斥旧文学的态度很应改变。"陈独秀在五四新文化运动中是"打倒孔家店的英雄"，叱咤风云、名盛一时。早年曾断言"倘以旧有之孔教为是，则不得不以新输入之欧化为非。新旧之间，绝无调和两存之余地"，但是，晚年陈独秀又撰文指出，在现代知识的评定之下，孔子思想仍有其现代价值："在孔子积极的教义中，若除去'三纲'的礼教，剩下来的只是些仁、恕、忠、信等美德。"在尘埃落定的五四新文化运动之后，绝大多数中国知识分子进入了集体反思之中。因为如果不能从片面激愤地批评中国传统文化的心结升华到对传统文化有一全面、辩证的认识甚至"同情之理解"，就无法在知识和人格上实现自我超越。可喜可贺的是，当时绝大多数中国知识分子已实现了这一内在自我超越。

目 录

学者访谈

寻找诗意栖居的大地与家园：从中西间视野看"家"与"孝"
　　——张祥龙教授访谈录 ………………………………………………… 1

孝道思想及其历史发展

儒家孝文化的本质研究 ……………………………………………… 吴进安 13

"立爱自亲始"
　　——论等差之爱与一体之仁的贯通 ………………………………… 宋立林 26

由孝道到孝治：先秦儒家孝道观发展的两次转进
　　——以《曾子》十篇与《孝经》比较为中心的考察 ……………… 刘光胜 42

"孝"观念的起源、发展及其在两汉时期的定型和影响 …………… 孟祥才 57

朱子仁孝论发微 ……………………………………………………… 韩　星 65

"一准乎礼"：儒家孝道对中国古代法律的影响
　　——以《唐律》为中心的讨论 ……………………………………… 曾振宇 78

儒家孝道与当代社会

孝道、孔子改制与儒学的现代转化 ………………………………… 曾　亦 99

先秦儒家孝道在现代家庭的转化与实践 ……………………………………… 林登顺 109

孝道的当下与未来

  ——以人类未来的家庭命运为视角 ………………………………… 蔡祥元 122

科技趋势下社会孝道实践的优先级 ………………………………………… 张丽娟 133

道教祭炼科仪的儒道内涵与孝道理想 ……………………………………… 王琛发 152

曾子孝道专题

"四书"、《礼记》对曾子孝道言行之阐发 ………………………………… 蔡家和 172

师生互动的心法传递：试论曾子之鲁 ……………………………………… 蔡忠道 185

《孝经》研究专题

论孝了死生之大义：《孝经》大义探微 …………………………………… 姚中秋 197

明儒吕维祺《孝经大全》和会朱陆的注释特色与以经解经的解经原则 …… 刘增光 211

学者访谈

寻找诗意栖居的大地与家园：
从中西间视野看"家"与"孝"
——张祥龙教授访谈录

近年来，随着传统文化复兴，作为儒家思想核心之一的孝道再次进入人们的视野，学界与社会各界围绕儒家孝道的探讨不绝如缕。在此背景下，张祥龙教授的大作《家与孝：从中西间视野看》甫一出版便激起巨大的学术反响与社会关注。通过中西比较，张祥龙教授认为，对孝现象和孝意识的体会，是理解家和人类独特性的一个关键，也是认识儒家及其未来的一个要害。针对张教授的观点，学界数次召开学术会议，围绕儒家孝道展开深入的探讨。

有鉴于孝道对于儒家思想的根本性意义及其在当代社会的争议性地位乃至其对于未来人类文明走向的深远影响，2018年4月21日，本刊特委托博士研究生李富强、硕士研究生刘飞飞在曲阜尼山书院酒店对张祥龙教授进行采访。感谢张祥龙教授在会议间歇抽空接受访谈以及对文稿的细心审阅！也感谢李富强、刘飞飞两位同学在整理与校对文稿中所付出的辛劳！

以下问题由本刊提出，由张祥龙教授作答，对此在文中不一一标出。访谈资料主要根据现场录音整理。

问： 首先，非常感谢张老师抽出时间接受我们的采访。我们知道您一开始主要是从事现象学研究的，与此同时也研究道家思想，您的第一本著作就是《海德格尔思想与中国天道》，影响很大，但是在那之后，最近这十多年，我们注意到您主要从事儒家方面的研究，并且特别关注孝道思想研究，我们想知道，您的这一思想转向是从什么时候开始的，有什么思想契机？

答：其实《海德格尔思想与中国天道》里面也有儒家，并且在那个时候，我对儒家的评价已经是非常高的了，绝不比对老庄的评价低。当然了，你说的转向也有某种兴趣上的转向，或者加强。以前在接受采访的时候，也常被问这个问题，我也说到过。当然首先是家庭经验，今天就不详说了。20世纪六七十年代的个人遭遇使得我对亲子经验有了切身的领会，它（亲子关系）是超越其他的社会关系的，在你最困难的时候，只有这种经验、这种关系是最经得住考验的。另外就是有了家庭、有了孩子后，我对儒家的体会整个的就深了一层，这是人生经验的背景。如果从学理上讲，也有一些契机，一个是我对儒家很有好感，在美国留学的时候就开始读儒家的一些书，也受到当时"港台新儒家"的影响。我在美国读书的时候有个同学，从台湾大学过来的，他就给我讲了一些牟宗三先生的著作，还有钱穆先生的《国史大纲》，还有其他现代新儒家的一些思想。台大旁边还有毓老（毓鋆）教他们儒家的一些东西。所以从那时候开始，我便对儒家有了感情，然后就想了解现代新儒家。虽然我读他们的书，也很有收获，但是感到他们在家与孝道这个问题上的思考与研究还有所欠缺。

后来阅读儒家的典籍，有了更多我个人的体会，感觉到儒家是以亲亲（亲爱你的亲人）、家庭、孝悌为本的，但是现代的新儒家，都不讲这个了，甚至号称现代新儒家的熊十力先生还对家庭进行谴责。所以我感到这是一个学理上涉及儒家当前和未来命运的关键问题。儒家和其他宗教的区别，或它自己的特点，就在于它从"亲亲"讲到"仁民"，从"仁民"讲到"爱物"，"孝悌也者，其为仁之本与！"不讲家庭、不讲亲子关系、不讲亲爱，那叫什么儒家呢？而且有的现代新儒家学者把儒家尽量往自由主义那边拉，这样的儒家将来就不可能有自己的生命力了，改造出来的那个还是不是儒家都难说了。所以这是一个学理上的考虑，要为儒家重新寻找它的生命之根。

另外一个就是现象学，它对我的影响是很深的。现象学里讲究原初经验，从胡塞尔讲意识经验到后来海德格尔讲生存经验，后来像舍勒和列维纳斯都讲伦理经验是极其关键的。现象学家所讲的这些，隐含着对儒家有意义的东西。虽然他们没有按照儒家的方式讲孝悌。由这些经验发展过来，海德格尔已经讲"家"，但还是不讲具体的"家庭"。到列维纳斯，他已经开始讲"家庭"，讲夫妻关系，甚至讲到亲子关系，不过他讲的跟儒家所讲的不一样。但是你可见得，只要是重视人生经验的，它不是一上来就是靠那些哲学理论或者政治学理论来构建，那么这个家的关系、亲子关系是不可避免的。由于这些机缘，这十几年或近二十年来，我对"孝"的研究就很突出了，因为我在摸索，从这儿是不是能够让儒家的这条老根在现代社会和未来发出真正的新芽和新枝？还有一个就是通过这个研究为现象学开出新的东西来，西方现象学虽然讲到了家、家庭、夫妻关系、亲子关系等，但是他们毕竟没有进入真正意义上的家庭、亲子关系，尤其是亲子关系对伦理与人生的塑造作用。

问：您的研究理路大致来说是采用现象学与儒家哲学中西互鉴、互发的研究方式，一方面它能挖掘出儒家哲学"日用而不知"的深层内涵，发明"家"与"孝道"的人性依据，认为家和孝是人类生存乃至理解世界的源头；另一方面也推进了西方现象学的发展，指出胡塞尔、海德格尔等现象学家对家与孝的重视不足。这是否是您的书的副标题——"中西间视野"之"间"的用意所在？如何看待孝道思想在西方传统文化中的缺失及其可能后果？

答：我治学的一个特点就是比较自觉地做一些中西的对话和交织，用"对比"已经都不够了。我并不是作现成的对比，而是说希望在两边的源头处发现某种思维、话语的内在的交织，达到这么一个境界。所以你刚才问的第一个问题也是对的，"中西之间"当然——就我讲的这个层次——也是有深意的。讲"家"，中西之间是怎么看的？而且不光是对比着看，它们之间达到一个什么程度？比如海德格尔他是怎么讲"家"的：海德格尔已经活生生地脱开了一点儿西方的传统，因为他以往的西方哲学不讲"家"，他开始讲"Heim""home"，所以他已经站到某种"之间"，我叫它"范式间"。不同的文化范式、不同的哲学范式真正发生交织、实质性交往，应该是在"范式间"：既不在某个范式内，比如说对外来的东西搞"格义"，又不是"反向格义"（用另一个范式对自己搞"格义"），而是说一定要站在这个"之间"，才会出现一些真正的、新的思考。

历史上最成功的典型，就是能站在"之间"思考的佛家在中国的命运。当时来了很多印度、中亚或者是波斯的思想与宗教，但是只要不能站在这个"范式间"或者"对话间"的这么一个位置上的，最后在中国就消失了，或者是不算很成功，成为很弱的一个流派。佛教里面的大乘般若派，它最后能打动中国知识分子，产生那么大影响，生出新枝、新种，就是因为它能站在这个"之间"。所以我确实是有这个用意，我阐发的儒家，也是希望不只是重复以前儒家的经典、话语，而是要通过这种阐发真正地能够站在中西的范式之间来思考。

后面这个问题也蛮重要的，就是孝道思想在西方文化中缺失的这么一个现象。当然我们大家也都知道，西方文化中确实是孝道思想不突出，首先是原本的家庭关系，在近现代的西方哲学和整个社会思潮、文化思潮中，都已经在很大程度上被淡化了，也就是被个体主义、自由主义或者是不讲家庭的社团主义掩盖住了，"家"观念已经模糊了。在他们的生活中，家庭还在，但是很破败了。美国的离婚率高于百分之五十，欧洲的很多年轻人现在不结婚，他们可以生孩子，但是不用结婚，他们的法律也就跟上，这种没有婚姻关系的人生的孩子跟正常家庭出生的孩子享受同样的法律待遇，所以家庭好像是很衰败。当然在我们这儿也衰败，但是去家庭化的源头是在他们那边。所以这样看，西方确实是有一个"家庭"的衰落，尤其是孝道，更是缺失。我有一次去凤凰电视台讲儒家，前面讲完了，主持人就提问说："你觉得当代西方家庭衰败，我看着还挺好的嘛。你看好莱坞电影现在都演夫妻一开始离婚了，然后电影完了重新和好，父子关系、亲子关系也都重新和好，看来西方人对家庭特别关注啊！"我回答说不尽然，因为家庭关系，我们下面可能会讲到，对我们"人"来讲太根本了，既然这么根本，它对作为我们这种现代智人来说是永远都脱离不掉的，所以它肯定也在这里面。认真思考的话它那里头缺少孝，你看他似乎也在讲夫妻关系、讲亲子关系，但是这种亲子关系往往就近乎朋友关系了，父子那种感情分裂再和好是一种跟朋友差不多的关系。他们不讲孝道，父母老了，子女没有真正道德上的义务来给他们养老送终，更谈不上经济上的尽义务与责任了。

当然还有更重要的就是精神上的孝道。他们对祖先的那种尊崇与追忆，家庭传统的继承，历史上是有的，比如贵族中的家庭传统。这个很重要，但是现在确实是很衰败，现在西方（近现代）孝道是很缺失的。但是还有一方面，我说这就是"显缺"，就是说从明显的角度来看它很缺失，但是从"隐性"的角度上看，它还在。我不是说它有多繁荣，但是毕竟还在，因为这确实是人的本性。哪怕你就是单亲家庭——母亲或父亲养自己的子女，它还是个家庭，毕竟跟那种根绝家庭的局面很不同，比如现在的高科技据说要把我们人类升级、饲养、生产，来更高效地改造人类，如果它成功了，未来就会把人类变成没有家庭关系的另外一种所谓的优良物种了，那与我们现在的状态就很不一样了。而且你看西方的经典——，它最重要的经典《圣经》和古希腊的经典，其中家庭关系经常是不怎么样的，希腊那些神他们之间的家庭关系并不好，尤其儿子一般是去反抗父亲、推翻父亲，然后他自己做主神，但是它那里面的家庭（尤其是人类家庭）毕竟还是极其重要的。所以你看古希腊，他们演悲剧，里面弑父娶母这是最悲惨的、让人生最痛苦的事情，这比他自己被杀要痛苦一百倍、一万倍，所以家庭关系的受伤害是让一个人最椎心、最痛苦的事。基督教也一样，上帝要测试亚伯拉罕的忠诚，就让他去杀他自己的儿子来献祭，上帝都想不出别的办法来测试亚伯拉罕到底是不是信仰上帝的（上帝被人骗了好几次，最后他用洪水、用烈火来消灭人类，说人类怎么背叛了他），最后只能通过亲子关系来测试。西方人以他们的那种负面的、惨烈的或者是悲剧的方式反映出来他做人的本性，可见家庭关系还是非常重要的。即使是"孝道"，意识形态不太强的地方也能反映出来。洛克是一个自由主义思想家，但是你们去看洛克的书，说父母对子女的恩情，子女必须要报恩，不报的话从道德上讲完全是不对的。后来康德他们受启蒙运动影响之后，就把这个孝道给压下去了，认为年轻人没有道德义务来报答父母，等等。

现象学中，上面刚刚提到，列维纳斯在他的《整体与无限》（那本书现在已由朱刚教授译为中文出版了）中，已经讲到了家庭关系，讲得挺出色的，它最后结尾的时候就说"家庭是时间的来源"，当然他说的这个时间不是物理时间，而是世代时间。我们人类直接体验到的时间，是原本的生存时间，而这种能给我们人生带来意义的时间是通过家庭而构造的。"父母—儿女""祖先—后代"，这就是时间，是我们实际上最关切的，所以儒家在我看来确实是表达了人类的、真正合乎人性的东西。另外，有一位马里翁，去年到我们中国来访问的，也是一位当代很重要的法国现象学家，他从神的角度讲现象学的这种被给予的经验，讲得很出色。

去年我、倪梁康教授与马里翁有一次对话，我们就这个问题有一些争论，《南方周末》刊载了一个比较简单的报道。他主张最原本的爱是人和神之间发生的，所以人从根本上说是被给予了生命、被给予了恩惠，让我们能够存在。这个爱是特别纯粹的，因为神给予我们的爱和生命是不求回报的，所以我们能被打动，它也才是一种真正的爱。我讲到儒家在这一点跟基督教是相似的，也是以爱为学说根基的，但是我们这边主要讲的是"亲"爱，就是父母亲对子女的爱和子女对父母亲的回报之爱，这个对儒家来讲也是根本的东西。后来他跟我争论，说如果一个爱还期待回报，它就不是纯粹的爱，它就是一种功利性的爱。我说不是这样，儒家讲的儿女对父母的孝不是算计出来的，从根基处不是算计出来的，父母给了我生命、给了我很多爱，我应该怎么回报。这个回报是另外一个层次上的，最原本的就是儒家讲的良知良能，你对父母的孝爱是天然的，就像孟子或者王阳明他们讲的，你见父母自然知孝。原本的或正常的父母慈爱是那么纯粹，它自然会激发出一种"回爱"。由这个"回爱"再生出来的回报是结果，不是原因，原因是"回爱"，这是一个争论。所以你看实际上西方现象学中的"缺失"，有时正是对话的机会，因为它讲人生经验本身的哲理，就已经把这个讨论引到儒家的门口了，如果我们有意识地把它接引过来加以消化，就能够形成与他们的内在思想进行对话与讨论的实质性交往。

问：从时间性尤其是代际时间性来分析儒家孝思想与孝现象的兴起是您的一个极具创新性的重大贡献，但是侧重于这一线索是否有遮蔽或忽视儒家孝道的其他考量（比如以父系家长制维护社会稳定、维系政治秩序）的可能？

答：首先，一个简单回答就是：不会。不会遮蔽或忽视其他的一些考量，比如说你提到的父系家长制，或者是我们今天上午（会议）说到的"尊尊""敬"的那一面。今天上午有的学者给我提问题，说你光讲儒家提到的"亲亲"一面、"爱"的一面，可是"亲亲"关系里头还有"敬"的一面，或者说"礼"的那一面。我的观点是，"亲亲"它是更根本的一种爱，它不是一般的爱，这种爱可以是非对象化的。从你这个问题以及前面提到的"代际时间性"可以想到：为什么我们人原本的关系是"亲亲"，而不是别的什么关系？因为我们人的"内时间"（这是现象学里面的讲法，我觉得还是符合大家的直觉的），就是我们直接体验到的人生意义，跟我们的"代际时间性"是很有关系的。这个时间不是物理时间，也不是一般的、抽象的现象学的意识时间、生存时间，它是带有血脉联系的、亲人之间的那种时间关系。它最明显的体现就是代际时间——当然，在同一代之间也有所谓"悌"的关系，就是长兄和弟弟或者长姐和妹妹这样的交叉，它们也都有一个时间的关系，但是最明显的就是这个代际的时间关系。

简单说来，这种时间本身就是一个意义之流，父母和子女之间的所谓时间关系就是一种原初的意义生成的联系，所以父母和子女不是存在论意义上的个体，他们是参与构造原初的人生意义的阴阳两方，所谓"一阴一阳之谓道"。这样看来，"亲亲"的这种爱是极其原本的，这种爱里头本身就有一种爱的秩序：子女对父母的爱和父母对子女的爱虽然都是自发、纯真的，但是它在这个时间之流中的位置不一样，父母的爱是从上往下流，子女的爱是从下往上流，所以在日常生活中子女自然就对父母有尊重、尊敬了，这样"礼"就出来了，这就是最原初的"礼序"。礼不是光靠外在的社会契约和习俗形成的，而是有着人性或亲亲的内在依据。你刚才提到的比如说父系家长制以及跟它联系的政治制度，实际上就跟儒家以前讲的"礼"是相关的。按照这个解释，这种礼的秩序实际上就是一种爱的秩序，"爱的秩序"这个词我是从舍勒那儿借用过来的，觉得很贴切。而礼的秩序在之前的中国国家形态中，正是政治秩序的源头，对国家治理有见地的思想家一再讲，你只有建立在礼的基础上，这个国家才能长治久安。这个是孔子最基本的主张，"克己复礼"，真正修身、齐家、治国、平天下就是靠这个，但源头还是爱，没有爱，礼或礼制就是繁文缛节，大家就不会自觉去遵守。所以儒家从孔子开始（其实周公也是），都是这样，在治国理政方面特别有信心，为什么会这样呢？因为他们认为只要我抓到这个孝悌、抓到"亲爱"这个礼的源头，我就能够让礼的秩序建立起来；礼的秩序一旦建立起来，国家就长治久安，天下就太平，所以这两者就没有那种意义上的矛盾。

问： 您认为亲子之间的关联为"后天的先天关联"，而"孝"是人区别于动物之所在，也就是说"孝"是人类文明的成果，但是您又认为"孝"是人的待发本性，有其先天根据，这一依据表现在哪里？"孝"作为一种亲亲之情在您的思想里具有重要地位，西方现象学家舍勒也重视情感问题，他以"情感先天"或"先天的情感"为质料建立了一套价值伦理学，您提出的"后天的先天关联"说和舍勒的"质料先天"说有何异同？

答： 我提出的"后天的先天关联"说和舍勒的"质料先天"说，在观念架构上有相通之处，去年写了两篇关于舍勒的文章，最近将要发表一篇。儒家与舍勒有很重要的相通的地方：舍勒也是从情感出发，他认为价值的源头是偏好与偏恶，伦理价值的源头就是爱与恨的情感，当然舍勒认为爱要比恨更根本，儒家也是以仁爱情感为本的，这点与舍勒是相通的。但是他在解释哪种爱是更原本的时候，和儒家有所不同，因为舍勒的思想有很深的基督教背景，他认为人对神的爱是最根本的。所以你问的这个问题是很重要的，这涉及我们论证亲子关系的价值源构性，甚至是政治上的合法性。今天上午召开了"儒学与自由主义的对话"会议，自由主义学者对儒家提出批评的地方，就是儒家的亲亲之爱，他们认为儒家的亲亲之爱只是一种情感，情感怎么能够作为建立现代国家的基础呢？在自由主义学者看来，儒家的情感就是父母溺爱孩子、裙带关系之类的东西，这种情感是缺少正义原则的；其次是不能反馈于政治制度，以维系一个良好的政治与社会秩序，尤其是如何保证个人自由。这都是儒家满足不了的，所以儒家的亲亲之爱基本上是没有现代意义的。

认识到儒家的亲亲之爱是"后天的先天关联"很重要，因为儒家讲的亲亲之爱表面上看是经验的、后天的。你生出来之后，才能与父母、兄弟、姐妹构成亲人关系，但问题就在这里，这种亲人关系和你与陌生人之间产生的外在的经验关系是不同的。因为亲人关系是原初的，其原初性与人的内时间意识或者人的生存时间意识的构造是内在相关的，它对我们的个人意识、价值观以及人格的建构，都至关重要，所以它有先天的维度。所谓先天的维度就是说它能够在后天的亲亲经验中建构出独立的道德观、正义观，这种道德观及正义观是超出经验层面的亲亲之爱的。我上午发言就举了一个例子，《大学》讲修身、齐家、治国、平天下，为什么要讲修身呢？把这个"身"解释为个体是不对的，它不是本体论意义上的个体，这个"身"是什么呢？为什么要修身呢？在一个不健全的社会关系或者家庭关系中，当人爱一个人的时候就会看不到那个人不好的地方，恨一个人的时候就看不到那个人好的地方，因为这个时候的爱与恨已经被对象化了，也就是说人被爱或恨的对象拴住，但这不是原初的爱。如果你的爱是原发的、真切的，人的内时间意识就不会被所爱完全控制住，而是会具有某种独立性，就是爱一个人的时候也能看出那个人的缺点，因为你真正爱的其实是那个人的人格。你爱别人的时候，就不愿意让被爱的对象陷入某种不好的状态之中，不愿意看到家庭被拖入悲惨的境况。所以这个爱有时间意识，可以看到未来，当然就可以从爱的人身上看到缺点，从恨的人身上看到优点。《大学》就是这么讲的，"好而知其恶，恶而知其美"，这恰恰就是修身要做的事情。我所谓的"后天的先天关联"就在这里出现了，后天的亲亲经验中能够培育或构建出某种超出对象化的亲亲观的道德观、正义观，又不丧失亲亲之爱。我觉得这个问题是特别关键的，因为近现代以来对儒家的攻击或误解就是从这里发生的，认为儒家的亲亲之爱就必会导致裙带关系等，看不到亲亲之爱所涵蕴的先天维度。

这种认识的根据何在呢？首先，刚才我已经讲了，这是我们都能观察到的事实。一个儿子在亲亲经验中长大，他就没有自己独立的思维方式吗？或者说，没有独立思考、判断是非的能力了吗？基于生活经验，我们就能看到情况根本不是这样的。这个问题儒家经典文献也有探讨，据《孝经》记载，曾子问孔子事事顺从父亲是不是孝，孔子反应很强烈，认为这种顺从不是孝，因为真正孝顺的儿子应该及时纠正父亲的错误。天子有勇于谏诤的大臣，天下就不会崩塌，家庭也是一样的。所以真正的孝顺是在父亲犯错误的时候，尤其是违背伦理规范的时候，你能够委婉地去劝谏，不是去告发父亲，而是"几谏"，不能伤害亲子关系，这是需要独立人格与思维能力的，所以说这是一个依据。其次，现象学的研究也有这方面的看法，列维纳斯的研究在这方面就有所揭示。他认为家关系中会产生真正的伦理关系，或者一个人与"他者"的关系，甚至说父亲与儿子的关系里面也有"他者"关系，所以从这个现象学的角度也能找到一些根据。最后，当代认知科学也有一些新证据，表明亲子关系导致的道德意识不只是后天的。有个实验是测量三个月大的婴儿判断是非对错的能力，实验的结果是大多数的婴儿喜欢合作的、公正的行为，而讨厌损人利己的不公正行为。这说明这些生养在家庭中的孩子们有一些先天的能力，所以出生后不久就有某种是非观。从科学的角度看，在家庭关系的亲亲之爱中是否具有判断是非的正义维度，还有待进一步的研究。当然了，我也会对此做更多的哲理研究。儒家到底能不能站得住，亲亲是不是"仁"或人的根本？亲亲之外是不是再加上某种东西人才成为"仁人"？到宋代的时候，新儒家对这个问题的回答已经相当含糊了，孔子说"仁者爱人"，宋儒如小程（程颐）与朱子却认为"爱人"是不能够让人成为"仁人"的，只有"爱之理"才行，爱作为情感只是"气"，不是"天理"。但不管是实际的生活经验、哲理上的研究还是认知科学的探索，表明我们已经有一些证据来论证这个先天根据说。

问：儒家讲的"时"多为"天时"，"时"是"天命"的一种表现形式——天人关系既是儒家的理论渊薮，也是人心安顿的最终归宿，那么代际时间如何下贯或者上达天命？

答：是的，这也是一个很有趣的话题，最近我在备课的过程中又读到阳明后学中的罗近溪，我们可以通过他来谈这个问题。罗近溪也通过"生生不已"来讲"天命"，但他有一个特点，就是把"生生不已"落实为家庭，晚年称之为"孝悌慈"。所以他说祖辈生父母、父母生子女、子女再生后代，这种代际与种族的传承、延续是最切近的"生生不已"，但不只是现代话语体系下的生物学的种族遗传，它本身既是伦理的，又是更根本的天命、天道周流不息的过程。他是把原本的心学的"本心"（现象学称为"内时间意识""原意识""人格"）和儒家的亲亲之爱、孝悌慈、家庭传承完全打通，所以我很欣赏罗近溪，他的理论是对阳明学的一个完成，使阳明学达到高峰。具体说来，所谓"天命生生不已"就是"天时"，"天时"不仅是四时等时间概念，它是活泼泼的、有身体血脉传承的，并且首先体现为代际时间。刚才已经讲了，在这个原初的内时间意识里就会涌流出原本的爱，有这个爱就能生发出仁、义、礼、智、信，就像罗近溪讲的，这样的"生生不已"就是我们的天命。

天命有两个含义：一个是天赋予我们的，"天命之谓性"，我们的本性是天给予我们的；另一个含义就是命令，天命令我们做什么。这两个含义，按照我们刚才的思路都可以解释。"生生不已"实际上就是这种天命，它包括天给予我们的东西，父母生我们，给予我们生命、良知、良能，这就是我们生而为人的天性。像上面提到的三个月大的孩子天生就知道什么是好与不好，我们也是如此，天生见到父母就知道要尽孝，具足四端之心。而且天所谓的命令，即我们应该做什么的这个责任，也是在天命的"生生不已"中，在代际时间中得以构成，这就是说人天然就具有传宗接代和构造"亲亲、仁民、爱物"的使命。在这个过程中人才能体会更深刻的东西，将道德、伦理与天命实现出来，由此看来，按罗近溪的思路，天道、天命和人性是相互贯通的。

问：对儒家而言，"孝"并不能包含家庭关系的全部，"孝"也不等于"家"。当前提倡孝道需要面临诸多困难：第一，传统的孝道与政治的关联过于密切，"移孝作忠"的伦理导向在当代社会已不大适用，这个该如何解决？第二，在儒家的家庭关系里，女性是受到压制和歧视的，母亲的角色与情感（包括夫妻情感与母子情感）也是被边缘化的，这个方面已遭到女性主义的质疑与否定，您认为应该如何有效应对其挑战？

答：我先来讲第一个问题，"移孝作忠"的理念在当代社会已不大适用了，儒家该如何解决？儒家如果以孝道为本的话，儒家在现代社会的政治与社会生活中还能起到什么作用？这个问题也很有意义。首先我觉得这个"移孝作忠"本身并没有太大问题，一个孝顺父母的孩子，他的道德意识的建构就是比较饱满的，所以说这种孩子他到企业里创一番事业，或者去政府部门做公务员，他成为一个好公民的可能性就比个体主义者要大得多。"移孝作忠"从根本上并没有什么错误，只是与古代政治制度牵涉过深，古代讲"忠"主要是"忠君"，但现在已经没有"君"了。

自由主义学者强调由个体自由才能进入现代政治，儒家的孝道局限于家庭关系，在法治建设方面是缺失的。首先，我承认儒家自身需要做出调整，因为现代人的心理已经发生了很大的变化，尤其在中国，新文化运动的冲击很大，造成"人心不古"的局面。其次，现代国家的建构并非要全盘按照西方的模式，如果非要依照西方的建构原则，那么儒家注定要被排除出去，尤其是在现代的政治生活中。其实，我们应该保持一种开放的心态，中国崛起也好，人类的未来也好，国家之间以丛林法则为主导原则的趋势不会有大的变化，包括人工智能对人类的潜在威胁，自由主义的现代政治建构并不能解决这些问题，所以儒家思想的那种范式"间"性，就很有值得关注的地方。

基于两边的考虑，我们不必把"移孝作忠"的对象规定为忠于君主之类的东西，像尧舜时代的"忠"就不是"忠君"意义上的效忠于君主，所以儒家在这方面应该开放，但儒家的根基不能丢掉，还是要讲"孝悌""亲亲"。"忠"可以理解为忠于职守，忠于一个公民的身份，忠于一个儒家设想得比较好的、能够给中国甚至人类带来美好未来的国家形态。

如何处理儒家与女性主义的关系也很重要。儒学是"时中"之学，要与时偕行，只要不危及儒家最根本的东西，儒家都是愿意做出调整的。孔子就是"圣之时者"的典范，不是教条主义者，他没有教条，但讲究原则。我觉得"亲亲"这个原则或源头是不能放弃的，因为人性的根本就在这里，其他的都可以调整，儒家与女性的关系当然也可以进行调整。汉代以后，儒家"扶阳抑阴"的说法比道家重视女性稍微差了一些，但和西方的古希腊、古罗马那种从体制上、法律上对女性的压迫相比，儒家要好很多。按照安乐哲的说法，女性与男性只是角色不同，因角色不同而承担不同的责任，如男主外、女主内等。从现代性的视角看，古代中国的女性似乎被剥夺了受教育、工作、参政等权利，即便在那种情况下，女性也没有过着一种奴隶的生活。相反，古代中国传统社会里的女性在家里的地位是很高的，《红楼梦》里的贾母就是一个典型。在基于亲亲之爱的家庭关系与族群延续中，女性也有自己的生活世界，也能够实现自身的价值。

但是在现代社会，儒家与女性的关系还是需要调整，我专门写过这方面的文章，在我看来，有两种调整的方式。一个就是要在体制内调整，古代中国是父系制社会，按父系这一系传姓，女子要嫁到男子家里，现代这种情况还存在，但是已经发生了大家都可以看得到的变化，已经有了多元化的趋势，其中小家庭越来越流行了。婚姻是如此，女子接受教育、外出工作、参政等都不在话下。另一个就是体制间的调整，我对泸沽湖纳西族摩梭人的母系家庭做过一点调查研究，很受启发。这种母系家庭从表面上看是特别合理的，这个家庭内部都是有共同血缘的人，没有外人，所以这个家庭就特别和睦。现在的家庭模式是拆散两个家庭组成一个新家庭，或者至少拆散一个家庭，重组之后的家庭总是有外人参与进来的。母系家庭不存在这种情况，所以他们天然就能够相互关爱、相互宽容，他们的生活幸福度确实很高。我们有些家庭出现的矛盾、摩擦、痛苦，就和外人的加入、家庭的联姻有关系。现代社会，儒家已经不是主流的了，我以前提过建立儒家文化特区，构建一个小型的儒家社会，里面能不能容忍母系家庭呢？我们可不可以用一种多元化的方式来考虑这个问题呢？这就涉及一个重要问题：母系家庭违背了儒家的基本原则吗？如果说儒家的基本原则是"孝悌""亲亲"，那么母系家庭并没有违背这一原则，只是表达方式不同而已。我们可以设想儒家小社会的家庭设计还是以父系为主，但是愿意生活在母系制家庭的人，只要不违背儒家的基本原则，也是完全可以的。通过体制内与体制间的调整，我认为儒家是能够应对来自女性主义的挑战的。

（采访及整理者：李富强　刘飞飞）

孝道思想及其历史发展

儒家孝文化的本质研究

吴进安*

摘　要　孝道思想是中国文化的核心，更是儒家思想的价值所在，它构成了内在的家庭伦理，并外显而有社会政治辟治之功。从传统到现代，孝文化的核心价值深深影响华人社会的观念与行为，但是在历经各种冲突与挑战之后，孝文化的形式与本质是否有所改变？根据实证研究的结果发现，情感性的伦理价值较不受结构性因素影响，但是社会结构的改变会导致传统义务性规范的维系较困难，因此对于孝文化的本质意义之探讨与澄清，在社会结构改变之趋势下变得非常重要。本研究即立基于此，重新检视、重构孝文化的本质，以期赋予其当代新义。

关键词　孝　孝文化　儒家

一　前言

从传统到现代，华人社会成员之间的互动运作法则，有一套以人际互动（伦理关系）设计的价值观与准则，这个价值准则即是以"孝"为准则。孝的实践是从家庭开始，因而有"国之本在家""齐家治国平天下"的观念，孝成为儒家一个鲜明的标志。自传统以来，讲求家庭伦理与孝道观念成为建构社会秩序的基础，进而影响政治哲学与运作，也表现在文学与艺术的层面，而成为一个紧密的体系，这也是儒家所追求的

---

* 吴进安，台湾云林科技大学汉学应用研究所教授兼所长。

社会形态。

朱瑞玲、章英华二人在《华人社会的家庭伦理与家人互动：文化及社会的变迁效果》一文中，以1999年与2000年两次针对台湾地区的调查所建立的《华人家庭动态数据库》为样本，分析台湾社会的家庭伦理，包括"孝道观念""家人互动""子女教养"等问题，得到如下的结果：

> 我们发现：台湾民众不分年龄、性别、教育、居住地区，普遍认为情感性孝道以及家庭的感情价值是最重要的家庭价值，同时也看重婚姻的必要性和维持的重要性；家人关系感情很好，在照料老病父母时手足很重要，绝大多数会经常与家人一起吃年夜饭。……至少对华人社会而言，家庭不仅不会在工业化社会中瓦解，家庭的感情功能愈来愈凸显。工具性功能则相形之下，已没有我们老祖先订下"家"的组织之当时那么重要了，但是这却不是因为现代性的价值与传统价值相互抵触，导致后者因而不能并存而逐渐消弱的缘故，而是社会结构改变，强制性及形式性的价值自然相应而变。①

过去探讨孝的文化及其所延伸的相关问题，多以哲理分析论述为主，较少有经验研究的报告；在现代化的冲击之下，传统以"孝"作为家庭关系（"五伦"中即有"三伦"）是否能挺得住各种现代化观念与行为的冲击，至少我们从这篇实证研究可以发现，家庭价值仍然受到肯定与实践，而使得家庭价值得以彰显的驱动力即是"孝"的核心观念，从而影响了家庭成员的行为。但也不能忽视所存在的隐忧，即社会结构的改变会导致传统义务性规范维系困难。此"义务性规范"即直指孝文化的本质所在，在历经现代化冲击之后，实有必要重新检视与厘清，此为本研究之缘起。本文之目的乃在透过历史流变，分析归纳出孝的文化之本质意涵，试以重建当代孝文化之本质性观念及表现形式。

二 传统孝文化观念的演变

孝道思想本为中国文化核心，更是儒家思想价值所在；有其内在与外在的功能，

---

① 朱瑞玲、章英华：《华人社会的家庭伦理与家人互动：文化及社会的变迁效果》，台湾中研院社会学研究所，2001，第17页。

内在的功能即是家庭伦理的建立，外在的功能即是发展出社会政治群治之道。唐君毅（1909~1978）先生对比中西家庭社会文化意义时，指出中国孝道思想之特色是"孝父母而及于祖宗，及于同宗之昆弟，中国宗法家族之意识以成。孝父母祖宗，而以继父母之志、承往圣绝学为心，历史文化之意识以成。此孝之纵的社会文化意义，则为西哲所未见者也"①。此种纵的社会文化意义，是以孝道为个人生命与各种关系建立的起点，除了是血脉关系外，另有其发展与延伸的面向，包括科举考试、举荐为官、民俗规约、家训家规，甚至到政府教谕与宗教劝化，也扩及渗透力是无形的、潜移默化的文学创作、小说戏曲，与有形的社会规约，等等。

论及孝的文化，研究者几乎都认同这是儒家的核心价值，自孔子以及弟子对于孝的阐释即可发现此言不虚。孔子的弟子有若就说："其为人也孝弟，而好犯上者，鲜矣！不好犯上，而好作乱者，未之有也。君子务本，本立而道生。孝弟也者，其为仁之本与！"（《论语·学而》），《春秋公羊传》"序"谓："昔者孔子有云：'吾志在《春秋》，行在《孝经》。'此二学者圣人之极致，治世之要务也。"孝何以成为儒家的伦理观念中具有特殊地位的观念，一方面它是道德的，属于自我人格完整的象征；另一方面是伦理的，触及各种关系的展开，并且影响中国文化观念。吾人必从历史的脉络中理解，方能有其血缘上纵的社会系统与横向的文化系统上之相互联结，以掌握其核心价值及其梗概。

（一）周文化中的孝观念

王国维在《殷周制度论》中说："殷周之兴亡乃有德与无德之兴亡，故克殷之后，尤兢兢以德治为务；以尊尊、亲亲之义上治祖祢，下治子孙，旁治昆弟，以贤贤之义治官，纳上下于道德也。"② 这说明了孝悌是周代宗法封建制度的基础。尤其是从相关文献之记载可以得到辅证：《逸周书·常训》有八政："夫、妻、父、子、兄、弟、君、臣"；《礼记·王制》有七政："父子、兄弟、夫妇、君臣、长幼、朋友、宾客"；《周礼·大司徒》有六行："孝、友、睦、姻、任、恤"；《周礼·师氏》有三行："孝行、友行、顺行"；《周礼·师氏》有六德："中、和、祗、庸、孝、友"，

---

① 唐君毅：《中国文化之精神价值》，正中书局，1997，第200页。
② 王国维：《殷周制度论》，《观堂集林》，艺文出版社，1958年影印本，第116~124页。

以上政教必含教孝,甚至在对于违反孝行之刑罚,亦有"不孝之刑",可见在周文化中,对于孝行之重视,除了提升至伦理与政治结合的地位之外,更赋予孝以特殊性地位。

(二) 孔子对孝观念的诠释

孔子的孝观念实际上综合了尧舜三代以来以祭祀、奉养为孝的观念,这是儒家所标榜的"祖述尧舜,宪章文武"的脉络;但是孔子诠释转化周的孝观念,是建立在人的觉醒与自我价值完成的前提下,包括"未能事人,焉能事鬼"(《论语·先进》)、"未知生,焉知死"(《论语·先进》),以及"敬鬼神而远之"(《论语·雍也》)的三个前提,在孝的观念中强调了"生事之以敬""死葬之以礼"以及为了报恩而对亡父之母守丧三年的内容,对于孝的内容有了更进一步的阐扬,他反思孝的存在价值与具有人文伦理情感的孝道观。

从《论语》的篇章中,可以发现孔子对于孝的观念,其关注的层面有两个重点,一是孝是规范,应如何做才是孝,二是反思行为背后的意涵。主要是在《为政》与《里仁》两篇,其余散见在《学而》、《泰伯》、《先进》及《子张》等篇,归纳如下①:

篇名	篇序	章句内容
学而	第二	有子曰:"其为人也孝弟,而好犯上者,鲜矣!不好犯上,而好作乱者,未之有也。君子务本,本立而道生。孝弟也者,其为仁之本与!"
	第六	子曰:"弟子入则孝,出则弟,谨而信,泛爱众,而亲仁。行有余力,则以学文。"
	第十一	子曰:"父在观其志,父没观其行。三年无改于父之道,可谓孝矣。"
为政	第五	孟懿子问孝。子曰:"无违。"樊迟御,子告之曰:"孟孙问孝于我,我对曰'无违'。"樊迟曰:"何谓也?"子曰:"生,事之以礼。死,葬之以礼,祭之以礼。"
	第六	孟武伯问孝。子曰:"父母唯其疾之忧。"
	第七	子游问孝。子曰:"今之孝者,是谓能养。至于犬马,皆能有养。不敬,何以别乎?"
	第八	子夏问孝。子曰:"色难。有事,弟子服其劳,有酒食,先生馔,曾是以为孝乎?"
	第二十	季康子问:"使民敬忠以劝,如之何?"子曰:"临之以庄,则敬。孝慈,则忠。举善而教不能,则劝。"
	第廿一	或谓孔子曰:"子奚不为政?"子曰:"书云:'孝乎,惟孝友于兄弟。'施于有政,是亦为政,奚其为为政?"

---

① 谢冰莹等编译《新译四书读本》,三民书局,2004,第68~301页。

续表

篇名	篇序	章句内容
里仁	第十八	子曰："事父母几谏，见志不从，又敬不违，劳而不怨。"
	第二十	子曰："三年无改于父之道，可谓孝矣。"
	第廿一	子曰："父母之年，不可不知也；一则以喜，一则以惧。"
泰伯	第廿一	子曰："禹，吾无间然矣，菲饮食，而致孝乎鬼神；恶衣服而致美乎黻冕；卑宫室，而尽力乎沟洫。禹，吾无间然矣。"
先进	第四	子曰："孝哉闵子骞，人不间于其父母昆弟之言。"
子张	第十八	曾子曰："吾闻诸夫子：'孟庄子之孝也，其他可能也，其不改父之臣与父之政，是难能也。'"

就孝是规范部分而言，孔子在《学而》所讲："弟子入则孝，出则弟，谨而信，泛爱众，而亲仁。"说明行孝是践仁之根本。因此弟子有子即曰："孝弟也者，其为仁之本与。"所以要看到仁的价值意涵即是从行孝开始，父母与子女的关系是孝道结构中的重要一环，因此在规范部分，首先即是"善事父母"成为一个行为的表征而具有伦理规范层面的意涵，于是"亲亲"即是孝悌精神的最佳范式，而"善事父母"与"无违"并不是单纯地表现在奉养父母上，而是扩及礼的部分，包括"生，事之以礼；死，葬之以礼，祭之以礼"以及父母亡守三年之丧的要求上，因此当宰予问三年之丧期已久，而将导致礼坏乐崩，如此还有何意义时，孔子对宰予之批判"予之不仁也"即可明白孔子将孝建立在亲亲之基础上，鼓励人从行为规范中具体实践孝之本义，因此孝是要符合"礼"的规范与要求，如此才有意义，这一点已可看出孔子将孝的实践以礼约之，这是理性思维的一大进步，礼是内在外在的统合，融主观感情与客观情境的适宜行为。

其次，孔子更进一步反思孝之行为背后的意涵，亦即孝的行为是现象的一部分，我们探讨孝文化应知其本质所在，孔子即从这个角度思考孝行为背后的意涵；换言之，即是在探求孝之所以存在的依据是什么？孝之所以成立的最后依据是什么？孔子认为，没有"敬"，孝只是形式的、表面的，并且也无亲亲的显现。《论语·为政》的这段话，最能表现孔子对"敬"的重视，无"敬"不能称为孝。无敬之心，则所谓孝的行为是无意义的。

> 子游问孝。子曰："今之孝者，是谓能养。至于犬马，皆能有养，不敬，何以别乎？"

"敬"可以说是一个人行孝的态度与存在的基础，并且让"孝"的行为得以成立的根本理由。此外,"君子务本,本立而道生。孝弟也者,其为仁之本与"说明了孔子把孝的根源看作从人人所具有的仁心中所产生,而把握住行孝的正确态度,即是心中要存着"敬"的心。"敬"是态度,也是我心中本有的认知与实践之根本,所以才会有"修己以敬"。《荀子·子道》记载有如下之言:

> 子路问于孔子曰:有人于此,夙兴夜寐,耕耘树艺,手足胼胝,以养其亲,然而无孝之名,何也?孔子曰:意者,身不敬与?辞不逊与?色不顺与?古之人有言曰:衣与缪与不女聊。今夙兴夜寐,耕耘树艺,手足胼胝,以养其亲。无此三者,则何以为而无孝之名也。

如此,即可看到孝应该包括三个条件,即是"身敬、辞逊与色顺"。儒家思孟系统中的巨匠孟子在《尽心上》篇亦有一段话,来阐释孝的本质意义,孟、荀二子之言似有异曲同工之妙。

> 食而弗爱,豕交之也;爱而不敬,兽畜之也。恭敬者,币之未将者也。恭敬而无实,君子不可虚拘。

从孟、荀之言论来看,可以看到若无"敬"则孝仅是形式,充其量仅是能养而已,"敬"是此心意纯然不杂,无计算功利之居心,唯乎心敬意诚。所以在《论语·为政》即云:"子夏问孝。子曰:'色难,有事,弟子服其劳,有酒食,先生馔,曾是以为孝乎?'"此处所言"服其劳",所指的是凡是遇到辛苦的事情,子女应为父母代劳,不使父母操劳和忧心,但若以为做到这样便已足够,那就错了,更重要的是"色难",即是要以愉悦的心态、心情来面对父母之事,使他们感到快乐;反之,若是脸色不敬,心中不诚,仍不可谓孝。

因此,吾人可以概括归纳孔子的孝观念,它不是一个虚无缥缈的理想,而是可以实践的德目;可以作为典范,亦有其行为背后所产生诸道德伦理评价的"敬"。孝因人人具有"仁"性,而推知有"爱"之情感的表现与投射,故有亲亲与尊尊,人间秩序与道德方有成立的可能;孝行须以"敬"为基础,必表现在吾人心中之正确的态度及应对进退,孝是人人之仁心爱意所产生,有了这个"敬"作基础,由子女对父母之互动开始,进而扩及人与人间关系的确立与保障即是靠"礼",因此孝是"源于仁"而"成于礼"。

心中有"敬"之奉养父母的行为,才能由单纯的奉养提升至敬养的层次,对父母只养而不敬，并非真正的孝，以物质供养与精神供养的满足为前提之下，孔子提出"敬"，即是内心的敬养，是本应如此之作为，而非偶然性或是因人之居心预谋而做出的判断，如此才是真正的孝。

（三）曾子的教孝

教孝的观念是以孝为教，因为宗法社会的稳定以孝为基础。曾子为孔子的门生，据传《孝经》为曾子记录孔子为其所述孝道的观念之集成，也是孔门孝道观的发展者，其重要的言论，除《论语·子张》有记录外，其他俱见于《大戴礼记》之《曾子本孝》《曾子立孝》《曾子大孝》三篇之中。在孝的实践上，曾子提出大、中、小或大、次、下之分，并且依其实践的难度和达成所遭遇的情境而有"民之本教曰孝，其行之曰养。养可能也，敬为难；敬可能也，安为难；安可能也，久为难；久可能也，卒为难"。在理论上，孝包摄诸德，"居处不庄，非孝也；事君不忠，非孝也；莅官不敬，非孝也；朋友不信，非孝也；战陈无勇，非孝也"，并引孔子"伐一木，杀一兽，不以其时，非孝也"（《大戴礼记·曾子大孝》）的话来强化，进而说"夫仁者，仁此者也；义者，宜此者也；忠者，忠此者也；信者，信此者也；礼者，体此者也；行者，行此者也；强者，强此者也"（《大戴礼记·曾子大孝》）。如此，诸德皆以孝为体现的焦点，并将孝推诸天地，衡乎四海，行乎后世，成为"天下之大经"。这种孝的哲学有其体系，他说："君子立孝，其忠之用，礼之贵。"又说："忠者，其孝之本与！"可见孝是立乎忠而贵乎礼，忠礼成为行孝的基础。

此外，在相关的篇章，尚有一些论述，兹汇整如下：

> 故孝子之事亲也，居易以俟命，不兴险行以徼幸；孝子游之，暴人违之；出门而使，不以或为父母忧也；险涂隘巷，不求先焉，以爱其身，以不敢忘其亲也。（《大戴礼记·曾子本孝》）

> 故孝之于亲也，生则有义以辅之，死者哀以涖焉，祭祀则涖之以敬；如此，而成于孝子也。（《大戴礼记·曾子本孝》）

> 孝有三：大孝尊亲，其次不辱，其下能养。（《大戴礼记·曾子大孝》）

> 孝有三：大孝不匮，中孝用劳，小孝用力。博施备物，可谓不匮矣。尊仁安义，可谓用劳矣。慈爱忘劳，可谓用力矣。（《大戴礼记·曾子大孝》）

君子之孝也，忠爱以敬；反是，乱也。尽力而有礼，庄敬而安之；微谏不倦，听从而不怠，欢新忠信，咎故不生，可谓孝矣。(《大戴礼记·曾子立孝》)

而在《今文孝经》中，自天子、诸侯、卿大夫、士以至庶人等无不谈到如何实践孝的德行，对其皆有明确的规范与评述，而最后《孝经》提出一个对孝的价值定位，曾子说："甚哉，孝之大也。"并引孔子之言以证之：

子曰："夫孝，天之经也，地之义也，民之行也。天地之经而民是则之，则天之明，因地之利，以顺天下，是以其教不肃而成，其政不严而治。先王见教之，可以化民也。是故先之以博爱，而民莫遗其亲；陈之以德义而民兴行；先之以敬让而民不争；导之以礼乐而民和睦；示之以好恶而民知禁。《诗》云：'赫赫师尹，民具尔瞻。'"

三 对孝的本质探究

儒家重视孝是其文化的传统与特色，但并不保证其他学派皆能认同，例如《商君书·去强》即曰："国有礼有乐，有诗有书，有善有修，有孝有弟，有廉有辩，国有十者，上无使战，必削至亡；国无十者，上有使战，必兴至王。"并且认为孝悌实为"六虱"(《商君书·靳令》)应予清除。法家的后起之秀，集法、术、势三者合一而称"帝王学"的韩非子在《五蠹》篇指出孝悌在守法社会的荒谬之处，"治主无忠臣，慈父无孝子"，守法伦理是虚幻的，治忠不两立，慈孝不并存，"仁者能仁于人，而不能使人仁；义者能爱于人，而不能使人爱"。于此我们发现，儒家孔子教孝之本意受到极大的挑战，迷于商、韩之论，即形成政治上之另一统治格局，而"非孝"之说乃不胫而走，而形成一股对孝的批判风潮。

从哲学思维的维度出发，孝的文化是从何而来？孝的本源从何而来？亦即孝的思维背后是否存在着从何而来的问题？孝道与人性、伦理与政治之间存在着何种关系？孝的名实究竟如何？孝与诸德存在着何种关系？

(一) 孝的本源问题

有关孝道的本源问题，孔子并没有明确地说此价值从何而来，他说的是"先王有至德要道，以顺天下，民用和睦，上下无怨"（《今文孝经·开宗明义章》）。孝到底是来自人类先天的道德理性——我固有之，还是出自后天的经验学习，这两种不同的解读形成儒家孟、荀人性论的不同的判断依据。从原典上确实也可看出这两种论点的分歧。孔子曾言："生，事之以礼。死，葬之以礼，祭之以礼。"（《论语·为政》）在《孝经·丧亲章》即有详细的说明，而对亲死之事的对待原则：

> 子曰："孝子之丧亲也，哭不偯，礼无容，言不文，服美不安，闻乐不乐，食旨不甘，此哀戚之情也。三日而食，教民无以死伤生，毁不灭性，此圣人之政也。丧不过三年，示民有终也。为之棺椁、衣衾而举之；陈其簠簋而哀戚之；擗踊哭泣，哀以送之；卜其宅兆，而安措之；为之宗庙，以鬼享之；春秋祭祀，以时思之。生事爱敬，死事哀戚，生民之本尽矣，死生之义备矣，孝子之事亲终矣。"

孔子对于"孝的本源"问题并没有更进一步的论述，人有孝到底是先天固有，或是后天学习而得？也就有了不同的解读，以孟子为例，孟子在《滕文公上》中即言：

> 盖上世尝有不葬其亲者，其亲死，则举而委之于壑。他日过之，狐狸食之，蝇蚋姑嘬之。其颡有泚，睨而不视。夫泚也，非为比人泚，中心达于面目。盖归反蔂梩而掩之。掩之诚是也，则孝子仁人之掩其亲，亦必有道矣。

孟子对后世葬亲之孝道，给予为人子者兴起"亲之体受狸食蝇嘬，如同己之体受狸食蝇嘬"之未符人道不安、不忍的道德情感而必予掩埋之的说明。孟子之拟设来自此不安、不忍之心，若以当下之真情实感而言，颇有心理依据，此一真情实感是人之遍在的事实，不得不承认人是有此一道德情感之存在。孟子一再论证人之有仁义礼智四端之心，犹人之有四肢（《孟子·公孙丑上》），又说"仁义礼智，非由外铄我也，我固有之也，弗思耳矣"（《孟子·告子上》）。据此，葬亲之孝源自人类固有之仁心，只是人们不思而已。可见，孟子是孝的先天固有论者。与孟子之论背道而驰的是后起的荀子，他在《性恶》篇就说：

> 天非私曾、骞、孝己而外众人也，然而曾、骞、孝己独厚于孝之实，而全于孝之名者，何也？以綦于礼义故也。
>
> 今人之性，固无礼义，固强学而求有之也。

荀子认为曾、骞、孝己之孝是出自后天学习礼义而来，不是天性本有的。他又说："人之性恶，其善者伪也。"（《荀子·性恶》）"性者，本始材朴也；伪者，文理隆盛也。无性则伪之无所加，无伪则性不能自美。"（《荀子·礼论》）

若从人之性恶的角度来说，人之本性即是"顺是"，如此即有危险，因此必须诉诸后天的学习方能至于君子之境。荀子之性说先后有不一致处，但其视性如同自然之质料，却极明显，又因性受外诱而有情欲，情欲之极而有悖礼处，故言恶，故其恶非本质恶。毕竟，他是肯定孝之善（美）不是出自先天的本性，而是来自后天对礼义的学习，没有礼义的学习不可能有孝之名与实。林义正认为：

> 孟荀之解释正是各自从孔子仁与礼的思想出发，一重礼之本——内——仁，一重礼之末——外——仪文，两者均非得孔子学思合一之全。其实孝是通内外，不学礼无以行，不思仁无以成。无孝思而行孝之礼，乃虚伪之孝行，或能博得孝之美名于一时，其实与孝无干，或可云孝道之异化。①

再看荀子如何解析人性：

> 今之人性，生而离其朴，离其资，必失而丧之。用此观之，然则人之性恶明矣。所谓性善者，不离其朴而美之，不离其资而利之也。使夫资朴之于美，心意之于善，若夫可以见之明不离目，可以听之聪不离耳，故曰目明而耳聪也。今之人性，饥而欲饱，寒而欲暖，劳而欲休，此人之情性也。今人见长而不敢先食者，将有所让也；劳而不敢求息者，将有所代也。夫子之让乎父，弟之让乎兄，子之代乎父，弟之代乎兄，此二行者，皆反于性而悖于情也；然而孝子之道，礼义之文理也。故顺情性则不辞让矣，辞让则悖于情性矣。用此观之，人之性恶明矣，其善者伪也。（《荀子·性恶》）

（二）孝的名与实问题辨析

孝具有孝思的文化意识，应当是从西周开始，它是由王族贵族中政教礼制的祭祖行为发展起来的，殷商的鬼神祭拜并无孝的意涵在内，因为那是出于畏惧而生；但是，孝不同，西周已发展出对祖先与亡故父母的祭祀与追思，同时也包括对在世父母的奉

---

① 林义正：《中国哲学中孝概念发展之诸问题析义》，台湾哲学学会2006年学术研讨会，第10页。

养与情事。孔子对孝做出明确的规范,此即为众人所熟知的"生,事之以礼;死,葬之以礼,祭之以礼"。孔子是以礼来作为规约与准绳,生、死与祭之事,必依礼而行。而对于孝之名及含义,孔子开其端,他的认知是由对在世父母之生理上的奉养照顾,推到心理上的爱敬情感之流露,然后再上推到父母过世之后在德业上的善继与善述、宗教礼仪上的尽礼追思。这个过程中的表现,一方面是感情真挚的流露,另一方面也须符合各种礼的规约,不能有过与不及之情事,因此孝也带有行中庸之道的情怀与认知。

曾子则以待人与处世为范围来阐释孝之名,《孝经·开宗明义章》即言:

> 仲尼居,曾子侍。子曰:"先王有志德要道,以顺天下,民用和睦,上下无怨,汝知之乎?"曾子避席,曰:"参不敏,何足以知之!"子曰:"夫孝,德之本也,教之所由生也。复坐,吾语汝。身体发肤,受之父母,不敢毁伤,孝之始也;立身行道,扬名于后世,以显父母,孝之终也。夫孝,始于事亲,中于事君,终于立身。《大雅》云:'无念尔祖,聿修厥德。'"

《孝经》规范了自天子乃至庶人皆以孝为本,由事亲而教孝,而以孝治天下,这是孝的内容之具体落实在待人与处世上,孝有其始与终,但是《孝经》已将范围扩大至事君之事上。而对于孝之名与实关系的扩大,首推北宋五子之一的张载(字横渠,1020~1077),张载将孝的范围与内涵推至天地宇宙,即所谓的"乾为父,坤为母"之说。孝是构成及奠定现今秩序的精神基础,在"尊礼贵德"的伦理原则下,他扩大了"孝"的实践范围。从《西铭》可以看到在肯定孝敬生身父母的同时,张载还将孝行扩大到人类对天地父母的尊崇和敬畏,使得"孝"具有宇宙观意识信仰的一个重要准则。

阳明后学杨起元(近溪弟子,1547~1599)在《孝经引注》一书中大量引用孔子、曾子、张载等论孝的义理,并且以孔子与鲁哀公针对"孝"议题的对话为例,证明周文王、周武王之孝,以及王者之"孝"在政治上的重要性,并结合"事天"与"事亲"的思想。他说:

> 仁人不过乎物,孝子不过乎物,是故仁人之事亲也如事天,事天如事亲,是故孝子成身。[1]

---

[1] (明)杨起元:《孝经引注》,中华书局,1991,第6页。

显然杨起元对《孝经》义理之阐释受到横渠先生之影响颇多，而将"孝"解为"事天"也是张载哲学思想上的一个特色。但是客观而论，虽然孝之名不变，孝之实却异，孝所指的范围会随时代之变迁而有不同的延伸解读，吾人应以当年孔子之孝道观为准度，孝以对在世父母的养敬为主，并扩及对已故之父母、祖先之慎终追远（即追思怀念与孺慕之情），并且在生、死、祭三个层面上有符合礼的规范为准，否则即是过度解读，而流于泛孝主义。

（三）行孝时的常与变之价值判断

怎样的行为是孝？亦即行孝是否存在着一个亘古不变的常道作为准则，同时是否也允许因人之情、因地制宜而有所调整。《论语》中宰予问三年之丧，因而守丧三年并不是孝道的唯一标准；此外，儒墨之争，对于节葬之事的争辩，也可看出一些特定的时空环境下，行为上的表现是否可以完整地符合孝的常道规准，也存在着歧异。

当吾人省思《孝经》之言："夫孝，天之经也，地之义也，民之行也。"可见孝立基于最高德行的高度，因为它是"德之本"，所以才是天经地义，也才是仁之本。进一步言，孝既然是天经地义，不可有一丝一毫的折扣，但是面对着其他学派，如《列子·汤问》所载之事，古代楚南之啖人国与秦西之仪渠国其亲戚死，一剐肉埋骨，一聚柴焚之，而各自为"孝子"（此事亦见之于《墨子·节葬下》），于是我们发现世俗的孝道有其多样性，我们应根据什么来做价值判断？儒家自孔子开始，一直不改变的便是"礼"，所以这些行孝的行为必须是落实于生活中，但生活中却处处充满愚忠与愚孝的行为，因此必得循礼而行，礼即是礼文、仪礼，以礼为常，并且在礼的规范下，允许一些因人之情、因地制宜的民情风俗，因革损益，此可称之为"变"，这是可以接受的。孔子在《论语》即言："殷因夏礼，所损益，可知也。周因于殷礼，所损益，可知也。其或继周者，虽百世可知也。"这就亦表礼虽是常道、常规，但仍有其随时之变易性，而非一成不变，否则便是泥古，即如林义正之言："既是因人之情，各地有各地的民情，然后世之人循礼日久，时移势异，习而不察，不知通变，以泥古为知孝，以执我为绝对，皆不知孝体恒常，其用恒易；易言之，孝之本质是绝对的，而孝之判断则是相对的。"①

---

① 林义正：《中国哲学忠孝概念发展之诸问题析义》，台湾哲学学会2006年学术研讨会，第13页。

四 结语

"孝"是儒家的重要德行标志之一,《尔雅》谓:"善事父母为孝",《说文解字》释孝为"善事父母者,从老、从子,子承老"。孝是周文的典范之一,《尚书》即有其记录,《论语》也记载了孔子与弟子们对于孝的阐释与发挥,可称是对孝提纲挈领,而《孝经》则集其大成,将孝推到顶峰,并且有了更具体的内涵,包括:一是珍爱生命、善待自己;二是无违于礼,顺从父母;三是感恩知报,敬养父母;四是继承遗志,建功立业。[①] 但因时代环境之不同,吾人在体认孝的本质意义时,应留意常与变之差异,如此才有其时代性而非泥古,此本质意义即是诸种孝行之实践宜把握"悦""敬""养""礼"的基本原则,此原则不仅于过去农业社会适用,于今日的工商业社会,孝道的精神本体并没有被否定,行孝方式虽可因地制宜,但就孝道的感情投射与社会功能而言,仍然是必要的,可以对治于当今社会的种种荒谬,有其积极性与不可取代性。

(责任编辑:卢金名)

---

① 邓剑华、陈万阳:《谈德育视阈下的大学生孝道教育》,《教育探索》2010年第1期,第122页。

"立爱自亲始"

——论等差之爱与一体之仁的贯通*

宋立林**

摘　要　"仁"在孔子思想体系中居于核心地位是学界的主流共识,然而如何理解"仁"的内涵,尤其是在今天的语境下,如何看待"仁"的意义和价值,则是尚有争议的话题。由"仁者自爱"的仁的自觉而成己是仁的第一层内涵,从而确立人之道德自觉;仁的第二层内涵是"仁者爱人",其逻辑起点是建基于人类最基本也是最深沉的情感的"孝",即"立爱自亲始",此即"亲亲而仁民"的"等差之爱";仁的第三层面内涵则是本乎"忠恕之道"生发出"一体之仁",此则为仁学之宇宙精神。仁之"等差之爱"与"一体之仁"是不可分割的,忽略任何一面都是对仁的曲解。

关键词　仁学　自爱　孝　等差之爱　一体之仁

"仁"在孔子思想体系中居于核心地位,已经成为学界的主流共识。《吕氏春秋·不二》说"孔子贵仁",可以视为对孔子思想核心为仁的最早解读。宋明以来的儒家也一直坚持这一看法。潘平格《潘子求仁录辑要》开篇说:"孔门之学,以求仁为宗。仁,人性也。求仁,所以复性也。"[①] 到了近现代,大多数学者依然坚持这一看法,并

---

* 本文得到"山东省泰山学者专项经费"资助。
** 宋立林,曲阜师范大学中华礼乐文明研究所所长、孔子文化研究院教授,山东省泰山学者青年专家。
① (清)潘平格:《潘子求仁录辑要》,中华书局,2009,第1页。

进行了细致的分析。如冯友兰说,"仁为孔子'一贯'之道,中心之学说"①。郭沫若认为,"一个'仁'字最被强调,这可以说是他的思想体系的核心"②。梁漱溟认为"孔子最重要的观念是仁"③,牟宗三认为"孔子以仁为主,以'仁者'为最高境界"④,萧萐父、李锦全称"仁"是孔子思想的核心,⑤ 匡亚明认为"仁的人生哲学思想是孔子整个思想体系的核心"⑥,李泽厚称之为"孔学的根本范畴"⑦,因此,有不少学者将孔子之学称为"仁学",如徐复观就主张"孔学"即是"仁学"。⑧ 甚至在今天,依然有不少学者继续进行"仁学"的新建构,比如牟钟鉴先生的"新仁学"⑨,陈来先生的"仁学本体论",⑩ 都可以视为孔子仁学的当代回应和理论发展。

今天有不少学者提出,对于孔子的仁学,应该扬弃"等差之爱",倡导"一体之仁"。其实,如果否定或剥离了"等差之爱",那么"一体之仁"也就失去了实实在在的根基,成为空中楼阁。所以,在今天我们还应该重新理解孔子仁学的"等差之爱"的原理,打通"等差之爱"与"一体之仁",才能切实把握孔子的仁学。

一 仁者自爱

"仁"在孔子那里,并没有给出一个"定义",而是本着因材施教、随机指点的教学方式对仁加以言说,以至后人生出种种不同的解读和诠释。今天,很多学者将"仁"定义为"爱人"。郭沫若就认为:"仁的含义是克己而为人的一种利他的行为。简单一

---

① 冯友兰:《中国哲学史》(上),华东师范大学出版社,2000,第62页。
② 郭沫若:《十批判书》,《郭沫若全集·历史编》第2册,人民出版社,1982,第87页。
③ 李渊庭、阎秉华整理《梁漱溟先生讲孔孟》,中华书局,2014,第27页。
④ 牟宗三:《中国哲学的特质》,上海古籍出版社,2007,第26页。
⑤ 萧萐父、李锦全:《中国哲学史》(上),人民出版社,1982,第74页。
⑥ 匡亚明:《孔子评传》,南京大学出版社,1990,第150页。
⑦ 李泽厚:《论语今读》,生活·读书·新知三联书店,2008,第32页。
⑧ 徐复观:《释〈论语〉的"仁"——孔学新论》,《学术与政治之间》,九州出版社,2014,第282页。
⑨ 牟钟鉴:《新仁学构想》,人民出版社,2013。
⑩ 陈来:《仁学本体论》,生活·读书·新知三联书店,2014。

句话，就是'仁者爱人'。""他的仁道实在是为大众的行为。"仁是"牺牲自己以为大众服务的精神"。① 陈来先生指出，"爱亲之谓仁""亲亲，仁也"等都是孔子之前"仁"的通义，孔子当然对此也有所继承，但是"孔子的仁说早已超出血缘伦理，而是以孝悌为实践基础的普遍的人际伦理，其仁者爱人说、伦理金律说，都具有普世的意义"。②

对于这类说法，徐复观先生明确反对过。他说，"若仅以爱人解释《论语》上的仁，则在训诂方面对《论语》上许多有关仁的陈述，将无法解释得通，而在思想上也不能了解孔子所说的仁的真正意义"③。"可以说'爱人'确是仁的一种主要内容。但《论语》上所说的仁，固须包含爱人之意，却不可说爱人即等于《论语》上所说的仁。爱人是在与人发生关涉的时候才会发生的。一个人的生活，尤其一个人的治学生活，并非完全在与人发生关涉之下进行"④。确实，孔子的仁学，不仅仅是一种伦理学说，而且是一种道德学说。道德之学，首先是"为己之学"。因此，仁，首先与人自己相关。徐复观进而指出，仁的本义应该从"仁者，人也"一句话来理解。他说，"仁者人也"最初的含义大概就是"所谓仁者，是很像样的人"的意思，后来发展而为"所谓仁者，是真正算得人的人"⑤。徐复观引用宋儒真德秀"仁者，人之所以为人之理"的话来印证，是深得本句意旨的。对此，张岱年先生、梁涛先生也有类似的看法。张岱年说："仁的根本含义是承认人是人。……所谓'人也'，即以人为人之意。"⑥ 梁涛认为，"仁者，人也"应是对仁之本义的基本训释。所谓"仁者，人也"，是说仁是人之为人的本质和特征，也就是说，具有了仁才能成其为人。⑦ 最后，徐复观认为，"《论语》的仁的第一义是一个人面对自己而要求自己能真正成为一个人的自觉自反"⑧。在徐先生看来，仁作为一种自觉的精神状态，应该包含着两个层面：一是对自己人格建立及知

---

① 郭沫若：《十批判书》，《郭沫若全集·历史编》第2册，第88、89、90页。
② 详见陈来《仁学本体论》，第101~105页。
③ 徐复观：《中国人性论史·先秦篇》，九州出版社，2014，第83页。
④ 徐复观：《释〈论语〉的"仁"——孔学新论》，《学术与政治之间》，第285页。
⑤ 徐复观：《释〈论语〉的"仁"——孔学新论》，《学术与政治之间》，第311页。
⑥ 张岱年：《论孔子的崇高精神境界及其历史影响》，《张岱年全集》第6卷，河北人民出版社，1996，第516页。
⑦ 梁涛：《郭店竹简"悥"字与孔子仁学》，《中国哲学史》2005年第5期。
⑧ 徐复观：《释〈论语〉的"仁"——孔学新论》，《学术与政治之间》，第290页。

识的追求，发出无限的要求，一是对他人毫无条件地感到有应尽的无限的责任。概括起来就是，仁是一种要求成己而同时即是成物的精神状态。《中庸》说："成己，仁也；成物，知也。"成物当然也是仁，之所以不说仁而说知，一方面是仁必摄知，有互文的意思，仁智不分；另一方面也意味着成物必须有成物的智能。① 对此，笔者认为，这一理解是眼光独到且极为深刻的。我们可以从《孔子家语·三恕》找到佐证。在《家语·三恕》中有孔子与颜子、子路、子贡等关于"仁"与"智"的对话：

  子路见于孔子。孔子曰："智者若何？仁者若何？"子路对曰："智者使人知己，仁者使人爱己。"子曰："可谓士矣。"

  子路出，子贡入。问亦如之。子贡对曰："智者知人，仁者爱人。"子曰："可谓士矣。"

  子贡出，颜回入。问亦如之。对曰："智者自知，仁者自爱。"子曰："可谓士君子矣。"

简单地说，孔子对于"仁"的理解，显然是更倾向于颜子"仁者自爱"之说的。我们认为，颜子关于"仁者自爱"的揭示，是深得孔子"为己之学"的神髓的。除了这一条证据之外，我们还可以从郭店楚简等出土文献来印证。在郭店楚简之中，"仁"字被写成了上"身"下"心"的结构"㒸"。廖名春先生认为，"身"是指己身，"㒸"字"从身从心"，意味着是对己身的爱。虽然，他仍主张"仁"是指对人的爱，而非指对物的爱，其从人当属必然。在笔者看来，"仁"主要是指对他人的爱，而不是对己身的爱。但是，他对从身从心的"仁"字的理解是对的。② 这与颜子"仁者自爱"的解说也是一致的。梁涛也对廖名春将"仁"理解为爱人的看法提出批评。他解释说，"㒸"字"从身从心"，即表示心中想着自己、思考着自己，用当时的话说，就是"克己""修己""成己"，用今天的话说，就是要成就自己、实现自己、完成自己。③ 梁涛的看法与徐复观的看法是一致的。徐复观早就指出："《论语》上所说的仁，是中国

---

① 徐复观：《中国人性论史·先秦篇》，第84页。
② 参见廖名春《"仁"字探源》，《中国学术》第8辑，2001。
③ 梁涛：《郭店竹简"㒸"字与孔子仁学》，《中国哲学史》2005年第5期。

文化由外向内的反省、自觉，及由此自省、自觉而发生的对'人'、对'己'的要求与努力的大标志。"① 王中江有类似的看法："按照身心之仁的构形，它原本是说一个人对自身生命的情怀，引申为对他人的悲欢离合的同情心。"② "事实上，对自己的身体痛痒的关心，对自己的爱，或者说自我保护、自我爱护的情感和体验，不但不是爱人的障碍，相反，恰恰是爱人的条件和可能。可以设想一下，一个人如果首先没有对自己的身体特别是痛痒的感受，没有对自己本身的思考和关心，或者甚而言之，如果一个人已经麻木，失去了感知能力和情感体验，他就不可能还具有'爱人'之心，不可能去爱他人"③。这正如程子以手足之麻木比喻不仁那样："医书以手足痿痹为不仁，此言最善名状。仁者以天地万物为一体，莫非己也。认得为己，何所不至；若不属己，自与己不相干。如手足之不仁，气已不贯，皆不属己。"④ 近代学者马一浮也接续这一喻论："仁是心之全德，易言之，亦曰德之总相。即此实理之显现于发动处者，此理若隐，便同于木石。如人患痿痹，医家谓之不仁，人至不识痛痒，毫无感觉，直如死人。故圣人始教，以《诗》为先。《诗》以感为体，令人感发兴起，必假言说，故一切言语之足以感人者，皆诗也。此心之所以能感者，便是仁，故《诗》教主仁。"⑤ 人之不能自觉其生命之活泼泼的，便是不仁的状态。由不仁而仁，则是孔子所谓"求仁"。梁启超先生对此的理解，则稍有不同。他说："曰不仁者，同类意识麻木而已矣；仁者，同类意识觉醒而已矣。"⑥ 我们认为，"同类意识"尚不足以解释"仁"，"仁"首先是"道德自我"意识的觉醒。

爱人之仁，必须以自爱之仁为前提。二者非但不是对立的、矛盾的，而且是内在统一的。由这种自爱推己及人到爱人，其间发挥作用的就是"同情心"的心理情感机制。后来孟子将此称为"不忍之心""恻隐之心"等，认识有所深化。这种对人的"同情心"是如何发生的？王中江认为，这恰恰是由强烈的自爱的自发冲动自然引出

---

① 徐复观：《释〈论语〉的"仁"——孔学新论》，《学术与政治之间》，第288页。
② 王中江：《儒家文明的精神特质》，《中国纪检监察报》2016年4月1日。
③ 王中江：《"身心合一"之"仁"与儒家德性伦理》，《中国哲学史》2006年第1期。
④ （宋）朱熹：《四书章句集注》，中华书局，1983，第92页。
⑤ 马一浮：《复性书院讲录》，山东人民出版社，1998，第57页。
⑥ 梁启超：《先秦政治思想史》，东方出版社，1996，第83页。

的,是自我意识的延伸和扩大。① 这个看法是可以成立的。因此,孔子提出的仁,其意义是巨大的,如郭沫若所说"是人的发现"②。所以,我们可以肯定地说,仁首先是指人的自我觉醒,即自省、自修、自爱。然后才能推导出"爱人""泛爱众"的"博爱之谓仁"。可以说,"自爱"之"仁",乃是一种基于内省的道德德性,这奠定了儒家道德思想大厦之基础。而"爱人"之"仁",乃是一种"推己及人"的伦理观念和政治思想,由此奠定了儒家伦理与政治的德性基础。

由仁的自觉,而追求"成己",这是孔子仁学的第一层意涵。在孔子那里,尚未就本体来揭示仁,而主要从工夫、实践的层面提点仁的内涵。因为,仁并不是一个概念,而是一种实践真理。正如韦政通先生所指出的,孔子说仁,是本诸体验和实践的立场。③ 但是,作为体验和实践的主体,每个人的体验是不同的,因此仁是很难下定义的。故孔子基本上没有对仁下过定义,而仅仅从工夫的角度说仁。

孔子首先指出,"为仁由己"。在孔子看来,实行"仁"的主体在于人自己。也就是说,我或者己,是道德的自我、道德的主体。所以,"仁远乎哉?我欲仁,斯仁至矣"。"仁"是天赋特性,本来就潜存在人性之中,但是必须通过自觉的体验和实践才能印证它、呈现它。如果人没有一种"自觉",也就是这里说的"欲仁",那么,仁就可能一直处于潜伏状态。一旦人有了"欲仁"的自觉,那么,仁德就被点醒、彰显出来了。这与基督教将人的获得救赎推给超绝的上帝是不同的。将人的解放视为自我本性的需求,这是孔子对人类最大的贡献。"我欲仁,斯仁至矣",看上去是说仁的最低境界,是仁之"近"与"易"。其实,这里的"仁"是就性质上说,而非就程度上说。

如果就"仁"的境界和程度上说的话,孔子则认为,"成仁"很难。司马牛问仁。孔子说:"仁者,其言也讱。"司马牛接着又问:"其言也讱,斯谓之仁已乎?"孔子回答说:"为之难,其言得无讱乎?"(《论语·颜渊》)这里孔子明确指出为仁之难。因此,他不轻易许人以仁。比如,他评价弟子:"回也,三月不违仁,其余则日月至焉而已矣。"(《论语·雍也》)他甚至连自己也不敢以仁自居:"若圣与仁,则吾岂敢?"

---

① 王中江:《"身心合一"之"仁"与儒家德性伦理》,《中国哲学史》2006年第1期。
② 郭沫若:《十批判书》,《郭沫若全集·历史编》第2册,第91页。
③ 韦政通:《中国思想史》(上),上海书店出版社,2003,第52页。

（《论语·述而》）对此，李泽厚评论说："一方面，'我欲仁，斯仁至矣'，仁似乎如此容易得到。另方面，'若圣与仁，则吾岂敢'，仁又如此难得。这不是逻辑矛盾么？可见，孔门仁学并非思辨哲学，追求逻辑一贯；它乃实用理性，着重行为、实践，旨在培育情性，强调自觉、坚持，是以亦难亦易。"①

仁作为道德自觉，它要求一个人首先需要"反省"。孔子说："君子求诸己，小人求诸人。"（《论语·卫灵公》）又强调"躬自厚而薄责于人"（《论语·卫灵公》）。曾子在孔子的基础上提出"吾日三省吾身"的修养工夫。

仁学还要求人应该把"仁"作为一生追求的目标。孔子说："仁者安仁。"（《论语·里仁》）张岱年先生特别指出，"安仁"之说含有深刻的意义，含有关于道德价值的一种重要观点，即认为道德价值是一种内在价值，道德不是为了追求其他价值的手段。② 孔子说"志于道"，其实就包含着对仁的追求。《论语·里仁》记载他说："富与贵，是人之所欲也，不以其道得之，不处也；贫与贱，是人之所恶也，不以其道得之，不去也。君子去仁，恶乎成名？君子无终食之间违仁，造次必于是，颠沛必于是。"朱子认为，这句话是"言君子所以为君子，以其仁也"③。孔子是将"仁"作为一种理想人格必备的内涵。君子与仁，是内在一致的。李泽厚就指出，"仁"之所以能贯穿一切行为、活动、态度、人生，是一种经由自觉塑建的心理素质即情理结构的缘故。④ 曾子接续了孔子的思想，所以他才有"仁以为己任，不亦重乎？"的说法。但是，孔子又悲哀地发现，很少有人能够真正自觉地追求"仁"。他说："我未见好仁者，恶不仁者。好仁者，无以尚之；恶不仁者，其为仁矣，不使不仁者加乎其身。有能一日用其力于仁矣乎？我未见力不足者。盖有之矣，我未之见也。"（《论语·里仁》）对于孔子的这句话，不能狭隘地理解，不能胶柱鼓瑟地认为孔子真的没有见过"好仁者、恶不仁者"，而是叹息其"少""寡"，或者说这本身就是一种劝勉、激励之词。

孔子认为，君子应该有对仁德的不懈追求之志向。人可以为了道而献身，为了成就仁德，甚至可以舍弃生命。孔子说："志士仁人，无求生以害仁，有杀身以成仁。"

---

① 李泽厚：《论语今读》，第 236～237 页。
② 张岱年：《论孔子的哲学思想》，《张岱年全集》第 5 卷，第 470 页。
③ （宋）朱熹：《四书章句集注》，第 70 页。
④ 李泽厚：《论语今读》，第 122 页。

(《论语·卫灵公》)显然，这里的仁已经不是普普通通的道德问题，而是超道德的问题。李泽厚就认为，这里的仁应该从超道德的角度来诠释，即仁是发自内心但与宇宙交通的一种境界层次。"仁者，人也"在这里得到最后的保证。

二 立爱自亲始

在仁作为一种道德自觉的基础上，自然而然地可以推导出"仁者爱人"的意涵。郭沫若称之为"由内及外，由己及人的人道主义"①。《礼记·表记》记载孔子之言："中心憯怛，爱人之仁也。"② 孔颖达说："'中心憯怛，爱人之仁也'，此明性有仁者，以天性自仁，故中心凄憯伤怛，怜爱于人。"③ 这是说爱人是出于人的天性，其实就是对人之悲惨境遇的一种同情之心。这可以视为后来孟子"恻隐之心"的发轫。这种"同情之心"是"自发的"、没有任何功利考虑的一种纯真的情感。④ 冯友兰先生的概括最为精确："《论语》中言仁处甚多，总而言之，仁者，即人之性情之真的及合礼的流露，而即本同情心以推己及人者也。"⑤

樊迟问仁。子曰："爱人。"(《论语·颜渊》)朱子解释说："爱人，仁之施。"⑥这个诠释是非常准确的。也就是说，爱人，并不是"仁"本身，而是"仁之施"，是仁德的发显、呈露、施行、推扩。如果说，仁，首先来自生命的自觉，那么爱人之仁则是生命的感通。生命与生命的感通，这时，"仁"已经从"成己"扩展到"成人"⑦

---

① 郭沫若：《十批判书》，《郭沫若全集·历史编》第 2 册，第 91 页。
② 陈来先生认为，没有证据证明孔子说过此话，但是孔门七十子有可能说过这样的话，事实上《礼记》中有很多子曰或子言之，就是孔门七十子及其后学托孔子之名说出来的。见《仁学本体论》，生活·读书·新知三联书店，2014，第 109 页。我们对此持保留意见。类似陈先生这种对文献中"子曰""子言之"真实性的怀疑实际上也是没有任何证据的。既然没有证据证明孔子没有说过，我们也只能根据文献的记载，将之视为孔子的话。而不能武断地否定孔子的"话语权"，而将之归为莫须有的孔门后学。
③ (唐)孔颖达：《礼记正义》，李学勤主编《十三经注疏》标点本，北京大学出版社，1999，第 1475 页。
④ 王中江：《儒家文明的精神特质》，《中国纪检监察报》2016 年 4 月 1 日。
⑤ 冯友兰：《中国哲学史》(上)，第 60 页。
⑥ (宋)朱熹：《四书章句集注》，第 139 页。
⑦ 这里的"成人"并不是一般所谓"成为人""成就人"的意思，而是成就别人的意思。

了。孔子所谓的"爱人"之"人"是具有普遍意义的人，所以孔子强调"泛爱众"（《论语·学而》），强调"不独亲其亲，不独子其子"（《礼记·礼运》）。唐代韩愈说："博爱之谓仁。"（《原道》）确实，孔子的仁爱，一定有着"博爱"的普世的一面。《论语·乡党》："厩焚。子退朝，曰：'伤人乎？'不问马。"显然，在孔子看来，人是爱的首要对象。这是人类作为类的一种自觉意识。当然，这里的人不可能是某个阶层，而是普遍的人。其实，孔子的理想是"天下归仁"。所以，仁本身具有普遍性。

孔子主张："立爱自亲始。"（《礼记·祭义》《孔子家语·哀公问政》）孔子将源于血缘亲情的爱，作为仁的起点。有子说："孝弟也者，其为仁之本与！"（《论语·学而》）儒家重视家，家是人类生存的基本单位。这是中西方的共识。西方学者威尔逊就说："几乎所有的人类社会的建筑单元都是核心家庭。"[1] 安德烈·比尔基埃等甚至在《家庭史》中这样指出："家庭也像语言一样，是人类存在的一个标志。"[2] 家庭是人类伦理的培育基地，也是人类情感的养护中心。在儒家看来，家庭不是可有可无的存在，而是一个完全意义上的有机体，每个家庭成员在其中实现自己的角色，没有哪个人是自足的、完全独立的，因此，儒家强调男女有别、亲慈子孝，就获得了更丰富更内在的意义。[3] 亲代对子代的慈爱，在动物世界尤其是哺乳动物中是普遍的现象，人当然也不例外。所以，可以说父慈是天性，是与生俱来的，不待后天激发、培育的。而孝则不然。目前从动物社会学的角度来看，尚无动物具备孝的意识的证据。历史上，中国人宣扬的"羊有跪乳之恩，鸦有反哺之义"，显然都是一种美丽的误会，那是出于生物生存的本能，根本谈不上孝。可以说，孝是人类在漫长的历史进化过程中，积淀下来的一种特殊情感。这也具有生物学的根据。"一个关键性的事实是人类婴儿出生时的特别不成熟。由于人类改为直立行走，骨盆的结构就限制了产道的开口，而前肢变为手臂，使用更多工具，刺激大脑和头颅的扩大，这样就导致人类女子生孩子的艰险，胎儿必须在相比于其他哺乳类是极度不成熟的情况下出生，由此也导致人类抚育后代成年的漫长和艰难。……这样它与父母亲的后天接触就有了先天的维度，它（他或她）

---

[1] 〔美〕威尔逊著《社会生物学——新的综合》，毛盛贤译，北京理工大学出版社，2008，第519页。

[2] 〔法〕安德烈·比尔基埃等主编《家庭史》，袁树仁等译，生活·读书·新知三联书店，1998，第15页。

[3] 张祥龙：《家与孝：从中西间视野看》，生活·读书·新知三联书店，2017，第71页。

的早年经历就从根本上塑造了它后来的意识结构和终生行为，以至于能够形成关于这种经历的显性或隐性的长期记忆。由此，父母的养育之恩就可能被成年后的子女意识到，从而形成回报意识。"① 由此，形成了伦理和道德意识。其实孔子也正是从这一角度阐释的。他对宰予所说的"子生三年，然后免于父母之怀"（《论语·阳货》），恰恰是意识到父母除了生育子女，还有漫长的养育的过程。孔子所说"立爱自亲始"，在这里找到了人类学和社会学的根据。孝悌源于人间最纯真的血缘情感，是天然的，纯真的，无功利的。这种亲亲之爱，是最基本也是最深沉的人类情感。孔子的仁爱就是建基于这一坚实的基础上的。

《论语》言"孝弟为仁之本"，朱熹将"本"训为"根"，解为根本，"所谓孝弟，乃是为仁之本。学者务此，则仁道自此而生也"②。这个注释恐怕引起了很多人的误解。李泽厚、王中江等人恐怕就受到了误导而解释为根本，这是有问题的。③ 其实，在儒家的义理中，仁与孝的关系应该是仁是孝的根本，孝是仁的起点。孝是从属于仁的，而不是相反，认为孝是根本，那样仁就从属于孝了。程朱对此有着较为明确的分疏。从体用上讲，仁是体，孝是用；从工夫上说，孝是根本，仁是目标。这一点，程朱是认识到位的。如程子说："'孝弟也者，其为仁之本与！'言为仁之本，非仁之本也。"④ 又说："谓行仁自孝弟始。盖孝弟是仁之一事，谓之行仁之本则可，谓之是仁之本则不可。盖仁是性也，孝弟是用也。"⑤ 很明显的，程子已经指出"孝弟为仁之本"的"本"就是"立爱自亲始"的"始"。朱子也说："仁是性，孝弟是用。用便是情，情是发出来底。论性，则以仁为孝弟之本，论行仁，则孝弟为仁之本。如亲亲，仁民，爱物，皆是行仁底事，但须先从孝弟做起，舍此便不是本。"⑥ 又说："仁是理，孝弟是事。有是仁，后有是孝弟。"⑦ 朱子还做了两个形象的比喻："仁便是本了，上面更无本。如水之流，必过第一池，然后过第二池，第三池。未有不先过第一池，而

---

① 张祥龙：《家与孝：从中西间视野看》，第 72 页。
② （宋）朱熹：《四书章句集注》，第 48 页。
③ 见李泽厚《论语今读》，第 32 页；王中江：《"身心合一"之"仁"与儒家德性伦理》，《中国哲学史》2006 年第 1 期。
④ （宋）程颢、程颐：《二程集》，中华书局，2004，第 125 页。
⑤ （宋）程颢、程颐：《二程集》，第 183 页。
⑥ （宋）黎靖德编《朱子语类》（二）卷二十，中华书局，1986，第 471~472 页。
⑦ （宋）黎靖德编《朱子语类》（二）卷二十，第 462 页。

能及第二第三者。仁便是水之源，而孝弟便是第一池。"① 另一个比喻是："譬如一粒粟，生出为苗。仁是粟，孝弟是苗，便是仁为孝弟之本。又如木有根，有干，有枝叶，亲亲是根，仁民是干，爱物是枝叶，便是行仁以孝弟为本。"② 显然，朱子清晰地指出，行仁要从孝弟开始，孝弟是行仁的起点。因此，《论语集解》解为"本，基也"，杨伯峻将"本"训解为基础，更是不易引起误解。③ 人之能孝，是与其他动物区别开来的标志。"仁者，人也。亲亲为大"，从这里可以找到一种贴切的理解。人的德行，也是以孝为起点的。《孝经》之中孔子"夫孝，德之本也，教之所由生也"这一论断，奠定了儒家对孝与人格修养、道德伦理讨论的基调。

孔子将孝悌之爱，看作行仁的起点，这就保证了仁的现实性。因此，孔子强调"孝"，更注重在物质赡养之上的情感投入。他对子游解释说："今之孝者，是谓能养。至于犬马，皆能有养。不敬，何以别乎？"（《论语·为政》）冯达文、郭齐勇先生认为，"'爱'作为一种价值信念，在孔子这里被赋予了人之所以为人的'类本质'的意义"④。确实如此。这种情感本身，是仁爱之保证。所以，当宰予反对孔子"三年之丧"的主张时，孔子质问："食夫稻，衣夫锦，于女安乎？"当宰予回答"安"时，孔子无奈又愤慨地说："女安则为之！夫君子之居丧，食旨不甘，闻乐不乐，居处不安，故不为也。今女安，则为之！"等宰我出去后，孔子批评道："予之不仁也！子生三年，然后免于父母之怀。"（《论语·阳货》）孔子对"仁"的理解，以父母与子女的亲亲之爱为基础，昭然若揭。李泽厚认为，这是《论语》全书最关键的一章，因为这里所展现出来的是"儒学第一原则乃人性情感"⑤。孔子、儒家之所以将亲亲之仁视为仁爱的基础，是有着深刻性的。这是因为基于亲子血缘和生活息息相关的亲情之仁，较之于其他仁爱，具有亲密性、优先性等特点。

三 一体之仁

仁爱绝非限于亲亲之爱，而必须以此为起点不断地扩充，"推己及人"，推人及物。

---

① （宋）黎靖德编《朱子语类》（二）卷二十，第463页。
② （宋）黎靖德编《朱子语类》（二）卷二十，第472页。
③ 杨伯峻：《论语译注》，中华书局，1980，第2页。
④ 冯达文、郭齐勇：《中国哲学史》（上），人民出版社，2004，第32页。
⑤ 李泽厚：《论语今读》，第523页。

用孟子的话来概括就是"亲亲而仁民，仁民而爱物"。孔子、儒家有一种宇宙情怀，其所关怀的不仅仅是人类自身，而是将人类置于宇宙大系统之中予以思考，因此在这种天人合一、天人合德的思维模式之下，万物休戚与共、息息相关，由己及人，由人及物也就是顺理成章的事了。宋儒张载提出"民胞物与"的思想，实际上是对早期儒家仁学的继承和发展。

推己及人的内在动力，即在内在的同情心、感通心。"仁者，自内言之，则为人我相通之心地；自外言之，则为人我兼得之功业"①。所以，孔子又说："弟子入则孝，出则弟，谨而信，泛爱众，而亲仁"（《论语·学而》）；"不独亲其亲，不独子其子"（《礼记·礼运》《孔子家语·礼运》）。这"泛爱众"的"众"就是普遍意义上的人。所以，孔子曾有"老者安之，朋友信之，少者怀之"（《论语·公冶长》）的人生志向。毫无疑问，"老安""少怀""友信"，恰恰是一种普遍意义上的人的关怀。所以，孔子的仁爱，与墨家的兼爱、佛教的慈悲和基督教的博爱，同中有异。其所同就在于都是普遍的爱，即韩愈所谓"博爱之谓仁"。但是，仁爱却是以亲亲之爱为起点不断扩充的差等之爱。甚至仁爱超出了人类之爱的范畴，而要"仁厚及于鸟兽昆虫"（《孔子家语·五帝德》）。孔子"钓而不纲，弋不射宿"（《论语·述而》）其实就是反映了这一点博大的仁爱情怀。后儒之所以能够发出"民胞物与"（张载）、"仁者浑然与物同体"（程颢）等慧思，其源头就在于孔子。

儒家的仁爱，是等差之爱。孔子儒家一方面主张"己欲立而立人，己欲达而达人"，将"己"视为行仁的起点；另一方面又主张"孝弟为仁之本"。那么，这二者之间是否本身存在矛盾呢？其实，郭店简中上身下心的结构的"仁"字，意味着人对自己身体的关爱与反省。但是这个"身"，古训为"我"，所谓自身即自我。不过，在儒家的视野中，"身"并不是完全属于自我的。《孝经》记孔子说："身体发肤，受之父母。"《礼记·哀公问》记曾子说："身也者，父母之遗体也。"这说明，在孔子儒家眼里，身并非个体之身，而是"亲－子一体、家庭联体之身"②。那么，这也就意味着，自爱之仁，本身就涵蕴着亲亲之仁。二者是毫无间隔、一体而通的。

---

① 钱穆：《四书释义》，九州出版社，2011，第77页。
② 张祥龙：《家与孝：从中西间视野看》，第109页。

对于仁爱之等差，还有一个常见的误解。即认为，儒家的等差之爱是以"己"为"中心"，向外扩展的。如果这个"中心"只是指向一种逻辑空间的话，是可以的。但是如果理解为实质性的中心，则是有问题的。也就是说，在儒家的仁爱的差序格局中，"己"不过是一个起点，一个开始，并不意味着"己"是最重要的。否则，儒家的仁爱就会沦为利己主义和自我中心主义。这恰恰与仁之普遍性相悖，与仁之"公"而非"私"的内涵相反。等差之"等"，乃就人情之亲疏远近而论，非以尊卑贵贱而说，此不可不明。

因为仁是基于情感的道德，所以它一方面具有普遍性，一方面又强调实践性。仁并不是一套抽象的哲学，而是李泽厚所谓的"实用理性"和"情理结构"，是必须贯注于自我的修身及社会伦理及政治生活之中的。梁涛指出："孔子的仁并非一抽象的概念和原则，而是一动态的活动和过程，它贯穿于孔子思想之中，构成孔子思想的核心，孔子的其它活动如'学''知'等都是围绕着这一核心展开的，是服务于这一核心的。"① 那么，既然"仁"可以由近及远，其层次与境界相当复杂，如何行仁？所谓"行仁之方"是什么呢？

孔子对此有所论述。孔子说："夫仁者，己欲立而立人，己欲达而达人。能近取譬，可谓仁之方也已。"（《论语·雍也》）朱子说："以己及人，仁者之心也。于此观之，可以见天理之周流而无间矣。状仁之体，莫切于此。"② 所谓"近"就是指己身，如《周易·系辞》所谓"近取诸身"的身。朱子说："近取诸身，以己所欲譬之他人，知其所欲亦犹是也，然后推其所欲以及于人，则恕之事而仁之术也。于此勉焉，则有以胜其人欲之私，而全其天理之公矣。"③ 这里，朱熹将"仁之方"解读为"恕"。虽然不能算错，但是尚不全面。

孔子对于行仁之方实际上是从两个方面来论述的。其一是"忠"，即"己欲立而立人，己欲达而达人"，积极地成全自己进而成全他人。朱熹曾解释说："尽己之心为忠。"④ 忠，首先是尽己，是成全自己，所谓"己立""己达"，即成己。然后才是"立人""达人"，即成全他人。忠是积极的"急人所难"和"成人之美"。其二是

---

① 梁涛：《郭店竹简"悥"字与孔子仁学》，《中国哲学史》2005年第5期。
② （宋）朱熹：《四书章句集注》，第92页。
③ （宋）朱熹：《四书章句集注》，第92页。
④ （宋）朱熹：《四书章句集注》，第23页。

"恕",即"己所不欲,勿施于人"(《论语·颜渊》《论语·卫灵公》)。朱熹解释说:"推己及人为恕。"① 如果细加揣摩,朱子这里的所谓"推己及人",似乎更强调消极的层面,即从"己所不欲"处,推己及人,则"勿施于人",其实际意指乃是反对强迫他人、强加于人。综合而言,忠恕之道,正如赵汀阳所说:"孔子原则的完整表述应该是:从消极方面,推己及人而各得其便,从积极方面,成人之美而各得其利。"②

李泽厚则以宗教性私德解释"忠",以社会性公德解释"恕"③,因此"恕"更加重要。"忠恕"作为"仁之方",即仁的实现的两条途径。对此,曾子将之视为"一以贯之"之道的内容。如果说,"一以贯之"的恰恰是孔子的"仁",那么曾子的解释便不能算错,因为忠恕恰恰是仁之一体的两面。郭沫若说:"照比较可信的孔子的一些言论看来,这所谓'一'应该就是仁了。不过如把'忠恕'作为仁的内函〈涵〉来看,也是可以说得过去的。"④ 冯友兰则说:"实行忠恕即实行仁","孔子一贯之道为忠恕,亦即谓孔子一贯之道为仁也。"⑤ 梁涛也认为,"'一以贯之'并非思维上、逻辑上的'贯之',而是实践上、方法上的'贯之';仁并非静态地平躺于孔子的思想学说之中,而是动态地贯穿于孔子的生命实践之中"⑥。这个认识是深刻的。忠恕恰恰是从实践的角度"一以贯之"于孔子的仁学之道中的。

其实,根据赵汀阳的看法,"孔子的核心概念仁,固然是价值原则,但首先应该被理解为一种用于建构有效互动关系的方法论。以仁为方法(所谓'仁之方')才能够理解为什么孔子没有给仁一个定义,而只有各自情境下对仁的各种具体解释","仁首先是方法论,然后可解释各种具体内容。仁的具体内容因时而异也因事而异,所以,仁的概念是开放性的,不可能有一个封闭的定义"⑦。赵先生的这一看法富有洞见。

---

① (宋)朱熹:《四书章句集注》,第23页。
② 赵汀阳:《第一哲学的支点》,生活·读书·新知三联书店,2017,第176页。
③ 李泽厚:《论语今读》,第465~466页。
④ 郭沫若:《十批判书》,《郭沫若全集·历史编》第2册,第90页。
⑤ 冯友兰:《中国哲学史》上册,第61页。
⑥ 梁涛:《郭店竹简"忎"字与孔子仁学》,《中国哲学史》2005年第5期。
⑦ 赵汀阳:《第一哲学的支点》,第175页。

仁是互动性的，也是开放性的，更是过程性的。"仁"就在"行仁""为仁"的过程中实现。

"子罕言利，与命与仁。"（《论语·子罕》）孔子对仁的论说，可谓多矣。仁在孔子的思想中，有着复杂的层次。孔子论仁，有时候将之与"礼""知""勇"等诸德并列，如《论语·子罕》所谓"知者不惑，仁者不忧，勇者不惧"等皆是，但有时候仁的地位显然高于其他诸德。如二程曰："仁、义、礼、智、信五者，性也。仁者，全体；四者，四支。"① 程颢《识仁篇》："仁者，浑然与物同体。义、礼、知、信皆仁也。"② 朱子进一步明确说："仁者，本心之全德。"③ 朱子弟子陈淳则说："仁，所以长众善，而专一心之全德者。"又曰："仁者，心之全德，兼统四者。"④ 到了现代，冯友兰接续宋儒的看法，提出仁为"全德之名"。他说："故《论语》中亦常以仁为人之全德之代名词。……惟仁亦为全德之名，故孔子常以之统摄诸德。"⑤ 张岱年虽然不同意仁为"全德之名"的提法，但是他也认为，"仁兼涵诸德，如忠、恕、礼、恭、敬、勇等"，"是最高的德"⑥。正如白奚先生所说，赋予"仁"以"全德"的意义，是孔子仁学首先成熟的标志，是"仁学"创立的关键，也是孔子在继承前人有关思想资源基础上所作的最为重要的理论工作。⑦

杨泽波先生对"全德之名"的说法表示了不同的看法，他说："仁并不能涵盖全部的德性。"因此他提出"诸德之家"的说法。他说，"诸德之家"的一个含义是"众德之名"，而不是"全德之名"；第二个含义是"德性之源"，即各种德性的源头。他又将其称为"伦理心境"。这种说法与李泽厚的"心理积淀"说有相似之处而又不同。⑧

在孔子那里，仁毫无疑问是作为其道德规范体系中的德目之一而与其他德目并列

---

① （宋）程颢、程颐：《二程集》，第14页。
② （宋）程颢、程颐：《二程集》，第16页。
③ （宋）朱熹：《四书章句集注》，第131页。
④ （宋）陈淳：《北溪字义》，中华书局，1983，第18、22页。
⑤ 冯友兰：《中国哲学史》（上），第62页。
⑥ 张岱年：《中国哲学大纲》，江苏教育出版社，2005，第249~250页。
⑦ 白奚：《从〈左传〉〈国语〉的"仁"观念看孔子对"仁"的价值提升》，《首都师范大学学报》（社会科学版）2007年第4期。
⑧ 详见李泽厚《中国古代思想史论》，第27~28页。

的，因而它与其他诸德之间是不能互相代替的。但更重要的是，仁同时又作为一种基本原则和精神而贯注于其他诸德之中，其他诸德则各自从不同的方面体现了仁的原则和精神。① 所以，孔子之道，可以概括为"仁道"。

(责任编辑：蒋聚缘)

---

① 参见白奚《"全德之名"和仁圣关系——关于"仁"在孔子学说中的地位的思考》，《孔子研究》2002年第4期。

由孝道到孝治：
先秦儒家孝道观发展的两次转进[*]

——以《曾子》十篇与《孝经》比较为中心的考察

刘光胜[**]

摘　要　《孝经》与《曾子》十篇的相同之处，说明《孝经》为曾子一系儒者的著作。而两者的差异之处，则又表明从曾子到《孝经》，期间又经历了漫长的改编加工过程。在孔子那里，孝不过是一个具体的德目。曾子全力抬高孝的地位，把孝由一般德目提升为具有普遍意义的道德本体，自此孝道从仁学中独立出来，成为体大思精的理论体系。《孝经》作者站在天子的立场之上，把孝道作为治理国家的主要手段，更多地强调移孝作忠，孝的政治功能发生了显著的改变。由孝道到孝治，是早期儒家为适应社会需要而做出的两次重要理论调整。

关键词　《孝经》《曾子》十篇　孝道

百善孝为先，孝为君子道德修养中的元德，深刻影响着中国人的生活方式及价值取向。《左传》19万多字，《礼记》9万多字，而《孝经》以短短1800余字，便位列十三经之一，堪称中国文化史上的奇观。《孝经》是先秦时期儒家孝道观最全面、最集中的展现。汉代以孝治天下，《孝经》的地位日益显赫，此后成为历代统治者治理国家不可或缺的政治理论指南。

---

[*]　国家社科基金重大项目"清华简与儒家经典的形成发展研究"（16ZDA114）；上海市哲学社会科学一般项目"清华简与先秦《书》类文献研究"（2016BLS002）。
[**]　刘光胜，中国孔子研究院特聘教授，博士生导师，山东省泰山学者。

关于《孝经》的成书时代及作者，学界向来众说纷纭，有孔子说①、曾子说②、七十子之徒说③、曾子门人说④、子思说⑤、乐正子春说⑥、孟子门人说⑦、齐鲁间儒者说⑧、汉儒说⑨等多种意见。1994 年，上海博物馆收藏一批战国时期竹简，其中《内礼》一篇和《大戴礼记·曾子立孝》⑩密切相关，证明《曾子》十篇确为曾子学派的

---

① 《史记·仲尼弟子列传》："曾参，南武城人，字子舆。少孔子四十六岁。孔子以为能通孝道，故授之业。作《孝经》。"《史记》表述相对模糊，而班固《汉书》则更加明确。《艺文志》说："《孝经》者，孔子为曾子陈孝道也。"由于司马迁、班固的影响，持此说者甚众，如陆德明、邢昺及皮锡瑞等皆赞成这种说法。

② 孔安国《古文孝经序》："唯曾参躬行匹夫之孝，而未达天子、诸侯以下扬名显亲之事，因侍坐而咨问焉，故夫子告其谊。于是曾子喟然知孝之为大也，遂集而录之，名曰《孝经》，与《五经》并行于世。"

③ 清儒毛奇龄《孝经问》："此是春秋、战国间七十子之徒所作，稍后于《论语》，而与《大学》、《中庸》、《孔子闲居》、《仲尼燕居》、《坊记》、《表记》诸篇同时，如出一手。"《四库全书总目提要》："今观其文，去二戴所录为近，要为七十子之徒之遗书。使河间献王采入一百三十一篇中，则亦《礼记》之一篇，与《儒行》、《缁衣》转从其类。"

④ 南宋晁公武《郡斋读书志》："今其首章云'仲尼居，曾子侍'，则非孔子所著明矣。详其文义，当是曾子弟子所为书。"相关考证，参钟肇鹏《曾子学派的孝治思想》，《孔子研究》1987 年第 2 期；张涛《〈孝经〉作者与成书年代考》，《中国史研究》1996 年第 1 期。

⑤ 南宋王应麟《困学纪闻》卷七引冯椅语："子思作《中庸》，追述其祖之语，乃称字，是书（《孝经》）当成于子思之手。"相关研究，参见彭林《子思作〈孝经〉说新论》，《中国哲学史》2000 年第 3 期。

⑥ 郭沂：《郭店竹简与先秦学术思想》，上海教育出版社，2001，第 383 页。

⑦ 日本学者武内义雄说："《孝经》是由孟子派之学者，所传曾子之教。"王正己《孝经今考》："《孝经》的内容，很接近孟子的思想，所以《孝经》大概可以断定是孟子门弟子所著的。"参江侠庵编译《先秦经籍考》，商务印书馆，1931，第 233 页；王正己《孝经今考》，罗根泽主编《古史辨》（四），上海古籍出版社，1982，第 171 页。

⑧ 《朱熹文集》卷八十四："《孝经》独篇首六七章为本经，其后乃传文，然皆齐鲁间陋儒纂取左氏诸书之语为之，有至全然不成文理处，传者又颇失其次第，殊非《大学》《中庸》二传之俦也。"

⑨ （明）吴廷翰：《吴廷翰集·椟记》卷上："《孝经》一书，多非孔子之言，出于汉儒附会无疑。"清姚际恒《古今伪书考》："是书来历出于汉儒，不惟非孔子作，并非周秦之言也。……《左传》自张禹所传后始渐行于世，则《孝经》者盖其时之人所为也。"梁启超说："（《孝经》）不是战国的书，而是汉代的书。"

⑩ 以下引《大戴礼记》但书篇名。

文献，其成书时代在曾子第二、三代弟子之时。我们以《曾子》十篇为基点，从文本内容相同与相异两个方面展开考察，为《孝经》成书及儒家孝道观的转进提供新的思路。不当之处，敬请方家批评指正。

一 《曾子》十篇与《孝经》的相同之处

《曾子》十篇与《孝经》孝道理论建构，皆以孝为中心，有诸多相同之处，不妨对比如下。

其一，对孝道地位极为尊崇。《曾子大孝》："夫孝者，天下之大经也。夫孝，置之而塞于天地，横之而横于四海，施诸后世而无朝夕，推而放诸东海而准，推而放诸西海而准，推而放诸南海而准，推而放诸北海而准。"在曾子那里，大孝无疆，孝为天地间最重要的道德法则，是放诸四海而皆准的根本大法。《孝经·三才章》说："夫孝，天之经也，地之义也，民之行也。"《孝经》与《曾子》十篇都把"孝"看作天经地义的法则，是至德——最重要的品德。①《孝经·感应章》又说："孝悌之至，通于神明，光于四海，无所不通。"孝悌的最高境界，上达神明，贯通四海。《孝经·感应章》"光于四海"一语，与《曾子大孝》"推而放诸东海而准，推而放诸西海而准，推而放诸南海而准，推而放诸北海而准"直接呼应。

其二，孝德作为道体的确立。《曾子大孝》："居处不庄，非孝也；事君不忠，非孝也；莅官不敬，非孝也；朋友不信，非孝也；战阵无勇，非孝也。"在孔子那里，孝不过是具体的、实践性较强的一般德目，而曾子以孝统摄庄、敬、忠、信、勇等诸多德目，把它提升为具有普遍意义的道德哲学本体，其地位相当于孔子所言说的"仁"。《孝经·开宗明义章》说："夫孝，德之本也，教之所由生也。"《孝经》把孝规定为"德之本"、教化的发源处，实际上亦肯定孝的本体地位。

其三，凸显孝道的教化作用。《曾子大孝》说："民之本教曰孝，其行之曰养。"曾子把孝定义为教化民众的本源。《孝经·天子章》："爱亲者，不敢恶于人。敬亲者，不敢慢于人。爱敬尽于事亲，而德教加于百姓，刑于四海。盖天子之孝也。"爱自己的

---

① 《孝经·开宗明义章》孔子说："先王有至德要道，以顺天下，民用和睦，上下无怨。汝知之乎？"

亲人，便不会厌恶他人；敬自己的亲人，便不会怠慢他人。天子敬爱自己的父母，百姓竞相模仿，教化自然会及于四方。《孝经·五刑章》又曰："教民亲爱，莫善于孝。教民礼顺，莫善于悌。"在《孝经》作者看来，孝道是推行教化的最佳手段，"是以其教不肃而成，其政不严而治"。

其四，孝道共同理论链环的建构：爱（敬）—孝—忠。《曾子·立孝》："君子立孝，其忠之用，礼之贵。"依据上博简《内礼》，"忠"字当作"爱"。"忠之用"，便是"用忠"，"用忠"便是"用爱"。在曾子看来，爱为孝之本，即发自每个人内心的血缘亲情，是孝的最初情感来源。《曾子事父母》："单居离问于曾子曰：'事父母有道乎？'曾子曰：'有，爱而敬。'"尽孝的前提是爱父母、敬父母，而这种敬爱之情，是人内心真实情感的自然流露。《孝经·士章》："资于事父以事母，而爱同。资于事父以事君，而敬同。故母取其爱，而君取其敬，兼之者父也。"对母亲爱而不敬，对父亲既爱且敬，《孝经》也把爱（包含敬）作为侍奉父母的感情起点，只不过比《曾子》十篇区分更为细致罢了。

《曾子立孝》曰："是故未有君，而忠臣可知者，孝子之谓也。未有长，而顺下可知者，弟弟之谓也。……故曰孝子善事君，弟弟善事长。"先有孝子，后有忠臣，在未入仕之前，如何判断一个人是不是忠臣，那就要看他在家是不是孝子。《孝经·广扬名章》说："君子之事亲孝，故忠可移于君。"移孝作忠，忠臣出于孝子之门。《孝经·士章》："以孝事君则忠，以敬事长则顺。忠顺不失，以事其上，然后能保其禄位，而守其祭祀。"子女在家孝顺父母，以这种情感转移至事国君，便是忠。以孝事亲，才能以忠事君。由爱父母自然生发出孝，以孝之行对待国君便是忠。爱—孝—忠，《曾子》十篇与《孝经》都以爱父母为起点，以孝劝忠，由家及国，将孝拓展至政治领域，建构起忠孝一体的理论链环。

其五，按照身份、地位及职责，把孝道细分为不同层次。《曾子本孝》说："君子之孝也，以正致谏；士之孝也，以德从命；庶人之孝也，以力恶食，任善不敢臣三德。"曾子根据每个人的社会阶层、经济能力，把孝分为天子、诸侯、士大夫及庶民等不同层次。此外，曾子依据孝道的不同境界，又有"大孝""中孝""小孝"等不同区分。《孝经》则按照社会阶层，分为五等之孝，依次是"天子之孝""诸侯之孝""卿大夫之孝""士之孝""庶人之孝"。根据具体情况，把孝细分为不同层次，是《孝经》与《曾子》十篇的共同特点。

其六，对于孝道的要求与内容，有着相似的规定。《曾子本孝》："孝子之于亲也，生则有义以辅之，死则哀以莅焉，祭祀则莅之，而成于孝子也。"《孝经·纪孝行章》："孝子之事亲也，居则致其敬，养则致其乐，病则致其忧，丧则致其哀，祭则致其严。五者备矣，然后能事亲。"父母活着的时候，悉心照料；生病的时候，表达忧伤之情；去世之时，悲伤哭泣；祭祀之时，毕恭毕敬。生则致养，死则致哀，祭则致敬，《曾子》十篇与《孝经》用语虽略有差异，但对于孝子的行为要求则基本相同。

《曾子大孝》说："养可能也，敬为难；敬可能也，安为难；安可能也，久为难；久可能也，卒为难。父母既没〈殁〉，慎行其身，不遗父母恶名，可谓能终也。"父母在的时候，要养、要敬，让父母安享晚年。父母去世后，要谨慎行事，不让父母背负骂名，曾子强调孝子要以终生恪守孝道为己任。《孝经·开宗明义章》："夫孝，始于事亲，中于事君，终于立身。"孝最初是尽孝于父母，继而以忠事君，最终在孝道践履中，实现个人道德品格的养成。《曾子》十篇与《孝经》皆倡导子女尽孝无始无终，以终生孝养父母为目标所在。

其七，贵生全体，以不损伤自己的身体为孝。《曾子大孝》云："道而不径，舟而不游，不敢以先父母之遗体行殆也。"走大路而不走小路，坐船而不游泳，子女的身体是父母身体的延续，不能让它面临任何危险。《曾子大孝》中乐正子春说："天之所生，地之所养，人为大矣。父母全而生之，子全而归之，可谓孝矣。不亏其体，可谓全矣。"孝子的身体是父母所给的，要爱护自己的身体，不能无故损伤。《孝经·开宗明义章》："身体发肤，受之父母，不敢毁伤，孝之始也。""身体发肤，受之父母，不敢毁伤。"[1]《孝经》注重贵生全体，完全袭用了《曾子大孝》的语句。

其八，重视人的价值。《曾子大孝》："天之所生，地之所养，人为大矣。"在天地所生万物之中，人最为重要。《孝经·圣治章》："天地之性，人为贵。"《孝经》没有人性理论的建构，这里的"性"字即是"生"。《曾子》十篇与《孝经》都肯定人价值的可贵。

其九，多引用《诗经》，来证明自己的学说。《曾子大孝》："夫孝，置之而塞于天地，溥之而衡于四海，施诸后世而无朝夕，推而放诸东海而准，推而放诸西海而准，

---

[1] "身体发肤，受之父母，不敢毁伤"，此说出自乐正子春，河北定县汉简《儒家者言》、《曾子大孝》及《吕氏春秋·孝行》篇同。

推而放诸南海而准，推而放诸北海而准。《诗》云：'自西自东，自南自北，无思不服。'此之谓也。"《曾子大孝》引诗，出自《诗经·大雅·文王有声》。《孝经·感应章》论述孝道遍及四方，"光于四海，无所不通"时，也引用此诗。

《曾子立孝》："《诗》云……'夙兴夜寐，无忝尔所生'，言不自舍也，不耻其亲，君子之孝也。""夙兴夜寐，无忝尔所生"出自《诗经·小雅·小宛》。曾子引用此诗，证明君子的孝道之一，是不辱其亲。《孝经·士章》也引用此诗。《曾子》十篇与《孝经》引用《诗经》，皆称"诗云"，而不称具体篇名。①

学者判定《孝经》为孔子所作，主要依据是它采用的是孔子向曾子传授孝道的方式，即《孝经》绝大部分内容属于"子曰"。《说苑·建本》：

> 曾子芸〈耘〉瓜而误斩其根。曾晳怒，援大杖击之。曾子仆地，有顷，乃苏，蹶然而起，进曰："曩者，参得罪于大人，大人用力教参，得无疾乎？"退屏鼓琴而歌，欲令曾晳听其歌声，知其平也。孔子闻之，告门人曰："参来勿内也。"曾子自以无罪，使人谢孔子。孔子曰："汝不闻瞽叟有子名曰舜，舜之事父也，索而使之，未尝不在侧，求而杀之，未尝可得，小棰则待，大棰则走，以逃暴怒也。今子委身以待暴怒，立体而不去，杀身以陷父不义，不孝孰是大乎？"

曾子芸〈耘〉瓜，误斩断禾苗之根。曾晳用大杖打曾子，曾子昏倒在地。过了一会儿，曾子苏醒了，他以琴声告诉父亲，自己身体没有被打坏。孔子对曾子这种只考虑自己尽孝，不顾及父母感受的做法，并不赞同。他教育曾子要向虞舜学习，不要行愚孝之举。司马迁说"孔子以为（曾子）能通孝道，故授之业"，实际上孔子对曾子尽孝的某些做法是不赞成的。

在孔子思想体系建构中，仁居于核心的地位，统摄温、良、恭、俭、让诸德。而在《孝经》中，孝为思想的核心，仁的道体地位被孝取代。《论语》中"仁"包含了"孝"，孝不过是仁之一端，为具体的德目。而《孝经》中的孝涵盖忠、信、勇等德目，成为具有普遍意义的道德本体。孔子虽然很重视孝，但从未把孝细分为不同层次。《孝经·感应章》："宗庙致敬，鬼神著矣。孝悌之至，通于神明，光于四海，无所不通。"祭祀时只要充分表达敬意，便会感觉到鬼神的存在。孝悌的最高境界，上通神

---

① 《孝经·开宗明义章》称"大雅"，亦不称具体篇名。

明，遍及四海，无所不在。孔子不语怪力乱神，敬鬼神而远之，《孝经》中的神秘论与鬼神色彩，与孔子思想不符。朱熹说："《孝经》疑非圣人之言，且如'先王有至德要道'，此是说得好处。然下面都不会说得切要处著，但说得孝之效如此。如《论语》中说孝，皆亲切有味，都不如此。"① 孔子思想与《孝经》所建构的理论体系不能兼容，将不孝入刑，更非孔子所言，因此笔者认为，《说苑》所记为真实场景，而《孝经》中孔子向曾子讲解孝道的场景可能为后儒虚构的情节。

《曾子》十篇与《孝经》的相同点可以概括为：把孝推崇到无以复加的程度，以孝道作为天地间根本大法；对孝道内容规定近似，生则致养，死则致哀，祭则致敬，以终生尽孝为己任；以不毁伤自己的身体为孝。特别是以孝作为道德本体，涵盖忠、敬、信、勇诸德，并把孝区分为不同层次，此为曾子不同于其他学派而独有的孝道理论建构。古人没有著作权的观念，不会在书中交代作者是谁。先秦时期诸子立论成说，弟子辑录成书，诸子之书往往不是成书于本人之手。因此所谓"作"，不是指撰作、成书于某人，而是思想主体源于某人。《孝经》"子曰"只是形式，思想内容、理论建构大部分出自曾子，它是深受曾子思想影响下的产物。鉴于曾子为《孝经》思想的主要发源处，我们认为《孝经》是曾子一系儒者的著作。《孝经》中引用乐正子春之语，说明它的成书在乐正子春之后。

二 《曾子》十篇与《孝经》的不同之处

上面我们列举了《曾子》十篇与《孝经》的相同之处，其实两者的差异也是很明显的。

其一，《曾子》十篇将孝道分为天子、诸侯、士人、庶民四个层次，而《孝经》分为天子、诸侯、卿大夫、士人、庶民五个层次。卿大夫是先秦时期重要的社会阶层，《孝经》的分类似乎更为合理、细密化。《曾子本孝》："君子之孝也，以正致谏。"曾子认为，诸侯国君的孝是敢于向天子进言直谏。《孝经·诸侯章》："在上不骄，高而不危。制节谨度，满而不溢。高而不危，所以长守贵也。满而不溢，所以长守富也。富贵不离其身，然后能保其社稷，而和其民人。盖诸侯之孝也。"《孝经》对诸侯国君

---

① 朱杰人等主编《朱子全书》第17册，上海古籍出版社、安徽教育出版社，2002，第2829页。

的要求是"在上不骄""满而不溢",只有这样才能长有富贵。试问以守富贵、保禄位为目的的人,敢于向天子犯颜直谏吗?

《曾子》十篇和《孝经》除了庶民之孝的规定较为一致外,对天子、诸侯及士人之孝的规定明显不同。天子尽孝,就可以实现天下治理,诸侯尽孝可以长享富贵,卿大夫尽孝可以守其宗庙,士人尽孝可以永保禄位。可以说,《曾子》十篇只言尽孝不言利,《孝经》则是赤裸裸地从功利主义角度劝人尽孝,并非真孝。从《曾子》十篇看,曾子对天子、诸侯等人的孝道规定就一句话,比较粗疏简略,而《孝经》非常详细,长达一章(段),带有后来整理改编的意味。

其二,孝道的最终落脚点不同。《曾子事父母》说:"孝子无私乐,父母所忧忧之,父母所乐乐之。孝子唯巧变,故父母安之。"王聘珍注曰:"巧,善也,变,犹化也。"① 孝子对生活没有自己的个性化追求,完全以父母的忧乐为转移。随着父母心意的变化,孝子要善于跟着变化,以达到让父母心安的目的。"我并不是我,不过是我的父母的儿子"②。

《韩诗外传》卷七记曾子云:"吾尝仕齐为吏,禄不过钟釜,尚犹欣欣而喜者,非以为多也,乐其逮亲也;既没〈殁〉之后,吾尝南游于楚,得尊官焉,堂高九仞,榱题三围,转毂百乘,犹北乡〈向〉而泣涕者,非为贱也,悲不逮吾亲也。"③ 曾子在齐国为官,俸禄不过钟釜,内心欢喜异常,因为俸禄足可以孝养父母。父母去世之后,曾子在楚国获得尊位,九仞高堂,百辆大车,曾子却向北哭泣,因为他没有父母可以供养。曾子之孝的最终落脚点在父母身上。《曾子制言下》:"诸侯不听,则不干其土;听而不贤,则不践其朝。"自己的主张不被国君采纳,就不入其国,不在其朝廷中为官。国君所作所为符合道义,他就在朝廷为官,不符合道义,他是可以随时离开的。曾子是站在士人的立场上讲孝,血缘亲情是第一位的,他会为父母舍弃高官厚禄。

《孝经·广至德章》:"教以孝,所以敬天下之为人父者也。教以悌,所以敬天下之为人兄者也。教以臣,所以敬天下之为人君者也。"教以孝,是为了敬天下的父母;

---

① (清)王聘珍:《大戴礼记解诂》,中华书局,1983,第86页。
② 胡适:《中国哲学史大纲》,东方出版社,1996,第98页。
③ 类似的记载还见于《韩诗外传》卷一:"曾子仕于莒,得粟三秉,方是之时,曾子重其禄而轻其身。亲没〈殁〉之后,齐迎以相,楚迎以令尹,晋迎以上卿,方是之时,曾子重其身而轻其禄。"

教以悌，是为了敬天下的兄长；教以臣，是为了敬天下的国君。《孝经》讲孝，最终落脚点在于教臣民如何敬国君。《孝经·广扬名章》："君子之事亲孝，故忠可移于君；事兄悌，故顺可移于长；居家理，故治可移于官。"以孝事父母，才会以忠事君。以悌事兄，才会顺从上级。《孝经》是站在天子的立场上讲孝，用对待父亲的方式对待国君，强调的是事君如父，臣民对国君的顺从。蔡汝堃指出，《孝经》名为讲孝，实为劝忠。①《孝经》讲孝不是目的，更多的内容是劝忠，它不再讲从义不从君。作为一种政治学说，《孝经》的目的在于为当时的社会主要矛盾提供一种解决方案。《曾子》十篇的孝道主要局限于家庭之内，而《孝经》更多地转向了国家的治理。

其三，曾子君臣、父子双向的道德约束，《孝经》改为单向的道德规定。上博简《内礼》篇：

> 故为人君者，言人之君之不能使其臣者，不与言人之臣之不能事其君者；故为人臣者，言人之臣之不能事其君者，不与言人之君之不能使其臣者；故为人父者，言人之父之不能畜子者，不与言人之子之不孝者；故为人子者，言人之子之不孝者，不与言人之父之不能畜子者；故为人兄者，言人之兄之不能慈弟者，不与言人之弟之不能承兄者；故为人弟者，言人之弟之不能承兄（者，不与言人之兄之不能慈弟者。故）曰：与君言，言使臣；与臣言，言事君；与父言，言畜子；与子言，言孝父；与兄言，言慈弟；与弟言，言承兄。反此乱也。

和国君建言，讲如何重用大臣；和大臣建言，讲如何侍奉国君；和父亲建言，讲如何教育子女；和子女建言，讲如何孝顺父母。在曾子那里，君臣、父子及兄弟是一种互相对待的关系。《孝经·广至德章》："子曰：君子之教以孝也，非家至而日见之也。教以孝，所以敬天下之为人父者也；教以悌，所以敬天下之为人兄者也；教以臣，所以敬天下之为人君者也。"《孝经》只讲人子、人弟、人臣，不讲对父、君、兄的要求，说明《孝经》在曾子思想基础之上，有所改编，② 已非曾子思想的原貌。

其四，谏诤观的差异。《曾子事父母》："父母之行若中道，则从；若不中道，则谏。"对于父母不符合道义的行为，曾子主张应委婉含蓄地劝谏。《曾子事父母》云：

---

① 蔡汝堃：《孝经通考》，商务印书馆，1937，第96页。
② 这种改编有可能是《孝经》作者所为，抑或流传中他人所为，难以质言。

"孝子之谏，达善而不敢争辨。争辨者作，乱之所由兴也。"如果父母不听从劝谏，曾子反对子女和父母争辨，即谏而不诤，他认为争辨是内乱兴起的源头。《曾子立孝》："子曰：可入也，吾任其过。不可入也，吾辞其罪。"曾子引用孔子之语：劝谏父母，如果父母接受，我承担其责任；不能接受，我内心自我反省。

《孝经·谏诤章》：

> 昔者天子有争臣七人，虽无道，不失其天下；诸侯有争臣五人，虽无道，不失其国；大夫有争臣三人，虽无道，不失其家；士有争〈诤〉友，则身不离于令名。父有争〈诤〉子，则身不陷于不义。故当不义，则子不可以不争〈诤〉于父，臣不可以不争〈诤〉于君。故当不义，则争之。从父之令，又焉得为孝乎？

天子有诤臣七人，诸侯有诤臣五人，大夫有诤臣三人，则不至于亡国亡家。子要诤于父，臣要诤于君，为阻止父母和天子行不义之事，《孝经》作者是主张谏且诤的。在谏诤问题上，《曾子》十篇和《孝经》的观点判然有别。尤其值得注意的是，《曾子立孝》与《孝经》同样引用孔子之语，表达的观点竟也有所不同。

其五，"子曰"内容的不同。《曾子立孝》："子曰：可入也，吾任其过。不可入也，吾辞其罪。"又《曾子大孝》云："夫子曰：'伐一木，杀一兽，不以其时，非孝也。'"《曾子》十篇讲孝，两次引用孔子之说，皆不见于《孝经》。《孝经》为孔子为曾子陈说孝道之作，为何《曾子》十篇孔子讲孝的内容却不见于《孝经》，说明两书可能出于不同的整理者。

其六，天道连接与鬼神色彩的有无。《曾子天圆》中曾子说："天道曰圆，地道曰方，方曰幽而圆曰明。明者，吐气者也，是故外景；幽者，含气者也，是故内景。故火日外景，而金水内景。吐气者施，而含气者化，是以阳施而阴化也。"王聘珍注曰："吐，犹出也。《说文》云：'景，光也。'外景者，光在外。内景者，光在内。施，予也。化，生也，谓化其所施也。"[①] 在曾子那里，天是自然之天，《曾子》十篇从未将孝道与天道连接起来。《曾子天圆》讲述宇宙的生成，外影的是火日，内影的金水。毛羽之虫，为阳气所生。介鳞之虫，为阴气所生。曾子的理论建构，毫无鬼神色彩。

《孝经·圣治章》："孝莫大于严父，严父莫大于配天，则周公其人也。"《孝经》

---

① （清）王聘珍：《大戴礼记解诂》，第99页。

由严父到配天，孝—父—天，孝道与天道之间的连接已经建立。《孝经·感应章》："昔者明王事父孝，故事天明；事母孝，故事地察；长幼顺，故上下治。天地明察，神明章矣……宗庙致敬，鬼神著矣。孝悌之至，上通神明，光于四海，无所不通。"天子孝顺父亲，则天明；孝顺母亲，则地察。宗庙恭敬祭祀，则鬼神章明。孝悌的至高境界，上通神明，遍及四方。《孝经》为宣传孝道效果显著，将鬼神引入自己的理论建构，给孝道披上了神圣的外衣，带有浓重的神秘主义色彩。

其七，推行孝道方式的差异。《曾子立孝》说："君子立孝，其忠之用，礼之贵。"我们上文已经讲过，忠即"爱"字。曾子主张，尽孝是一种道德自觉。在曾子看来，孝道是人内心真挚情感的自然呈现，而不需要依靠任何外力的强制。

《孝经·五刑章》："五刑之属三千，而罪莫大于不孝。要君者无上，非圣人者无法，非孝者无亲。此大乱之道也。"犯罪种类很多，而不孝是最大的罪行。《孝经》将不孝看作一种罪行，公然强调不孝是大乱之源，将不孝入刑。它主张以刑法强力推行孝道，用五刑来处置不孝者。《孝经》借用国家刑法的权威，用暴力来维护孝道的实施，和《曾子》十篇明显不同。

其八，引《书》与不引《书》之别。《孝经·天子章》："《甫刑》曰：'一人有庆，兆民赖之。'"《孝经》为论述天子之孝，引用了《尚书·吕刑》，① 但《曾子》十篇只引用《诗经》，从未引用《尚书》。

《礼记·檀弓上》：

> 曾子谓子思曰："伋！吾执亲之丧也，水浆不入于口者七日。"子思曰："先王之制礼也，过之者，俯而就之；不至焉者，跂而及之。故君子之执亲之丧也，水浆不入于口者三日，杖而后能起。"

鲁哀公二十年，曾子的父亲去世，他水浆不入于口七天。乐正子春执亲之丧，五日不饮水浆。对此，子思持反对的态度，他说行父亲丧礼之时，三日不喝水浆就可以。《孝经·丧亲章》："三日而食，教民无以死伤生。"三日以后可以进食，《孝经》与曾子、乐正子春不同，而与子思同。

《孝经》既引《书》，又引《诗》，与《礼记·缁衣》同。《缁衣》的作者，学界

---

① 《孝经》引《尚书》唯此一次。

一般认为是子思，学者或据此认为《孝经》的作者是子思。但从郭店简《五行》看，子思推崇的德目是仁、义、礼、智、圣，而孝不在其中。《中庸》以智、仁、勇为三达德，《孝经》以孝取代仁的地位，在子思那里，是不可能接受的。《孝经》孝道理论并不能成就严密的思想体系，其理论建构水平显然逊于《中庸》。郭店竹简《鲁穆公问子思》："鲁穆公问于子思曰：ّ何如而可谓忠臣？'子思曰：'恒称其君之恶者，可谓忠臣矣。'"总是指出国君缺点的人，才能称得上忠臣。《孝经》对忠臣的标准是"顺于长"，与子思的理念格格不入。因此笔者认为《孝经》的作者不可能是子思。

孟子说："孝子之至，莫大乎尊亲；尊亲之至，莫大乎以天下养。为天子父，尊之至也；以天下养，养之至也。"在孟子看来，最高等级的孝是"以天下养"。罗新慧女士据此认为，从源流发展上看，《孝经》的这个思想正是从曾子孝道理论萌发，经过孟子的阐释之后，而齐备于《孝经》一书的，即《曾子》—《孟子》—《孝经》。①

《孟子·告子下》："尧舜之道，孝弟而已矣。"孟子推崇的孝道模范是尧、舜，而《孝经》尊崇的人物是周公。孟子只讲仁义，不言利，像《孝经》那样，以保禄位而劝人尽孝，从功利主义出发，断非孟子所为。郭店简《唐虞之道》："古者尧之与舜也：闻舜孝，知其能养天下之老也；闻舜弟，知其能事天下之长也；闻舜慈乎弟□□□知其能为民主也。"尧由舜能养父母，便知道他能养天下之老；由舜尊敬兄长，便知他能事天下之长。从郭店竹简看，不仅孟子如此，子思时代的儒者亦是如此，因此将孝由"家庭"更多地转向"天下国家"，以孝道作为治理天下的举措，为动荡、无序的现实社会提供解决方案，是曾子之后儒家学派孝道理论建构的普遍趋势，并非孟子一派之所为。②

总之，曾子站在士人的立场上，认为孝道的最终落脚点在父母，他可以为父母舍弃高官厚禄。《孝经》站在国君的立场之上，以孝为社会治理的重要手段，移孝作忠。曾子主张谏而不争，《孝经》主张谏且争。在曾子那里，尽孝是人内心感情的真实流露，而《孝经》主张以五刑强制推行孝道。《孝经》是深受曾子思想影响下的产物，

---

① 罗新慧：《曾子与〈孝经〉——儒家孝道理论的历史变迁》，《史学月刊》1996年第5期。
② 孟子绍述曾子之语颇多，但大都不见于《孝经》。孟子主张父子之间不责善，与《孝经·谏诤章》相矛盾。

但与曾子思想存在明显距离。《孝经》与子思、孟子的思想，也是有同有异。对于这些理论差异，我们认为《孝经》作者是以曾子思想为主体，对其他学派和早期文献兼容并蓄的结果。① 它为儒家孝道理论的总结之作，是《孝经》作者结合战国中晚期形势，对儒家孝道理论重新调整的结果。

三　先秦儒家孝道观的转进历程

子夏问孝，孔子回答说："色难。有事，弟子服其劳。有酒食，先生馔，曾是以为孝乎？"（《论语·为政》）有事情，弟子为其操劳；有酒食，先生享用。这就是孝吗？孔子认为，所谓的孝，是发自内心的敬，表现在脸上，便是有恭敬之色。和外在的形式、节文相比，孔子更强调发自内心的敬意与关怀。《论语·为政》："子游问孝。子曰：'今之孝者，是谓能养。至于犬马，皆能有养，不敬，何以别乎？'"在孔子生活的时代，人们认为孝就是物质上的赡养。对此，孔子持不同意见。他认为孝可以分为两个层面，一是犬马之孝，指仅从物质层面供养；二是人之孝，不仅包括物质层面的供养，更重要的是精神层面的"敬"。从物质层面的养身体到精神层面的内心之敬，孔子开启了孝德由外向内的转向。

《论语·为政》："或谓孔子曰：'子奚不为政？'子曰：'《书》云：孝乎惟孝，友于兄弟，施于有政。是亦为政，奚其为为政？'"有人问孔子为何不从政，孔子回答说在家中孝敬父母，友爱兄弟，便是从政。孔子虽然说孝可以延展到政治领域，但具体路径却并未指明。《曾子立孝》云："是故未有君，而忠臣可知者，孝子之谓也。未有长，而顺下可知者，弟弟之谓也。"曾子将对父母的孝和对国君的忠等同起来，家庭之内与家庭之外，孝道伦理与国家政治领域之间才得以真正打通。曾子根据社会阶层和个人能力的不同，将孝道分为天子之孝、诸侯之孝、士人之孝及庶民之孝等不同层面，每个人都可以量力而行地尽孝，使孝和每个社会成员一一对应，成为覆盖整个社会的全德。

仁是孔子思想的核心，在孔子那里，孝不过是具体的一个德目，为仁所统摄。《曾子大孝》说："居处不庄，非孝也。事君不忠，非孝也。莅官不敬，非孝也。朋友不

---

① 如朱熹曾经指出，《孝经》为掇拾诸书而成。

信，非孝也。战陈无勇，非孝也。"曾子全力抬高孝的地位，把它看作横亘四海的根本大法，孝统率忠、敬、信、勇等德目，上升为道德本体。曾子将理论的核心由仁转至孝，孝道自此从仁学中独立出来，成为博大精深的思想体系。由孝德到孝道，此为曾子对孝道理论最为突出的建设成就。

曾子是站在士人的立场上讲孝的。他为了给父母尽孝，可以舍弃高官厚禄。但如果每个官员都可以这样离开，国家政治秩序便无法顺利维持。曾子对孝道的阐发，如养父母口体、心志等，主要是在家庭内部。曾子过多地关注家庭，忽视了社会的治理，对于如何以孝道辅助治国理政，是曾子理论建构的薄弱环节。

战国初期，诸侯国林立，诸子不容于此国，便到彼国去。他们选择的余地比较大，所以才有"以道抗君"现象的发生。到战国中晚期，诸侯国数量明显减少，诸子的思想必须为国君巩固统治服务，否则便没有多少"买方市场"。因此《孝经》有两个重要的理论转变。一是由孝道转向孝治，把孝作为治理国家的重要手段。《孝经》站在天子的立场上讲孝，认为天子尽孝可以仪刑四方，成教于天下，"其教不肃而成，其政不严而治"。《孝经》对曾子思想重新改造，突出孝道的治国功能，使孝道成为治理国家的理论指南。二是将阐发的重点改为由孝转移至忠，"以孝劝忠"，劝诸侯国君、卿大夫及士人等向天子尽忠。孝是起点，忠是终点，提倡孝的最终目的在于教育臣下对国君忠贞、顺从。以国家政治生活为中心，突出孝道在治理国家方面的作用，由孝道转向孝治，是《孝经》理论的重大调整。自此，以《孝经》代表的儒家孝道观，得到统治者的青睐，成为历代国君治理国家不可或缺的方略与举措。

综上所述，《孝经》中的"子曰"不过是个形式，并不是孔子真实思想的表达。先秦时期，所谓"作"不是成书于某人，而是指思想主体来源于某人。《孝经》以孝作为宇宙间的根本大法、庶民最重要的生活方式，又将孝道区分为天子之孝、诸侯之孝及卿大夫之孝等不同层次。《曾子》十篇与《孝经》的相同之处，说明《孝经》深受曾子思想的影响，是曾子一系儒者的著作。《曾子》十篇和《孝经》的差异之处，说明《孝经》是曾子之后，其弟子门徒对孝道重新改造的结果。从曾子到《孝经》，其间经历了较为长期的思想演进历程。

在孔子那里，孝不过是仁之一端，是一种具体德目。而曾子奋起，以"孝"作为庄、敬、忠、信、勇诸德之本，自此孝便具备了本体论的意味，上升为具有普遍意义的至德要道。孝为天下之大经，战阵不勇，为臣不忠，皆是不孝的表现。《孝经》作者鉴于曾子孝道阐发集中在家庭内部的弊端，转而向外，作了相应的理论扭转，力图为无序的现实社会提供政治解决方案。孝，在《曾子》十篇是诸德之本，在《孝经》为治国之术，由孝道到孝治，孝的政治功能发生了显著的改变。质言之，《孝经》是以曾子思想为主体，同时整合早期文献和其他学派思想的总结之作。由孝德转向孝道，由孝道转向孝治，是先秦儒家孝道思想发展过程中两次极为重要的转变。

（责任编辑：李富强）

"孝"观念的起源、发展及其在两汉时期的定型和影响

孟祥才*

摘　要　"孝"是中国历史上最早出现的伦理观念，三代时期已经成为维系家庭和睦与社会稳定的重要道德信条。后经儒家代表人物孔子、曾子、孟子等人的进一步创造性阐释，再经过两汉思想家特别是《孝经》的发展和播扬，尤其是经过汉朝统治者在制度设计上的规范和表彰，它就成为与"忠"相表里的全民共识的伦理范畴。不仅在中国历史上发挥着积极的作用，而且能够为现代文明建设提供有益的思想资源。

关键词　孝　《孝经》　两汉时期

"孝"观念作为最早出现的基于伦理亲情的道德信条，在中国历史进入阶级社会的夏朝以前的尧舜时代就产生了。以后，历经夏、商、西周、春秋、战国，特别是经过儒家代表人物孔子、曾子、孟子等人的丰富和发展，到秦朝统一全国时，已经成为与"忠"并列的最重要的伦理观念，对于维系整个社会的稳定和有序运行起着极其重要的作用。再后，经过两汉思想家的进一步发展和播扬，特别是汉朝统治者通过制度和政策对孝行的规范、表彰和弘扬，"孝"就成为全民共识的伦理观念，随之，其负面的影响也就如影随形地凸显：追求大孝之名的"激发之行"和不近人情的"愚孝"之举也就频频闪现了。

一

"孝"字尽管在甲骨文和金文中已经出现，但还不具有伦理的内涵。它最早作为伦

---

* 孟祥才，山东大学儒学高等研究院教授。

理观念出现是在《尚书·尧典》对舜品格的褒扬上,"父顽,母嚚,象傲;克谐以孝"。舜的孝行奠定了后来影响深远的中国孝文化的第一块基石。此后,伪古文《尚书》中出现了"奉先思孝"(《太甲中》)、"恪慎克孝"(《微子之命》)、"惟忠惟孝"(《君陈》)。《诗经》中也有许多表达儿女孝思的篇章,如《风》中的《邶风·凯风》《魏风·陟岵》《唐风·鸨羽》,《小雅》中的《四牡》《小宛》《小弁》《蓼莪》《楚次》,《大雅》中的《下武》《文王有声》《既醉》《卷阿》,《颂》中的《周颂·雝》《周颂·闵予小子》《鲁颂·泮水》等。其中的"永言孝思""有孝有德""永世克孝"唱出了对孝的赞美和执着。

《十三经》中的"三礼"(《周礼》《仪礼》《礼记》)相传出自西周,与西周初年的大政治家周公旦有着密切的关系。其中有着大量"孝"的内容。《周礼·地官·师氏》将"孝德"定为"三德"之一,将"孝行"定为"三行"之一。《礼记》中的《曲礼》《檀弓》《祭义》《哀公问》《坊记》等篇,更进一步将子女对父母的孝行做了严格细致的规定。再后,经春秋战国时期儒家代表人物孔子、曾子和孟子等人的阐发,"孝"的内涵得到极大的丰富。

一、"孝"成为"仁"之本,也即人的修身之本,是"仁者爱人""己所不欲,勿施于人""己欲立而立人,己欲达而达人"等最高道德境界之本,是一切伦理道德的出发点和最后归宿。"君子务本,本立而道生。孝弟也者,其为仁之本与!"(《论语·学而》)"居处不庄,非孝也;事君不忠,非孝也;莅官不敬,非孝也;朋友不信,非孝也;战阵无勇,非孝也。五者不遂,灾及其身,敢不敬乎?"(《大戴礼记·曾子大孝》)"夫孝,三皇五帝之本务,而万事之纲纪也。"(《吕氏春秋·孝行》)

二、珍惜自己的生命。孔子说:"父母唯其疾之忧。"(《论语·为政》)曾子说:"身者,亲之遗体也;行亲之遗体,敢不敬乎?"(《大戴礼记·曾子大孝》)孟子说:"守孰为大,守身为大。"(《孟子·离娄上》)《孝经》则说:"身体发肤,受之父母,不敢毁伤,孝之始也。"总之,孝观念要求子女将自己的生命作为父母生命延续的链条,加倍珍惜,这是每个人义不容辞的责任和义务。

三、子女的孝行,不仅表现为对父母的赡养和对祖先的追怀,更表现为对父母和祖先发自内心的崇敬之情。这种崇敬之情体现在礼上,就是:"生,事之以礼;死,葬之以礼,祭之以礼。"(《论语·为政》)

四、亲情高于国法,"父为子隐,子为父隐,直在其中"(《论语·子路》)。"孝子之至，莫大乎尊亲"（《孟子·万章上》），而尊亲既要杜绝"五不孝"——"惰其四肢""博弈好饮酒""好货财，私妻子""从耳目之欲，以为父母戮""好勇斗狠，以危父母"（《孟子·离娄下》），更要促成家族血脉的延续，所以"不孝有三，无后为大"（《孟子·离娄上》）就成为天经地义的信条。

五、坚持"三年之丧"（《论语·阳货》《孟子·滕文公上》），父母去世，子女必须为之守孝三年。

不过，春秋战国时期儒家的孝论还仅仅是"百家争鸣"中的一家之言，比如人们对守孝三年就有不同的看法。而法家更对儒家的孝论提出严厉批判。韩非从"忠""孝"的矛盾出发，指出一个孝子在战场上不可能是为了国家利益视死如归的勇士，而只能是想着"父母之养"的逃兵。

二

秦朝推行"以法为教""以吏为师"的"独尊法术"的专制主义思想文化政策，倡导的是皇权无限，全国服从一人；上下一致，寰宇政令统一。此时，"孝"的观念已经远离统治者的视野。在李斯等起草的宣扬秦朝核心政治和道德理念的秦刻石文，竟然找不到一个"孝"字。

西汉建立后，在君臣持续反思秦朝"二世而亡"教训的氛围中，战国"百家争鸣"的诸子余绪空前活跃，儒家学派前赴后继地宣扬自己理论的正确性，为争取生存和发展的权利不懈奋斗，特别是经过董仲舒等人对儒学的里程碑式的阐扬，结果迎来汉武帝"罢黜百家，独尊儒术"的政策出台，儒学的孝论再次焕发出耀眼的光辉。

从汉武帝开始，朝廷建立了太学这一国家最高学府，儒家的经典《五经》成为钦定的官方学术，立博士进行专门传授。而《孝经》则成为与《五经》并列的经典，获得崇高的地位。《孝经》宣扬"以孝治天下"，将孝提升至全部封建伦理的核心位置，不孝当然被视为罪大恶极：

> 夫孝，始于事亲，中于事君，终于立身。（《孝经·开宗明义》）
>
> 子曰："君子之事亲孝，故忠可移于君；事兄弟，故顺可移于长；居家理，故治可移于官。是以行成于内，而名立于后世矣。"（《孝经·广扬名》）

子曰："五刑之属三千，而罪莫大于不孝。要君者无上，非圣人者无法，非孝者无亲，此大乱之道也。"（《孝经·五刑》）

两汉时期，阐释孝的言论和著作不绝于史。《史记·太史公自序》记载司马谈的话说："夫孝，始于事亲，中于事君，终于立身。扬名后世，以显于父母，此孝之大者。"《汉书·艺文志》在介绍《孝经》时则说："夫孝，天之经，地之义，民之行也。"

至此，"中国的孝文化逐渐发展成为一个博大精深的体系。'孝'作为中国文化的一个核心观念，体现了儒家亲亲、尊尊、长长的基本精神，它是纵贯祖先、父辈、己身、子孙，过去、现在与未来的纵向链条，也是中国一切人际与社会关系得以形成的精神基础，是中华民族精神的渊源"[①]。

两汉朝廷从制度和政策等诸多方面营造浓浓的倡导孝道、表彰奖励孝行的社会氛围。

惠帝四年（前191年），"春正月，举民孝弟力田者复其身"（《汉书·惠帝纪》）。

高后元年（前187年），"春正月，……初置孝弟力田二千石者一人"（《汉书·高后纪》）。

文帝十二年（前168年），"遣谒者劳赐三老、孝者帛人五匹"（《汉书·文帝纪》）。

武帝元光元年（前134年），"冬十一月，初令郡国举孝廉各一人"（《汉书·武帝纪》）。

武帝元朔元年（前128年），"冬十一月，……令二千石举孝廉"（《汉书·武帝纪》）。

武帝元狩元年（前122年），"夏四月，赐县三老、孝者帛，人五匹；乡三老、弟者、力田帛，人三匹"（《汉书·武帝纪》）。

武帝元狩六年（前117年），"六月，……谕三老孝弟以为民师"（《汉书·武帝纪》）。

宣帝地节三年（前67年），"十一月，……其令郡国举孝弟有行义闻于乡里者各一人"（《汉书·宣帝纪》）。

四年（前66年）春二月，诏曰："导民以孝，则天下顺。"（《汉书·宣帝纪》）

---

① 陈仲庚：《舜文化传统与和谐世界》，湖南人民出版社，2011，第91页。

甘露三年（前51年），"赐……三老、孝弟力田……各有差"（《汉书·宣帝纪》）。

元帝初元元年（前48年），"夏四月，赐三老、孝者帛人五匹"。五年（前44年）夏四月，"赐三老、孝者帛，人五匹"（《汉书·元帝纪》）。

元帝永光二年（前42年）春二月，赐"三老孝弟力田帛"（《汉书·元帝纪》）。

元帝建昭五年（前34年）春三月，赐"三老孝弟力田帛"（《汉书·元帝纪》）。

成帝建始元年（前32年）二月，赐"三老、孝弟力田、鳏寡孤独钱帛，各有差"（《汉书·成帝纪》）。

成帝建始三年（前30年）春三月、河平四年（前25年）春正月，"赐孝弟力田爵二级"（《汉书·成帝纪》）。

成帝绥和元年（前8年）二月、绥和二年（前7年）三月，赐"三老、孝弟力田帛"（《汉书·成帝纪》）。

平帝元始三年（公元3年）夏，"立官稷及学官。……乡曰庠，聚曰序。序、庠置《孝经》师一人"（《汉书·平帝纪》）。

建武中元二年（57年）夏四月，赐爵，"三老、孝弟、力田人三级"（《后汉书·明帝纪》）。

明帝永平三年（60年）二月、十二年（公元69年）五月、十七年（公元74年）二月，赐爵，"三老、孝悌、力田人三级"（《后汉书·明帝纪》）。

章帝建初元年（76年）夏五月，"初举孝廉、郎中宽博有谋，任典城者，以补长、相"（《后汉书·章帝纪》）。

章帝建初四年（79年）夏四月，赐爵，"三老、孝弟、力田人三级"（《后汉书·章帝纪》）。

和帝永元八年（96年）春二月、十二年（100年）三月，赐爵，"三老、孝弟、力田人三级"（《后汉书·和帝纪》）。

和帝永元十三年（101年）冬十一月，诏曰："幽、并、凉州户口率少，边役众剧，束脩良吏，进仕路狭。抚接夷狄，以人为本。其令缘边郡口十万以上岁举孝廉一人，不满十万二岁举一人，五万以下三岁举一人"（《后汉书·和帝纪》）。

和帝元兴元年（105年）冬十二月，赐爵，"三老、孝弟、力田人三级"（《后汉书·和帝纪》）。

安帝永初二年（108年）九月，诏各王国推荐属吏中"居乡里有廉清孝顺之称"

者,"令得外补"(《后汉书·安帝纪》)。

安帝永初三年(109年)正月,赐"三老、孝弟、力田爵,人二级"(《后汉书·安帝纪》)。

安帝永初五年(111年)闰三月,诏三公至二千石、郡守等,"举荐贤良方正及至孝之人,公车诣朝廷"(《后汉书·安帝纪》)。

安帝元初元年(114年)春正月,赐爵,"孝弟、力田人三级"(《后汉书·和帝纪》)。

安帝元初六年(119年)春二月,诏"光禄勋与中郎将选孝廉郎宽博有谋,清白行高者五十人,出补令、长、丞、尉"(《后汉书·安帝纪》)。

安帝延光元年(122年)三月,"赐民爵及三老、孝弟、力田,人二级"(《后汉书·安帝纪》)。

安帝延光四年(125年)十二月,"令郡国守相视事未满岁者,一切得举孝廉吏"(《后汉书·顺帝纪》)。

顺帝永建元年(126年)春正月,赐爵,"三老、孝弟、力田人三级"(《后汉书·顺帝纪》)。

顺帝永建四年(129年)正月,赐爵,"三老、孝弟、力田人二级"(《后汉书·顺帝纪》)。

顺帝阳嘉元年(132年)春正月,赐爵,"三老、孝弟、力田人三级"。冬十一月,"初令郡国举孝廉,限年四十以上,……其有茂才异行,若颜渊、子奇,不拘年齿"。闰十二月,"令诸以诏除为郎,年四十以上课试如孝廉科者,得参廉选,岁举一人"(《后汉书·顺帝纪》)。

桓帝建和元年(147年)春正月,赐爵,"三老、孝弟、力田人三级"(《后汉书·桓帝纪》)。

献帝建安五年(200年)九月,"诏三公举至孝二人,九卿、校尉、郡国守相各一人。皆上封事,靡有所讳"(《后汉书·献帝纪》)。

献帝建安二十年(215年)春正月,赐爵,"孝弟、力田人二级"(《后汉书·献帝纪》)。

以上资料表明,在两汉时期,以《孝经》的出现为标志,"孝"观念的内涵已臻完善。朝廷对孝伦理的重视已经达到空前的程度,这主要表现在三个方面。一是自惠帝始所有皇帝的谥号都加"孝"字，这等于将"以孝治天下"作为金字招牌昭示全国。二是置《孝经》博士，将《孝经》钦定为各级各类学校的教科书，使儿童自发蒙始即接受孝伦理的教育。三是各种奖励措施，如赐爵、赐帛、免除赋役、下诏表彰等，特别是将举孝廉定为选官制度，孝行成了官场的入门券。这些激励机制在当时产生了巨大影响。就其主要的积极方面讲，是孝伦理作为"天之经，地之义"的观念，经过广泛的宣传已经成为全社会的共识，由此形成强大的舆论氛围，深深影响了社会风气的走向，对形成尊老行孝的良风美俗起了促进作用。尤其重要的是，在宗法农业社会里，家庭是最重要的社会细胞，尊老行孝既是家庭和睦的原因，又是家庭和睦的表现，而"家和"更是社会和谐稳定的基础。由于举孝廉成为政府官吏的重要来源之一，"求忠臣于孝子之门"，"移孝作忠"，对官场正气和一代士风的形成和延续也产生了良好的影响。从《后汉书》的作者范晔直到明清之际的顾炎武，都对东汉一代的士风颂扬备至，范晔认为当时"人识君臣父子之纲，家知违邪归政之路"（《后汉书·儒林传》），即使桓、灵君道昏暗之世，由于士风淳正，国祚仍然得以延续。顾炎武颂扬说：

> 光武躬行俭约，以仕臣下，讲论经义，常至夜分。一时功臣如邓禹，有子十三人各使守一艺，闺门整修，可为世法。贵戚如樊重，三世共财，子孙朝夕礼敬，常若公家。以故东汉之世，虽人才之俶傥不及西京，而士风家法似有过于前代。（《日知录·两汉风俗》）

范晔和顾炎武的颂赞是有道理的。两汉的确产生了一批感人至深的践履孝伦理的孝子贞妇，如西汉时期的"万石君"石奋父子、淳于意之女缇萦、隽不疑，被汉文帝表彰的陈姓寡妇和东汉的苏不韦、王琳、蔡顺、江革、刘平、赵咨、胡广、李昙、鲍永、蔡邕、吴佑、茅容、钟离意、皇甫坚涛、黄香、张武、彭修、赵苞、戴良、魏木兰等。

就其次要的消极方面讲，一是使部分追逐名利的无耻之徒大玩"激发之行"，即弄虚作假，刻意做出孝廉之行，以邀名誉，作进身之阶。如王莽在做了大司马大将军之后，故意在"孝"上作戏，为自己赚取"大孝"的美名。一次他在自己的府第宴请宾客，数次当着客人的面去后堂服侍母亲吃药，目的是让宾客们传播他的"大孝"。东汉许武在举孝廉后，先同两个兄弟分家，三份财产他留最好的一份。在两个兄弟因能

"让"的美名被举孝廉后，许武即大会宾客，说明自己使两个兄弟成名的苦心，同时宣布将自己分得的一份财产全部均分给两个兄弟，由此获得更大的声名。还有一个赵宣，为了赚取"大孝"的美誉，一直在父母的墓道中住了20多年，声名大振。可不久，郡太守陈蕃查出他在墓道中生了五个儿子（按规定居丧不近女色）。真面目被揭穿，赵宣也就成为狡黠的伪君子的典型。二是使部分人钟情于"愚孝"之行，如绝对服从父母之命——"父叫子亡，子不敢不亡"，割自己身上的肉作药引为父母治病，甚至身殉父母，白白牺牲年轻的生命。《后汉书·列女传》记载的犍为孝女叔先雄，投水以殉落水而亡的父亲；会稽上虞孝女曹娥，投水以殉溯涛迎神而死的父亲。这些显然都是不值得表彰的。

应该承认，两汉定型的"孝"观念对后世的影响其积极作用是最主要的，因为在中国长期自然经济条件下的宗法社会里，家庭不仅长期是社会的细胞，而且是最基本的生产单位，孝伦理的弘扬对于家庭的稳定与社会和谐具有重要的促进作用。就是在进入以市场经济为主导的现代社会以后，家庭尽管失去生产单位的功能，但仍然是社会的细胞，家庭和睦仍然是社会稳定的基石之一，而孝伦理仍然是维系家庭和睦的重要伦理观念。特别是目前中国已经进入老年社会，在今后相当长的历史时期内，家庭养老仍然是最重要最基本的养老方式，孝伦理的弘扬能够发挥维系这种养老方式的正能量。今天我们对中国传统的"孝"伦理进行新的诠释，努力发掘其中与现代伦理接轨的内容，为建设中国特色社会主义社会的新的伦理体系服务，既具有重大的学术价值，也具有积极的现实意义。

（责任编辑：蒋聚缘）

朱子仁孝论发微

韩 星[*]

摘 要 仁与孝关系问题历来论述很多，诠释各有不同。本文从《论语·学而》中有子"其为人也孝悌"章提出问题，简述曾子以及汉唐儒者的诠释，指出汉魏时期孝悌为仁之本是主流。宋儒提出"论性，仁为孝悌之本"，"论行仁，孝悌为仁之本"，把"仁"看作超越的形而上本体，而把"孝"统属于"仁"本体意蕴之中，强调孝悌为行仁之本，借以彰显仁的道德实践性。程朱对仁孝关系有繁复的论证，有结构性的理解，带出了理学的理论框架，这不能不说是他们的创见和发挥，在中国思想史上有特殊而重要的意义。

关键词 仁 孝 曾子 程朱

一 仁与孝关系问题的提出与宋代以前的讨论

仁与孝关系问题，即仁为本还是孝为本，这是自先秦以来直到清代的儒者代有辨析和争论的一个问题，涉及如何正确认识儒家道德的哲学基础、行为准则和伦理规范的问题，历来论述很多，诠释各有不同。孔子之前，仁、孝观念都有了，相应的"孝"观念可能比起"仁"来更早一些。在孔子的思想中，"孝"以其自然的血缘亲情融摄仁、礼而成为一种根源性的德性和行为，故有学人称孝是"源于仁而施诸爱"，"成于礼而致乎敬"[①]。孔子以孝释仁，以孝统摄诸行，寄予复兴礼乐的诉求，同时又以仁释

---

[*] 韩星，中国人民大学国学院教授，博士生导师。
[①] 林安弘：《儒家孝道思想研究》，（台湾）文津出版社，1992，第126页。

孝，以仁统摄诸德，实现天下归仁的理想。这样就构成了仁孝关系的双元结构。据学者统计，《论语》一书中，"仁"字出现达109次之多，① 提到孝的地方有19处，② 而说到仁和孝的关系的地方，把有子和曾子等弟子说到仁和孝的话除外，只有一条："弟子入则孝，出则悌，谨而信，泛爱众而亲仁。行有余力，则以学文。"（《论语·学而》）这里显然是把孝放在为学的第一位，而"仁"是指仁人而言，但并没有明确地说明仁与孝孰先孰后的问题。

直接论及仁、孝关系的是有子。《论语·学而》篇载有子说："其为人也孝弟，而好犯上者，鲜矣；不好犯上，而好作乱者，未之有也。君子务本，本立而道生。孝弟也者，其为仁之本与！"有子所提及的仁与孝的关系问题，历代都有人以此为话题进行阐释、展开讨论。在先秦，人们把孝悌视为仁之本的思想很普遍。《说文解字》说："仁，亲也。从人二。"指出"仁"有亲密的含义。而人最亲密的莫过于亲人，因此，"仁"施爱的对象就必然从最亲密的家人开始。《国语·晋语》："为仁与为国不同，为仁者爱亲之谓仁。"郭店楚简以"孝"释"仁"，以"孝"作为"仁"的根本特征和最高表现，《唐虞之道》说："尧舜之行，爱亲尊贤。爱亲故孝，尊贤故禅。孝之施，爱天下之民。禅之传，世亡隐德。孝，悬（仁）之冕也。禅，义之至也。六帝兴于古，皆由此也。爱亲忘贤，仁而未义也。尊贤遗亲，义而未仁也。"这一说法，显然是《论语》"孝弟也者，其为仁之本与"一说的推论。

到了曾子，以孝为核心，开创了儒家的孝道派，把孝全面泛化了。孝在孔子那里仅是一种对父母的敬爱的伦理意识，而曾子将孝发展成为一种抽象的、具有普遍意义的准则，使其成为道德的总和，天经地义、永恒的原则，政治的基础和基本指导原则，使之成为世界观、人生观、道德观、政治观的统一体。③

到了汉代，汉武帝"罢黜百家，独尊儒术"之后，经学日盛，"孝"逐渐成为构建汉代社会核心价值体系的主体来源，仁、义、礼、智、信等成了处理一切问题的出发点和最后旨归。在这种情况下，"仁"与"孝"的关系问题就成为人们讨论的重要话题。《后汉书·延笃传》载延笃讨论仁孝关系的一段话就是针对"时人或疑

---

① 杨伯峻译注《论语译注》，中华书局，1980，第221页。
② 李运益主编《论语辞典》，西南师范大学出版社，1993，第119页。
③ 肖群忠：《孝与中国文化》，人民出版社，2001，第42页。

仁孝前后之证"进行论析辩白的。延笃认为仁、孝都是儒家的德目，都是道的不同呈现，试图建立一个全面且周延的说法，以平息仁孝先后论的争论，但他并没有彻底解决这个问题。

魏晋南北朝时期儒学式微，是儒家的影响相对削弱的时期，孝道不像汉代那样备受重视，但孝作为华夏文化的基本传统仍然具有深厚的社会基础，孝道仍受到社会、官方与民间的崇尚。当然，魏晋统治者仍然沿袭汉代以孝治天下的政策，但缺乏内心的真诚体认，只是作为一种统治术；士族标榜孝道主要是出于表明自己的高贵身份的需要，这样倡导"孝"的结果却是使孝道走向虚伪和堕落，由此又引发了思想学术界的辩论。曹植《仁孝论》曰："且禽兽悉知爱其母，知其孝也。为白虎、麒麟称仁兽者，以其明盛衰，知治乱也。孝者施近，仁者及远。"① 曹植信奉儒家的忠孝仁爱，大力宣扬仁孝，指出"孝者施近，仁者及远"，希望出现仁孝之王，修身齐家治国平天下。曹植与汉儒不同的是他更重视孝道所体现的人伦自然情感，对汉人三纲六纪人伦纲常的外在化、形式化有所调整。

伴随名教与自然的讨论，仁与孝的关系讨论也在不断地深化。《晋书·荀𫖮传》载荀𫖮"性至孝，总角知名，博学洽闻，理思周密。……难钟会《易》无互体，又与扶风王骏论仁孝孰先，见称于世"。何晏《论语集解》注释《论语·学而》篇有子"论仁孝"章："本，基也。基立而后可大成。先能事父兄，然后仁道可大成。"解"本"为"基"，孝悌既是仁的基础，因此，行孝悌自然能成就"仁道"，可见其倾向于孝悌是仁的根本。皇侃《论语义疏》卷一对此章解释颇为详细："此更以孝悌解本，以仁释道也。言孝是仁之本，若以孝为本，则仁乃生也。仁是五德之初，举仁则余从可知也。故孝经云：'夫孝德之本也，教之所由生也。'""本谓孝悌也。""以孝为基，故诸众得悉为广大也。"皇侃处于汉唐经学的过渡阶段，他对汉学仍然有许多继承，特别是对孝道的重视，在皇疏中也可以清楚地反映出来，每至与"孝"有关之处，皇侃必大加发挥。此处孝为仁之本的意思很明确。当然，皇侃毕竟处在魏晋玄学兴盛时期，其对孝的重视又受到了这个时期主流思潮的影响，如他紧接着就引王弼曰："自然亲爱为孝，推爱及物为仁也。"② 文中"亲爱"即"爱亲"之倒装，意谓对双亲之"爱"。文

---

① 《全三国文》卷十八。
② 王弼：《论语释疑》（辑佚），楼宇烈：《王弼集》，中华书局，1980，第621页。

中所谓"物"指众人。是说天生的亲爱之情为孝,把对人的亲爱之情推及他人、物为仁;爱侧重对亲人,仁侧重对他人、物,而仁包含着爱。王弼此二句的新颖之处,不在"亲爱为孝"及"推爱及物",而在于"自然"二字。所谓"自然亲爱为孝",意指"孝"为自然情感,而非强制性的伦常规范。玄学家如此看待"孝",与东汉的传统观念大相径庭。① 王弼在这里提出"自然亲爱为孝",是针对统治者推行名节礼教,造成虚伪孝道的现实,挖掘孝道背后的自然亲情,在名教出于自然的思潮下强调孝爱出于自然。嵇康提出的"越名教而任自然",他所理解的"自然",指与六经、礼法相对立的、不加人为修饰的人的真实本性,以此来否定现实中违反自然的假名教。他虽然居丧不守礼节,但竟吐血数升,哀毁瘠立,故本传仍然称他"行至孝"。郭象在向秀的学术基础上"述而广之",作《庄子注》,其核心思想"名教即自然",对名教与自然之辨做出了总结,使孝道返归于最初的自然之情。何晏注《论语·学而》有子"其为人也孝弟"章曰:"是故君子务修孝弟,以为道之基本。基本既立,而后道德生焉;恐人未知其本何谓,故又言:'孝弟也者,其为仁之本与'"!② 就是说,要以孝悌作为仁的基本。这仍然是延续汉唐主流的观点。

二 以朱熹为代表的理学家关于仁与孝关系问题的讨论

宋明理学家注重将仁与孝问题纳入自己的哲学思想体系中,把"仁"向形而上学层次发展,展开了"仁"与"孝悌"关系的新维度。宋明理学的重要奠基者张载在其著名的《西铭》中从宇宙论、人性论等方面阐述了孝道的必然性、合理性,他说:

> 乾称父,坤称母。予兹藐焉,乃混然中处。故天地之塞,吾其体。天地之帅,吾其性。民吾同胞,物吾与也。大君者,吾父母宗子,其大臣,宗子之家相也。尊高年,所以长其长。慈孤弱,所以幼其幼。圣其合德,贤其秀也。……于时保之,予之翼也。乐且不忧,纯乎孝者也。

---

① 王葆玹:《汉魏经学中的仁孝及忠孝之辨》,《哲学门》(第16辑),北京大学出版社,2008,第52页。
② 何晏注、邢昺疏:《论语注疏》,北大标点本,北京大学出版社,1999,第4页。

二程对张载提出的"乾称父,坤称母"的宇宙论甚为赞赏,如程颢:"观张子厚所作《西铭》,……仁孝之理备于此,须臾而不于此,则便不仁不孝也。"① 在张载的思想基础上,程朱对仁孝关系进行了深入的阐发。针对有子的话,程颢首先提出:"'孝弟也者,其为仁之本与!'言为仁之本,非仁之本也。"② 按照程颢的解释,这句话中的"为仁"的"为"字就不能当先前的理解的"是"字讲,而应该是一个动词,"为仁"就应该理解成"实行仁"。这显然是从伦理道德实践的角度指出孝悌是实行仁的根本,但不是仁的根本。那么,仁的根本是什么呢?程颐作了回答,《二程遗书》卷一八载,问:"孝弟为仁之本,此是由孝弟可以至仁否?"曰:"非也。谓行仁自孝弟始,孝弟是仁之一事。谓之行仁之本则可,谓是仁之本则不可。盖仁是性也,孝悌是用也,性中只有个仁、义、礼、智四者而已,曷尝有孝弟来。然仁主于爱,爱莫大于爱亲,故曰孝弟也者,其为仁之本与!"③ 程子首先否定了"由孝弟可以至仁",说实行仁道是从孝悌开始的,但这只是实行仁道的一件事而已,说孝悌是实行仁的根本是可以的,但是说孝悌是仁的根本就不行了。"添一'行'字,贯通孔子仁学体系全部,使人豁然开朗,上下明澈。"④ 仁是性,孝悌只是实行仁的一种行为,即"一事",并不是仁本身,更不是仁的根本。性中只有仁、义、礼、智这四个方面,哪里有孝悌呢?但仁的主要含义是爱人,而爱人的第一步是爱亲人,所以在这个意义上可以说孝悌是实行仁的根本。显然,程颐是将孝悌作为体用结构上的发用来理解的,但孝悌在发用中也只是部分,不是全部的用,超出了的人伦关系如何去处理呢?那些关系体现出来的仁的发用,跟孝悌是什么关系呢?这促使他进一步分析到:"先生教人思孝悌为仁之本。某窃谓:人之初生,受天地之中,禀五行之秀,方其禀受之初,仁固已存乎其中。及其既生也,幼而无不爱其亲,长而无不敬其兄,而仁之用于是见乎外。当是时,唯知爱敬而已,故未始有事物之累。及夫情欲窦于中,事物诱于外,事物之心日厚,爱敬之心日薄,本心失而仁随丧矣。故圣人教之曰:'君子务本,本立而道生。孝弟也者,其为仁之本矣!'盖修为其仁者,必本于孝悌故也。先生曰:'能如此寻究,甚好。夫子曰:'敬亲者不敢慢于人,爱亲者不敢恶于人。'不敢慢于人,不敢恶于人,便是

---

① 《河南程氏遗书》卷二上,《二程集》第一册,中华书局,1981,第39页。
② 《河南程氏遗书》卷十一,《二程集》第一册,第125页。
③ 《河南程氏遗书》卷十八,《二程集》第一册,第183页。
④ 曾振宇:《思想世界的概念系统》,人民出版社,2012,第368页。

孝弟。尽得仁斯尽得孝弟，尽得孝弟便是仁。"① 本来孝悌是有具体对象的，但是这里伊川开始向特定对象之外的人推扩，并且将与外人相处的好的德性也归之于孝悌。并特别限定了一个关键词——"尽得"，这个"尽得"正是导向推扩的意思，即在每一个行为和与外界非血缘关系的人打交道的过程中都要考虑以对待有血缘关系的父母兄弟的仁心来对待之，这样就能够实现仁与孝完全的合而为一。显然，程子区分为仁与行仁，把"为仁"理解成"实行仁"，正是要借此摆正仁与孝的位置，或者说使仁与孝组成一种复杂而特殊的结构。

朱熹《论语集注》注释《学而》有子那段话时引程子曰："孝弟，顺德也，故不好犯上，岂复有逆理乱常之事。德有本，本立则其道充大。孝弟行于家，而后仁爱及于物，所谓亲亲而仁民也。故为仁以孝弟为本。论性，则以仁为孝弟之本。"② 这就在文本基础上对仁与孝悌的关系进行了仔细分析，有了新的扩展，提出了"为仁以孝弟为本。论性，则以仁为孝弟之本"的仁孝关系说，对此朱熹赞叹说："此言最切，须仔细看，方知得是解经密察处。"③ 清人熊赐履《学统》引云峰胡氏曰："有子以孝弟为行仁之本，而程子以仁为孝弟之本。譬之木焉，有子就枝叶发端处说，程子就根本上说，程子之言，所以补有子之所不及。"④

朱熹在程子的基础上又有更细致清晰的论述。朱熹《论语集注·学而》注释有子"其为人也孝弟"章说："仁者，爱之理，心之德也。为仁，犹曰行仁。……言君子凡事专用力于根本，根本既立，则其道自生。若上文所谓孝弟，乃是为仁之本，学者务此，则仁道自此而生也。"⑤ 朱熹所谓的"根本"是指仁道，这是人与生俱来的天性，是一种先验的道德理性，是万善之源；所谓"仁道至此而生"，就是说"仁道"要由孝悌开始，并不是以孝悌为"仁性"之根本。作为儒学大家，朱熹把孔子以来以爱人为基本精神的仁学发展到形而上学的高度，"爱之理，心之德"就是对"仁"的一种形上层次的诠释。怎么理解"爱之理，心之德"？朱熹分别解释"爱之理，心之德"曰：

---

① 《河南程氏遗书》卷二十三，《二程集》第一册，第310页。
② 朱熹：《四书章句集注》，中华书局，1983，第48页。
③ 黎靖德编《朱子语类》卷第二十，第二册，中华书局，1986，第464~465页。
④ 徐公喜主编，熊赐履撰《学统》，徐公喜、郭翠丽点校，凤凰出版社，2011，第181页。
⑤ 朱熹：《四书章句集注》，第48页。

说"仁者,爱之理",曰:"仁自是个和柔底物事。譬如物之初生,自较和柔;及至夏间长茂,方始稍坚硬;秋则收结成实,冬则敛藏。然四时生气无不该贯。如程子说生意处,非是说以生意为仁,只是说生物皆能发动,死物则都不能。譬如谷种,蒸杀则不能生也。"又曰:"以谷种譬之,一粒谷,春则发生,夏则成苗,秋则结实,冬则收藏,生意依旧包在里面。每个谷子里,有一个生意藏在里面,种而后生也。仁义礼智亦然。"①

又问:"'心之德',义礼智皆在否?"曰:"皆是。但仁专言'心之德',所统又大。"安卿问:"'心之德',以专言;'爱之理',以偏言。"曰:"固是。'爱之理',即是'心之德',不是'心之德'了,又别有个'爱之理'。偏言、专言,亦不是两个仁。小处也只在大里面。"②

或问"仁者心之德,爱之理"。曰:"'爱之理',便是'心之德'。公且就气上看。如春夏秋冬,须看他四时界限,又却看春如何包得三时。四时之气,温敛寒热,敛与寒既不能生物,夏气又热,亦非生物之时。惟春气温厚,乃见天地生物之心。到夏是生气之长,秋是生气之敛,冬是生气之藏。若春无生物之意,后面三时都无了。此仁所以包得义礼智也,明道所以言义礼智皆仁也。"③

可见,所谓"仁者,爱之理"是就天地之生意而言。天地之生意即生生之理,由此可见天地之心。天地之心即是"仁","仁是天地之生气"④,"生底意思是仁"⑤。朱熹是从生意上说仁,"天地之间,有理有气,理者也,形而上之道也,生物之本也。"⑥所以钱穆先生说:"自孔孟一下,儒家言仁,皆指人生界,言人心、人事,朱子乃以言宇宙界。"⑦ 此生之仁在人则为性,体现为仁义礼智四德,而仁又包此四德。所谓"仁者,心之德",是就人心之德性而言。"'天地以生物为心'。天包著地,别无所作为,只是生物而已。亘古亘今,生生不穷。人物则得此生物之心以为心,所以个个肖他,

---

① 黎靖德编《朱子语类》卷二十,第二册,第471~472页。
② 黎靖德编《朱子语类》卷二十,第二册,第467页。
③ 黎靖德编《朱子语类》卷二十,第二册,第467页。
④ 黎靖德编《朱子语类》卷第六,第一册,第107页。
⑤ 黎靖德编《朱子语类》卷第六,第一册,第107页。
⑥ 《朱文公文集·答黄道夫》。
⑦ 钱穆:《朱子新学案》第一册,九州出版社,2011,第377页。

本不须说以生物为心。"① 天地之生意亦即天地之心，天地生人，人得此生物之心以为心，于是人心之德即仁德，仁德统合仁义礼智四德。所以，以偏言为爱之理，以专言为心之德，爱之理也即是心之德。

他更细致地比较阐释爱之理与心之德：

"心之德"是统言，"爱之理"是就仁义礼智上分说。如义便是宜之理，礼便是别之理，智便是知之理。但理会得爱之理，便理会得心之德。②

"心之德"，是兼四端言之。"爱之理"，只是就仁体段说。③

"爱之理"，是"偏言则一事"；"心之德"，是"专言则包四者"。故合而言之，则四者皆心之德，而仁为之主；分而言之，则仁是爱之理，义是宜之理，礼是恭敬、辞逊之理，知是分别是非之理也。④

以"心之德"而专言之，则未发是体，已发是用；以"爱之理"而偏言之，则仁便是体，恻隐是用。⑤

问"心之德，爱之理"。曰："爱是个动物事，理是个静物事。"⑥

可以看出，"'心之德'是从心上说，就人而言；'爱之理'是从理上说，就天而言。二者合起来，就是仁的基本内容"。⑦ "'爱之理'，是就形上本体言；'心之德'，是就道德实践言。形上本体结合道德实践，'仁'则成为一个彻上彻下的道德理性本体。""朱熹诠释'仁'为'爱之理，心之德'的形上层次，具有两层意义：其一是形上本体的'理'，'爱之理'为体；结合道德实践的'德'，'心之德'为用，两相结合，达到体用合一，成为形上论与道德论的结合。其二是以实践为主，以印证本体。即是必须躬亲践履'心之德'，使'心'回复内在道德本质的'性'，才能向上印证万物本源的'理'，以使天道与人道相合。基于此，'爱之理，心之德'的诠释，使

---

① 黎靖德编《朱子语类》卷五十三，第四册，第1280页。
② 黎靖德编《朱子语类》卷二十，第二册，第466页。
③ 黎靖德编《朱子语类》卷二十，第二册，第466页。
④ 黎靖德编《朱子语类》卷二十，第二册，第466页。
⑤ 黎靖德编《朱子语类》卷二十，第二册，第466页。
⑥ 黎靖德编《朱子语类》卷二十，第二册，第465页。
⑦ 蒙培元：《理学范畴系统》，人民出版社，1989，第496页。

'仁'成为一个彻上彻下的道德理性本体。""朱子对'仁'的诠释，是在孔子释'仁'的基础上，向上延伸与发展，界定为'爱之理，心之德'。以'爱之理'作为形上本体，为人生的终极关怀；以'心之德'作为道德实践方法，为吾人行事的准则。两相搭配，下学上达，则臻于至善了。"① "朱子最大的成就，莫过于他对所有儒者最为关心的'仁'的诠释。仁，在中国哲学史上，是一个最常被讨论的主题；而仁的学说直至朱子的'仁者，心之德，爱之理'有名阐述，臻于极致。"②

因此，尽管他仍然肯定和重视孝悌，但是他从形而上学的高度看孝悌与仁的关系，就只能从作用上来理解孝悌了。《朱子语类》卷二十载有人问："孝悌谓仁之本？"朱熹曰："论仁，则仁是孝悌之本；行仁，则当自孝悌始。"③ 前贤都认为这句话讨论仁孝关系带有纲领性，概括得非常经典。朱熹还形象地比喻说："譬如一粒粟，生出为苗。仁是粟，孝弟是苗，便是仁为孝弟之本。又如木有根，有干，有枝叶，亲亲是根，仁民是干，爱物是枝叶，便是行仁以孝弟为本。"④ 朱熹对仁与孝关系的论述就以此展开：一方面将仁孝的讨论提高到道德哲学高度，另一方面非常重视将这种道德哲学转变为道德实践，以促进社会道德的改良。

首先，他认为，"论仁，则仁是孝悌之本"。仁是人的内在本性，孝悌只是人本性的外现。他说：

> 仁便是本，仁更无本了。若说孝弟是仁之本，则是头上安头，以脚为头，伊川所以将"为"字属"行"字读。盖孝弟是仁里面发出来底。"性中只有个仁义礼智，何尝有个孝弟来？"它所以怎地说时，缘是这四者是本，发出来却有许多事；千条万绪，皆只是从这四个物事里面发出来。如爱，便是仁之发，才发出这爱来时，便事事有：第一是爱亲，其次爱兄弟，其次爱亲戚，爱故旧，推而至于仁民，皆是从这物事发出来。⑤

> 仁便是本了，上面更无本。如水之流，必过第一池，然后过第二池，第三池。

---

① 赵中伟：《"仁"的诠释之转化与延伸——以朱熹〈四书集注〉为例》，刘大钧主编《儒学释蕴》，上海古籍出版社，2007，第338、344、349页。
② 陈荣捷：《中国哲学文献选编》（下），巨流图书公司，1993，第717页。
③ 黎靖德编《朱子语类》卷二十，第二册，第463页。
④ 黎靖德编《朱子语类》卷二十，第二册，第473页。
⑤ 黎靖德编《朱子语类》卷第一一九，第七册，第2870页。

未有不先过第一池，而能及第二第三者。仁便是水之源，而孝弟便是第一池。①

仁如水之源，孝弟是水流的第一坎，仁民是第二坎，爱物则三坎也。②

可学云："如草木之有本根，方始枝叶繁茂。"曰："固是。但有本根，则枝叶自然繁茂。不是要得枝叶繁茂，方始去培植本根。"③

孝根源是从仁来。仁者，爱也。爱莫大于孝亲，于是乎有孝之名。④

他批评"孝弟是仁之本"之说是头上安头，以脚为头，赞同伊川将"为"字读作"行"字，"性中只有个仁义礼智，何尝有个孝弟来？"朱子认为："仁"或"性"是终极的"本"，在此"仁"本之上"更无本了"。"孝弟"是从"仁"里面发出来的，有"仁"始有"孝弟"，无"仁"则无"孝弟"，也就是说，心性才是根本，孝悌只是枝叶。人具有孝悌之心，则自能行孝悌之道。仁如果说是如水的源头，那么孝悌就是水流的第一坎，其次为仁民，再次是爱物。仁的主要含义是爱人，而这种爱是发自内心的，是实实在在存在着的一种自然情感。而最大的爱是对亲人的爱，于是就有了孝亲之说。

他还从理事关系的角度说："仁是理，孝弟是事。有是仁，后有是孝弟。"⑤ 仁孝是理事关系，理在事先，有仁之理而后有仁之事。理事关系也就是体用关系，"论性，则仁是孝弟之本。惟其有这仁，所以能孝弟。仁是根，孝弟是发出来底；仁是体，孝弟是用；仁是性，孝弟是仁里面事。"⑥ "仁是性，孝弟是用。用便是情，情是发出来底。论性，则以仁为孝弟之本；论行仁，则孝弟为仁之本。如亲亲，仁民，爱物，皆是行仁底事，但须先从孝弟做起，舍此便不是本。"⑦ 他继续说："孝弟是仁之一事也。如仁之发用三段，孝弟是第一段也。仁是个全体，孝弟却是用。凡爱处皆属仁。爱之发，必先自亲亲始。'亲亲而仁民，仁民而爱物'，是行仁之事也。"⑧ 这就是说，仁是

---

① 黎靖德编《朱子语类》卷二十，第二册，第463页。
② 黎靖德编《朱子语类》卷二十，第二册，第463页。
③ 黎靖德编《朱子语类》卷二十，第二册，第462页。
④ 黎靖德编《朱子语类》卷二十，第二册，第472页。
⑤ 黎靖德编《朱子语类》卷二十，第二册，第462页。
⑥ 黎靖德编《朱子语类》卷一一九，第七册，第2867页。
⑦ 黎靖德编《朱子语类》卷二十，第二册，第471~472页。
⑧ 黎靖德编《朱子语类》卷二十，第二册，第473页。

理、是性，是形而上之体；而孝悌是事、是形而下之用。这样，朱熹以理事、体用、本末、性情对仁与孝的关系进行了重构。这里所谓"论性"，即论"仁"本身，讲的是形而上的本体层面，亦即宋儒所谓的"道理"层面；而所谓"论行仁"，则是讲的形而下的践履层面，亦即宋儒所谓的"工夫"层面。朱子于此将仁本身和对仁的实行严格区分了开来，孝只是对仁的实行，因而绝不能把孝理解为仁之"本"，而只能理解为仁之"始"。①

其次，"行仁，则当自孝悌始"，即行仁来说应当从孝悌开始，也就是说孝悌是行仁的根本。二程就曾说："行仁自孝弟始。孝弟，仁之事也。"② 正如黄勇先生在评论程颐对《论语》中有若这句话的理解和说明时所指出的："孝弟亦即家庭之爱并不是仁爱的本体论意义上的根本，而是发展论意义上的起点。"③ 朱熹继承了二程的思想，认为实行仁则以孝悌为本。这就是他说的"孝弟是水流底第一坎"。《朱子语类》载：

> "行仁自孝弟始。"盖仁自事亲、从兄，以至亲亲、仁民，仁民、爱物，无非仁。然初自事亲、从兄行起，非是便能以仁遍天下。只见孺子入井，这里便有恻隐欲救之心，只恁地做将去。④
>
> 爱亲爱兄是行仁之本。⑤
>
> 陈敬之说"孝弟为仁之本"一章，三四日不分明。先生只令子细看，全未与说。数日后，方作一图示之：中写"仁"字，外一重写"孝"字，又外一重写"仁民爱物"字。谓行此仁道，先自孝弟始，亲亲长长，而后次第推去，非若兼爱之无分别也。⑥
>
> 人若不孝弟，便是这个道理中间跌断了，下面生不去，承接不来了，所以说

---

① 白奚：《从孟子到程、朱——儒家仁学的诠释与历史发展》，《首都师范大学学报》（社会科学版）2003年第6期。
② 《二程集·粹言卷一》，中华书局，1981，第1173页。
③ 黄勇：《儒家仁爱观与全球伦理：兼论基督教对儒家的批评》，郭齐勇主编《儒家伦理争鸣集——以"亲亲互隐"为中心》，湖北教育出版社，2004，第819页。
④ 黎靖德编《朱子语类》卷二十，第二册，第473~474页。
⑤ 黎靖德编《朱子语类》卷二十，第二册，第463页。
⑥ 黎靖德编《朱子语类》卷二十，第二册，第462页。

> "孝弟也者，其为仁之本与"。①
>
> 孝者，百行之源，只为他包得阔故也。②

"孝弟为仁之本"是指孝悌是实行仁道的开端，故为"本"，这实际上与传统孔孟的观点接榫了，孟子就讲"亲亲而仁民，仁民而爱物"，由"亲亲"而开始爱天下人，进而爱天下万物。《礼记·祭义》中说"立爱自亲始"，《大戴礼记·曾子立事》说"善必自内始"，所谓"自亲始""自内始"即从亲爱父母、从家庭之爱开始。所以，朱子在这里是发挥了传统儒学的仁孝观。

朱子还把"孝悌为仁之本"的思想扩大到孝悌还是义、礼、智之本。他说："孟子曰：'仁之实，事亲是也；义之实，从兄是也；智之实，知斯二者弗去是也；礼之实，节文斯二者是也；乐之实，乐斯二者是也。'以此观之，岂特孝弟为仁之本？四端皆本于孝弟而后见也。"③

> 昔人有问："孝弟为仁之本，不知义礼智之本。"先生答曰："只孝弟是行仁之本，义礼智之本皆在此：使其事亲从兄得宜者，行义之本也；事亲从兄有节文者，行礼之本也；知事亲从兄之所以然者，智之本也。'不爱其亲而爱他人者，谓之悖德；不敬其亲而敬他人者，谓之悖礼。'舍孝弟则无以本之矣。"④

可见，在朱熹的思想中，实践仁的最切近、最直接的方式是孝悌，孝悌是行仁的第一步，从行孝可以扩大到其他更多的道德规范。

三　结语

总之，程朱对仁孝关系有繁复的论证，有结构性的理解，带出了理学的理论框架，这不能不说是他们的创见和发挥，在中国思想史上有特殊重要的意义。陈来先生把程

---

① 黎靖德编《朱子语类》卷二十，第二册，第461页。
② 黎靖德编《朱子语类》卷三十，第三册，第774页。
③ 黎靖德编《朱子语类》卷二十，第二册，第463页。
④ 黎靖德编《朱子语类》卷二十，第二册，第460页。

朱的仁孝关系概括为:"仁的本性是孝悌实践的根源,而孝悌是实践仁的本性的开端。"① 我的理解是:从纵向"仁"的生发和推衍来说孝悌是根本,或者说是前提与开端;从横向的层次和结构来说"仁"是"孝悌"的根本,或者说精神与实质。对于这一关系有学者表达为孝为行仁之本与仁为行孝之基,② 可以作为参考。

(责任编辑:江曦)

---

① 陈来:《中国近世思想史研究》,生活·读书·新知三联书店,2010,第134页。
② 吴锋:《朱熹在〈语类〉中的孝道观念》,《福建论坛》2006年第6期。

"一准乎礼"：儒家孝道对中国古代法律的影响

——以《唐律》为中心的讨论

曾振宇[*]

摘　要　儒家孝道自汉朝开始影响中国古代法律，行政法、民法与刑法尤其具有代表性。《唐律》是集中国古代法律之大成，并成为宋、元、明、清编纂法律与诠释律例之准则。一直到清末沈家本援西入中，按照西方法律思想与体例特点来重新编撰《刑事、民事诉讼法》，这种历朝历代奉《唐律》为最高圭臬的格局才被打破。有的学者认为，《唐律》的出现意味着中国传统法律制度儒家化进程的最终完成。证诸史实，我们或许可以说儒家孝道部分影响了中国古代法律制度，但"儒家的思想支配了一切古代法典"之观点恐难于成立，因为儒家孝道中真正核心的部分从未影响过中国古代法律制度，遑论政治制度。广而言之，儒家道统意义上的思想与观念，从来就没有被古代历代统治者全盘继承与光大，也从来没有真正转化为制度。

关键词　儒家　孝　法律　一准乎礼

一种思想学说如果要对社会大众产生深刻而全面的影响，往往通过两种途径实现：其一，借助政府公权力，将思想与观念转化为制度（政治制度、教育制度、法律制度等等），通过社会制度来外在强制性规约人的言行和生活方式；其二，借助政府的力量，将一种思想与观念提升为主流意识形态并且融化在教育之中。在此基础上，进一步推广为全社会普遍认同的文化观与价值观，实现文化认同。前者是狂风暴雨式的，后者是春风化雨式的。手段与途径虽不同，最终目标却是一致的。

---

[*]　曾振宇，山东大学儒学高等研究院教授，山东省"泰山学者"。

以儒家孝论为例。一般认为西汉人才选拔制度"举孝廉"就是儒家思想影响古代制度建设的典型案例。在家孝敬父母,在朝廷必然孝敬君王;在家廉正,为官必然爱民。从思想观念到制度建设这一转化过程中,汉代大儒董仲舒起到了关键性作用,"故州郡举茂才孝廉,皆自仲舒发之"①。李泽厚先生评价说:"进'教化',立官制,重文士,轻武夫;建构一个由'孝悌'、读书出身和经由推荐、考核而构成的文官制度,作为专制皇权的行政支柱。这个由董仲舒参与、确立于汉代的政治——教育('士—官僚')系统是中国历史上的一件大事,也是了解自秦汉以来中国历史的重大关键之一。"② 延至唐代,其行政法、诉讼法、民法和刑法等部门法都深受儒家孝论之浸润,③ 其中行政法、民法与刑法尤其具有代表性。《唐律》是集中国古代法律之大成者,承前启后,影响深远。一方面,《唐律》总结了以往各朝各代的立法精神与司法实践,使之系统化与完善化,成为有效调节社会关系的法律规范;另一方面,《唐律》成为宋、元、明、清编纂法律与诠释律例之准则,历代"承用不废"。正如清代纪昀所论:"论者谓唐律一准乎礼,以为出入得古今之平,故宋世多采用之。元时断狱,亦每引为据。明洪武初,命儒臣同刑官进讲《唐律》,后命刘惟谦等详定《明律》,其篇目一准于唐。……盖斟酌画一,权衡允当,迄今日而集其大成。而上稽历代之制,其节目备具,足以沿波而讨源者,要惟《唐律》为最善。故著之于录,以见鉴古立法之所自焉。"④ 一直到清末沈家本援西入中,按照西方法律思想与体例特点来重新编撰《刑事民事诉讼法》,这种历朝历代奉《唐律》为最高圭臬的格局才被打破。有学者认为,《唐律》的出现意味着中国传统法律制度儒家化进程的最终完成,"所谓中国封建法律的儒家化亦就是其宗法伦理化,就是儒家伦理法思想全面指导立法和法律注释,并积淀、衍化为律疏的原则和规则,《唐律疏议》正是这样一部儒家伦理化的法典"⑤。唐律最大的特征是"一准乎礼",而礼之内在精神为"别贵贱""异尊卑"。礼是唐律的

---

① 徐天麟:《西汉会要·选举下·举廉》,中华书局,1966,第461页。
② 李泽厚:《中国古代思想史论》,人民出版社,1986,第153页。
③ 中国古代法律与现代法律无论在法理上还是在实际内容上都存在着诸多差异。现代法理意义上的行政法、诉讼法、民法等部门法并未完整地存在于古代法律体系中。笔者于此是根据冯友兰先生"选"的方法,偏重于两者之间的相近相通,并借用了现代法理意义上的概念、术语。
④ (清)纪昀总纂《四库全书总目提要》卷八十二,河北人民出版社,2000,第2161~2162页。
⑤ 参见俞荣根《儒家法思想通论》,广西人民出版社,1998,第584页。

灵魂，唐律是礼的法律表现。"礼""法"贯通，表里如一。唐代法律在立法精神与体式内容、量刑轻重上，究竟受到多少儒家孝论的影响？是否确实像有的学者所说《唐律》意味着中国传统法律制度儒家化进程的最终完成，甚至说"儒家的思想支配了一切古代法典"？①

一 "五刑之中，十恶尤切"："不孝"入罪

"十恶"是古代法律中"常赦所不原"的十宗大罪。唐代法律中的"十恶"为：谋反、谋大逆、谋叛、恶逆、不道、大不敬、不孝、不睦、不义和内乱。《唐律疏议》云："五刑之中，十恶尤切，亏损名教，毁裂冠冕，特标篇首，以为明诫。其数甚恶者，事类有十，故称'十恶'。"② 何谓"不孝"？《唐律疏议》界定说："善事父母曰孝。既有违犯，是名'不孝'。"③ 侍奉父母尊长、遵从长辈意志为孝；违反父母尊长意志、侵犯父母尊长之尊严则为不孝。隋唐时代"孝"范畴的所指与能指与孔子、曾子、孟子与荀子儒家相比，已发生了重大变化。此间的孝范畴已实现忠孝合一、家庭伦理与政治伦理合流，孝与不孝的标准主要显现为是否在意志与行动上绝对无条件地顺从父母尊长的意志。通而论之，唐律中的"不孝"之罪主要包含五个方面。

其一，"告言、诅詈祖父母父母"。《唐律疏议》解释说："本条直云：'告祖父母父母'，此注兼云'告言'者，文虽不同，其义一也。诅犹咒也，詈犹骂也。依本条'诅欲令死及疾苦者，皆以谋杀论'，自当'恶逆'。唯诅求爱媚，始入此条。"④ 子孙不得控告、谩骂、诅咒祖父母和父母，违者即为不孝，"皆以谋杀论"。据《宋史·舒亶传》记载，舒亶在任临海尉期间，有一村民被控告酒后辱骂并驱逐后母。该嫌疑犯被拘拿之后，一再声称被诬陷。在疑犯"不服"情况下，舒亶竟然亲自斩杀疑犯。当时正值王安石当政，舒亶的行为，虽令王安石深感惊讶，却受到社会普遍称赞，最后官至御史中丞。关于诅咒，《贼盗律》还有更为详细的规定："诸有所憎恶，而造厌魅

---

① 瞿同祖：《中国法律与中国社会》，中华书局，2003，第346～347页。
② 《唐律疏议》卷一《名例》，中华书局，1983，第6页。
③ 《唐律疏议》卷一《名例》，第12页。
④ 《唐律疏议》卷一《名例》，第13页。

及造符书咒诅，欲以杀人者，各以谋杀论减二等。"①《唐律疏议》说："若于期亲尊长及外祖父母、夫、夫之祖父母、父母，各不减，依上条皆合斩罪。"诅咒有罪，甚至"欲以杀人"与杀人同等裁定，这种立法思想在中国法律文化中绝非空穴来风，实际上存在着源远流长的法律文化渊源。在商鞅法哲学中，"刑用于将过"是颇具特色的立法理论之一。"刑加于罪所终，则奸不去；赏施于民所义，则过不止；刑不能去奸，而赏不能止过者，必乱。故王者刑用于将过，则大邪不生；赏施于告奸，则细过不失。"②商鞅为了发挥刑罚的社会威慑功效，竟然将未遂犯和既遂犯、思想犯罪与行为犯罪完全混而为一，施以同样性质的刑罚。商鞅这种"刑用于将过"的立法理论实际上开创了"思想有罪"的先例，且对中国古代法律文化产生了深远的影响。《睡虎地秦墓竹简》载："甲谋遣乙盗，一日，乙且往盗，未到，得，皆赎黥。"③"赎黥"是秦律对一般盗窃犯罪行为施予的常刑。但是，这是一件合谋盗窃案，甲乙两人共同策划预谋，甲派乙前去行窃，未到达盗窃地点就被擒获，本应属于盗窃未遂犯。但是，结果甲乙两人均受到与盗窃既遂犯同样的"赎黥"刑罚。这一司法裁决的法律依据就是商鞅关于未遂犯与既遂犯同罪的立法原则——"刑用于将过"。

其二，"及祖父母父母在，别籍、异财。"《唐律疏议》解释说："祖父母、父母在，子孙就养无方，出告反面，无自专之道。而有异财、别籍，情无至孝之心，名义以之俱沦，情节于兹并弃，稽之典礼，罪恶难容。二事既不相须，违者并当十恶。"④祖父母、父母健在，子孙无权分居独立，也无权占有与支配家庭财产，违者即为不孝。在《户婚律》中，对此作了更为详尽的规定："诸祖父母、父母在，而子孙别籍、异财者，徒三年。""诸居父母丧，生子及别籍、异财者，徒一年。"⑤据此，子孙别籍、异财存在着三种情况，分别承担着不同的法律责任。

《旧唐书·于公异传》载：于公异少时为后母所不容，仕宦成名后，不再返归乡里。于公异素与宰相陆贽不和，陆贽于是以于公异"无素行"为理由，上奏皇上，建议罢免其职务。唐德宗于是下诏说：祠部员外郎于公异，年少时"为父母之所不容"，

---

① 《唐律疏议》卷十八，《贼盗》，第368页。
② 《商君书·开塞》，中华书局，1986，第17页。
③ 《睡虎地秦墓竹简》，文物出版社，1978，第152页。
④ 《唐律疏议》卷一，《名例》，第13页。
⑤ 《唐律疏议》卷十二，《户婚》，第257～258页。

显达之后，"安于弃斥，游学远方，忘其温情之恋，竟至存亡之隔，为人子者，忍至是乎！"于是罢免于公异官职，放归田里。先前举荐于公异为官的尚书左丞卢迈，也受到"夺俸两月"的惩罚。于公异遭贬斥的罪名是"安于弃斥，游学远方"，其实质含义是不孝养父母。这一罪名也同时意味着儿女即使遭父母尊长虐待或遗弃，也不得心怀怨恨，弃置父母而不养。否则，即为不孝。从唐朝司法案例分析，对子孙别籍、异财的判罚往往比律令严厉，除了于公异案之外，唐玄宗天宝三载（744）制曰："其有父母见在，别籍异居，亏损名教，莫斯为甚。亲殁之后，亦不得分析。自今已后，如有不孝不恭伤财破产者，宜配隶碛西，用清风教。"① 这是用流代徒，远重于"徒三年"。唐肃宗乾元元年（758）进一步规定："百姓中有事亲不孝，别籍异财，玷污风俗，亏败名教，先决六十，配隶碛西，有官品者，禁身奏闻。"② 流刑附杖刑，进一步加重了刑罚。这一司法现象对宋代也有所影响。《宋刑统》颁布于宋太祖建隆四年（963），律令中有关对子孙别籍、异财的定罪量刑与唐律一致。但是，在宋朝初期的司法实践中，往往偏离这一既定的量刑标准。譬如，开宝二年（969），宋太祖"诏川、峡诸州察民有父母在而别籍异财者，论死"。（《宋史·太祖本纪》）对别籍异财者不是"徒三年"，而是"论死"。这一与律令原则相背离的司法量刑标准在宋初实行了十余年，一直到宋太宗太平兴国八年（983），才专门下诏宣布废除这一酷刑："诏川峡民祖父母、父母在，别籍异财者，前诏并弃市，自今除之，论如律。"③ "论如律"意味着重新按照《宋刑统》的既定刑律标准论罪，对别籍、异财者不再论死弃市。沈家本在《历代刑法考·律令六》中就别籍之罪定为死刑评论说："此法太重，当为一时一地而设，故太宗除之。"④

其三，"若供养有缺"。《唐律疏议》云："《礼》云：'孝子之养亲也，乐其心，不违其志，以其饮食而忠养之。'其有堪供而阙（缺）者，祖父母、父母告乃坐。"⑤ "若供养有缺"属自诉案件，不告不受理。在儒家思想中，养亲是整个孝论思想体系中最低档次的伦理要求，孔子称之为"养口体"之孝，有别于精神层面的"养志"之

---

① 王钦若等编《册府元龟》卷五九，《帝王部·兴教化》，中华书局，1960，第662页。
② 王钦若等编《册府元龟》卷六一二，《刑法部·定律令四》，第7348~7349页。
③ 李焘：《续资治通鉴长编》卷二十四，中华书局，2004，第556页。
④ 沈家本撰《历代刑法考》，邓经元、骈宇骞点校，中华书局，1985，第971页。
⑤ 《唐律疏议》卷一《名例》，第13~14页。

孝。"今之孝者，是谓能养。至于犬马，皆能有养；不敬，何以别乎？"（《论语·为政》）甚至有些动物也能做到从物质层面上反哺双亲，人类假若不能将孝亲提升到精神层面的敬亲、爱亲，人之孝论就将沦落为禽兽之孝。众所周知，人类道德可划分为两类：第一类是涵摄社会有序化的基本要求，如避免暴力与伤害、忠实履行义务，避免社会陷于崩溃；第二类指那些有助于提高生活质量、提升精神境界的伦理原则，如博爱、同情、慷慨等。前者是底线伦理，后者是精英伦理。底线伦理是一种应然的要求，需要已然的具有权威性、普遍适用性与事后惩戒性的法律制度保障其实现。但是，精英伦理不具备普遍性，也不可能使之法律化，因为法律无法强迫某人做到他力所能及的优良程度。基于此，作为道德诉求的外在表现样式的法律制度，只能对底线伦理负有责任。在一个家庭中，子女有能力从物质生活上供养父母却未能尽心尽力，导致"堪供而阙者"，是为不孝。《斗讼律》进一步规定说："诸子孙违犯教令及供养有阙者，徒二年。"[1] 但是，如果子孙确实家境贫寒，无力供养双亲，不合有罪。此外，律文同时又规定，该条文属于自诉案件，"皆须祖父母、父母告，乃坐。"[2] 如果父母尊长不起诉，则不立案追究。在《户婚律》中，对养父母的赡养责任也作了详尽的规定："诸养子，所养父母无子而舍去者，徒二年。若自生子及本生无子，欲还者，听之。"《疏议》曰："依《户令》：'无子者，听养同宗于昭穆相当者。'既蒙收养，而辄舍去，徒二年。若所养父母自生子及本生父母无子，欲还本生者，并听。即两家并皆无子，去住亦任其情。若养处自生子及虽无子，不愿留养，欲遣还本生者，任其所养父母。"[3] 依律，如果无子，可以收养同宗同姓之子侄为子。收养责任成立之后，被收养者无权擅自舍弃养父母，违者"徒二年"。如果养父母收养之后又生下亲生儿子，或者说亲生父母膝下无子，欲回归亲生父母者合法。如果两家都无子，去留由养子自主决定。如果后来养父母自生子，或者说养父母虽无子但不愿继续收养，可由养父母自主决断。从《户婚律》规定可看出，法律所保护的对象为收养者。收养关系一旦确立，被收养者个人的法律权利是比较微弱的。

其四，"居父母丧，身自嫁娶，若作乐，释服从吉。"[4]《疏议》云："'居父母丧，

---

[1] 《唐律疏议》卷二十四，《斗讼》，第472页。
[2] 《唐律疏议》卷二十四，《斗讼》，第472页。
[3] 《唐律疏议》卷十二，《户婚》，第258页。
[4] 《唐律疏议》卷一，《名例》，第14页。

身自嫁娶',皆谓首从得罪者。若其独坐主婚,男女即非'不孝'。所以称'身自嫁娶',以明主婚不同十恶故也。其男夫居丧娶妾,合免所居之一官,女子居丧为妾,得减妻罪三等:并不入'不孝'。若作乐者,自作、遣人等。乐,谓击钟、鼓,奏丝、竹、匏、磬、埙、篪,歌舞,散乐之类。'释服从吉',谓丧制未终,而在二十七月之内,释去衰裳而著吉服者。"① 父母丧期为二十七个月。在此期限内,子女不得擅自嫁娶、作乐与释服从吉,违者即为不孝。"身自嫁娶"指子女自己做主而产生的嫁娶行为;如果嫁娶是由父母尊长做主,则不入十恶大罪。在古代社会,妻与妾的法律权利与地位有如云泥之别。《户婚律》规定:"诸以妻为妾,以婢为妻者,徒二年。以妾及客女为妻,以婢为妾者,徒一年半。"②《疏议》说:"妻者,齐也,秦晋为匹。妾通卖买,等数相悬。婢乃贱流,本非俦类。若以妻为妾,以婢为妻,违别议约,便亏夫妇之正道,黩人伦之彝则,颠倒冠履,紊乱礼经,犯此之人,即合二年徒罪。"③ 婢与妾属贱人,是可以买卖的商品。妻与妾的社会身份如同"冠履",上下不可颠倒。因此,男子在居丧期间娶妾,女子在居丧期间为妾,只承担一定的刑事责任,但不视为"不孝"之罪。

其五,"闻祖父母父母丧,匿不举哀及诈称祖父母父母死。"④《疏议》曰:"依《礼》:'闻亲丧,以哭答使者,尽哀而问故。'父母之丧,创巨尤切,闻即崩殒,擗踊号天。今乃匿不举哀,或拣择时日者,并是。其诈称祖父母、父母死,谓祖父母、父母见在,而诈称死者。若先死而诈称始死者,非。"⑤《唐律疏议》所提及的《礼》,当指《礼记》。其中的《问丧》与《奔丧》等篇详细记述了居丧之礼。《问丧》篇载:"亲始死",孝子立即去冠、光脚、把上衣披进腰带,痛哭三天,水米不进。"恻怛之心,痛疾之意,伤肾、干肝、焦肺,水浆不入口,三日不举火,故邻里为之糜粥以饮食之。夫悲哀在中,故形变于外也。痛疾在心,故口不甘味,身不安美也。"⑥《奔丧》

---

① 《唐律疏议》卷一,《名例》,第14页。
② 《唐律疏议》卷十三,《户婚》,第279页。
③ 《唐律疏议》卷十三,《户婚》,第279页。
④ 《唐律疏议》卷一,《名例》,第14页。
⑤ 《唐律疏议》卷一,《名例》,第14页。
⑥ (清)孙希旦撰,沈啸寰、王星贤点校《礼记集解·问丧》,中华书局,1989,第1349~1350页。

篇陈述了身居异国他乡的子女，听到父母去世的消息回家奔丧的礼节："始闻亲丧，以哭答使者，尽哀；问故，又哭尽哀。遂行，日行百里，不以夜行；唯父母之丧见星而行，见星而舍；若未得行，则成服而后行。过国至竟，哭，尽哀而止。哭辟市朝，望其国竟哭。至于家，入门左，升自西阶，殡东，西面坐，哭尽哀，括发、袒，降，堂东即位，西向哭，成踊，袭、绖于序东，绞带，反位，拜宾，成踊，送宾，反位。"①《奔丧》所载"见星而舍"与《祭统》所载"不避昼夜"相矛盾，总之仕宦者若遭父母大丧，必须离职归家奔丧，否则将被视为大逆不道，为社会所不容。战国军事家吴起少有大志，执意入仕从政，治国平天下。为此不惜散尽家财，结交权贵，以求跻身于上层社会。但事与愿违，吴起不仅未打开仕途之门，反而招来邻里乡党的嘲讽。吴起一怒之下，"杀其谤己者三十余人。"（《史记·孙子吴起列传》）这一举动虽然让那些嘲笑者付出了生命代价，但也使他自己失去了在故乡立足的可能性。吴起在离别故国时，咬臂对老母发誓："起不为卿相，不复入卫。"吴起离卫至鲁，投师于名儒曾申门下。不久，母亲亡故，吴起坚守诺言，终不归家奔丧。曾申不能容忍吴起这种不孝之举，"曾子薄之，而与起绝"。吴起后来虽位至卿相，但因母死不归的劣迹而屡屡遭时人贬责。《汉书·陈汤传》载：西汉元帝时，陈汤"少好书，博达善属文"，富平侯张勃"高其能"，适逢朝廷诏令列侯举荐茂才，张勃于是将陈汤荐于朝廷。陈汤在等待升官赴任之际，恰逢其父亡故。他担心回家奔丧会错失仕宦的机会，于是留居京城，秘不发丧。后来事发，司隶以大逆之罪上告陈汤，并告张勃推举不实。朝廷闻奏，将陈汤下狱治罪，削减张勃食邑二百户，以示惩恶。

二 "嫁娶违律"：儒家孝观念对婚姻法的影响

在中国古代社会，由于文献记载不同，合法成婚年龄一直是一聚讼未决的问题。迨至唐朝，法定适婚年龄为男二十、女十五。唐太宗贞观元年（627）二月下诏："诏民男二十、女十五以上无夫家者，州县以礼聘娶；贫不能自行者，乡里富人及亲戚资送之。"（《新唐书·太宗纪》）唐玄宗开元二十二年（734）对法定婚姻年龄又作了新

---

① （清）孙希旦撰，沈啸寰、王星贤点校《礼记集解·奔丧》，第1335~1336页。

的规定:以男十五、女十三为嫁娶年龄。①

概而论之,儒家孝论对唐代婚姻法的影响主要体现在以下几方面。

1. 父母尊长的主婚权

《户婚律》规定:"诸卑幼在外,尊长后为定婚,而卑幼自娶妻,已成者,婚如法;未成者,从尊长。违者,杖一百。"《唐律疏议》解释说:"'卑幼',谓子、孙、弟、侄等。'在外',谓公私行诣之处。因自娶妻,其尊长后为定婚,若卑幼所娶妻已成者,婚如法;未成者,从尊长所定。违者,杖一百。'尊长',谓祖父母、父母及伯叔父母、姑、兄姊。"② 依照唐律,法定主婚权在父母尊长,婚姻当事人无权决定自己的婚姻大事。具体地说,又分为两种情况:其一,子孙在外工作,自行订婚,父母尊长订婚在后,如果此时子孙已经成婚,婚姻关系合法有效;其二,如果子孙虽已订婚,但尚未成婚,则子孙自行订定的婚姻不合法,父母尊长所定的婚姻有效,违者"杖一百"。既然婚姻大事是父母之命、媒妁之言,父母尊长与子孙所应承担的法律责任也就有所不同。《户婚律》规定:"诸嫁娶违律,祖父母、父母主婚者,独坐主婚。若期亲尊长主婚者,主婚为首,男女为从。余亲主婚者,事由主婚,主婚为首,男女为从;事由男女,男女为首,主婚为从。其男女被逼,若男年十八以下及在室之女,亦主婚独坐。未成者,各减已成五等。媒人,各减首罪二等。"③

其一,《户婚律》《贼盗篇》对"嫁娶违律"条例作了详细规定。譬如,"诸同姓为婚""尊卑共为婚姻""诸娶逃亡妇女为妻妾""娶所监临之女""诸杂户不得与良人为婚""略人为妻妾者"等。《户婚律》《贼盗篇》的这些规定其来有自,或许受到了《大戴礼记》的影响:"女有五不取:逆家子不取,乱家子不取,世有刑人不取,世有恶疾不取,丧妇长子不取。逆家子者,为其逆德也;乱家子者,为其乱人伦也;世有刑人者,为其弃于人也;世有恶疾者,为其弃于天也;丧妇长子者,为其无所受命也。"(《大戴礼记·本命》)《疏议》对"嫁娶违律"解释说:"'嫁娶违律',谓于此篇内不许为婚,祖父母、父母主婚者,为奉尊者教命,故独坐主婚,嫁娶者无罪。

---

① 参见(宋)王溥《唐会要》卷八十三,上海古籍出版社,2006。
② 《唐律疏议》卷十四,《户婚》,第290页。
③ 《唐律疏议》卷十四,《户婚》,第296~297页。

假令祖父母、父母主婚，为子孙娶舅甥妻，合徒一年，唯祖父母、父母得罪，子孙不坐。"① 如果婚姻违律，须分清谁是"主婚者"、谁是听从者。如果青年男女为顺从父母尊长意志不得不成婚，"奉尊者教命"无罪，主婚之父母尊长有罪。

其二，"期亲"是指服丧一年的亲属，《唐律疏议》释"期亲"："期亲尊长，次于父母，故主婚为首，男女为从。'余亲主婚者'，余亲，谓期亲卑幼及大功以下主婚，即各以所由为首：事由主婚，主婚为首，男女为从；事由男女，男女为首，主婚为从。虽以首从科之，称'以奸论'者，男女各从奸法，应除名者亦除名。"②

其三，关于"男女被逼"，《唐律疏议》解释说："谓主婚以威若力，男女理不自由，虽是长男及寡女，亦不合得罪。若男年十八以下及在室之女，亦主婚独坐，男女勿论。"③ 主婚人以威力逼迫婚姻当事人成婚，婚姻当事人无罪。由此可以看出，婚姻当事人的意愿已成为唐律量罪定刑的参考依据。唐朝成丁年龄凡三变，唐高祖时规定21岁为成丁，唐玄宗改为23岁，唐代宗又改为25岁。但是，唐朝法律所规定的成丁年龄却是18岁，这与均田制和赋役层面所规定的成丁年龄有所区别。

其四，"未成者"是指虽然嫁娶违律，但尚处于订婚而未成婚阶段。《疏议》解释说："'未成者'，谓违律为婚，当条合得罪，定而未成者，减已成五等。假有同姓为婚，合徒二年，未成，即杖八十，此是名减五等。其媒人犹徒一年，未成者杖六十，是名'各减首罪二等'。各准当条轻重，依律减之。略举同姓为例，余皆仿此。凡违律为婚，称'强'者，皆加本罪二等；称'以奸论'有强者，止加一等。媒人，各减奸罪一等。"④

2. 婚姻关系的解除

根据《唐律疏仪·户婚》记载，唐代离婚有三种方式：其一，"出妻"，指由夫方提出的强制离婚；其二，强制离婚，凡发现有"义绝"和"违律结婚"者必须强制离婚，"义绝"包括夫对妻族、妻对夫族的殴杀罪、奸杀罪和谋害罪，经官府判断，认为

---

① 《唐律疏议》卷十四，《户婚》，第296页。
② 《唐律疏议》卷十四，《户婚》，第297页。
③ 《唐律疏议》卷十四，《户婚》，第297页。
④ 《唐律疏议》卷十四，《户婚》，第298页。

一方犯了义绝，法律即强制离婚，并处罚不肯离异者；其三，"和离"。

①"出妻"。在先秦时代，男女离婚称为"出""归""大归"。《春秋穀梁传·成公五年》云："妇人之义，嫁曰归，反曰来归。"① 《春秋左传·文公十八年》载："夫人姜氏归于齐，大归也。"② 这种遍及史册的"来归""大归"，显现的皆是男性的绝对权力。西汉陈平少时家贫，寄居在其兄陈伯家。陈伯有薄田三十亩，披星戴月，耕耘不已，供养陈平外出求学。陈平高大健硕，虽然家贫也不务农。陈伯之妻忿忿不平："有叔如此，不如无有。"陈伯听说后，"逐其妇而弃之"（《史记·陈丞相世家》）。《史记·循吏列传》载：鲁相公仪休见其妻子织布技巧高超，竟然将她赶出家门，燔烧织布机，理由是不与民争利。在貌似清廉、耿直的背后，显扬的是对女性权利的侵犯。《礼记·内则》公开宣称婚姻关系维系与否的最终权力在于父母尊长："子有二妾，父母爱一人焉，子爱一人焉，由衣服饮食，由执事，毋敢视父母所爱，虽父母没不衰。子甚宜其妻，父母不说，出。子不宜其妻，父母曰：是善事我。子行夫妇之礼焉，没身不衰。"（《礼记·内则》）"离婚"一词大概最早出现于《晋书·刑法志》，③ 其后《世说新语》也有"离婚"一词。④ 从此以后，普遍用"离婚"、"离之"、"两愿离"或"离"等词语来表示婚姻关系的解除。从存世文献分析，可能从商鞅变法之后婚姻关系就已纳入法律调整的范围。《法律答问》云："女子甲为人妻，去亡，得及自出，小未盈六尺，当论不当？已官，当论；未官，不当论。"⑤ 在秦国与秦王朝，妻子无权擅自离开丈夫出走，丈夫却具有单方面休弃妻子的法定权利。"未盈六尺"即不满十五岁，秦律对未满十五岁的逃婚妇女按两种情况处理：如果这一婚姻已经官府认可，官府可对逃妻依法查处；否则，官府不予受理。"女子甲去夫亡，男子乙亦阑亡，相夫妻，甲弗告请（情），居二岁，生子，乃告请（情），乙即弗弃，而得，论可（何）也？当黥为城旦舂。"⑥ 女子甲离夫私逃，男子乙知情不报，结果女子甲黥为舂，男子

---

① 傅隶朴：《春秋三传比义》，中国友谊出版公司，1984，第280页。
② 傅隶朴：《春秋三传比义》，第132页。
③ 《晋书·刑法志》："毋丘俭之诛，其子甸妻荀氏应坐死，其族兄颉与景帝姻，通表魏帝，以匄其命。诏听离婚。"
④ 《世说新语·贤媛》："贾充前妇，是李丰女。丰被诛，离婚徙边。"徐震堮：《世说新语校笺·贤媛》，中华书局，1984，第370页。
⑤ 《睡虎地秦墓竹简·法律答问》，第222页。
⑥ 《睡虎地秦墓竹简·法律答问》，第223页。

乙黥为城旦。"'弃妻不书，赀二甲。'其弃妻亦当论不当？赀二甲。"① 休妻而不在官府登记者，罚二甲。这一法则虽说是为了维护程序法的权威性，其间也彰显出男子在法律上休妻权利的正当性。汉承秦制，汉律对逃婚妇女的惩处比秦律更加严酷。张家山汉简《奏谳书》记载了一个因娶逃亡者为妻而遭受处罚的案例，通过它，我们对这条禁令有更深入的认识：女子符逃亡，诈称未曾傅籍，并"自占书名数"，为大夫明的依附人口。大夫明将符嫁为隐官解妻，解对于符的逃亡情况并不知晓。后来符逃亡的事情暴露，符、解二人双双被拘执，依汉律："取（娶）亡人为妻，黥为城旦，弗智（知），非有减也。"虽有吏为解辩护："符有数明所，明嫁为解妻，解不智（知）其亡，不当论。"但廷报却答复曰：有关禁娶逃亡的法律已经相当明确，无须再议，解虽不知实情，"当以取（娶）亡人为妻论，斩左止为城旦。"② 受秦、汉法律的影响，唐律也有禁娶逃亡妇女的法律规定："诸娶逃亡妇女为妻妾，知情者与同罪，至死者减一等。离之。即无夫，会恩免罪者，不离。"《疏议》云："妇女犯罪逃亡，有人娶为妻妾，若知其逃亡而娶，流罪以下，并与同科；唯妇人本犯死罪而娶者，流三千里。仍离之。即逃亡妇女无夫，又会恩赦得免罪者，不合从离。其不知情而娶，准律无罪，若无夫，即听不离。"③ 唐律对娶逃亡妇女为妻妾者的惩处区别对待，"知情者与同罪"，"不知情而娶，准律无罪"，由此可见，唐律这一法令与秦律比较近似，与汉律反而相距较远，这或许与汉初吏民脱籍流亡现象非常严重有关。

"七出"是"出妻"重要内容之一。"七出"概念始见于《大戴礼记》《春秋公羊传》等典籍。《大戴礼记·本命》载："妇有七去：不顺父母去，无子去，淫去，妒去，有恶疾去，多言去，窃盗去。不顺父母去，为其逆德也；无子，为其绝世也；淫，为其乱族也；妒，为其乱家也；有恶疾，为其不可与共粢盛也；口多言，为其离亲也；盗窃，为其反义也。"《春秋公羊传·庄公二十七年》何休注："妇人有七弃五不娶三不去。……无子弃，绝世也；淫佚去，乱类也；不事舅姑弃，悖德也；口舌弃，离亲也；盗窃弃，反义也；嫉妒弃，乱家也；恶疾弃，不可奉宗庙也。"④ 西汉刘向编撰的

---

① 《睡虎地秦墓竹简·法律答问》，第224页。
② 江陵张家山汉简整理小组：《江陵张家山汉简〈奏谳书〉释文》，《文物》1993年第8期。
③ 《唐律疏议》卷十四，《户婚》，第288页。
④ 《春秋公羊传注疏》卷八，《十三经注疏》本，中华书局，1980，第2239页。

《列女传》也有类似的记载："且妇人有七见去，夫无一去义。七去之道，妒正为首，淫僻、窃盗、长舌、骄侮、无子、恶病皆在其后。"①《孔子家语·本命解》则曰："七出者，不顺父母者，无子者，淫僻者，嫉妒者，恶疾者，多口舌者，窃盗者。"②《大戴礼记》和《孔子家语》作者把"不顺父母"放在首位，何休则把"无子"放在第一位。因时代变迁，价值观已有所变化。尽管史籍对"七出"内涵与顺序的记载不尽相同，但其基本思想趋同，都是对女性权利的单方面限制和对男性权利的片面张扬，此所谓"妇人有七见去，夫无一去义"。"七出"思想后来被唐朝法律所肯定与采纳，《户婚律》云："诸妻无七出及义绝之状，而出之者，徒一年半。"《疏议》说："伉俪之道，义期同穴，一与之齐，终身不改。故妻无七出及义绝之状，不合出之。七出者，依令：'一无子，二淫泆，三不事舅姑，四口舌，五盗窃，六妒忌，七恶疾。'"③唐律之"七出"范畴与何休之表述最为贴近，由此可以看出"七出"概念的生成与流转过程。唐德宗时，中军鼓角使、左神武军大将军令狐建之妻，乃成德节度使李宝臣之女。令狐建想抛弃其妻，便找了一个借口，诬蔑其妻与门下客郭士伦私通，以"淫泆"罪名抛弃其妻。④唐中宗时，兵部尚书李廻秀之母少贱，"妻尝詈媵婢，母闻不乐，廻秀即出其妻。或问之，答曰：'娶妇要欲事姑，苟违颜色，何可留？'"（《新唐书·李廻秀传》）这是以"不事舅姑"出妻的典型案例。除了以"七出"条例休妻，诸多家庭琐事也成为出妻原因。据《旧唐书·源休传》载：源休娶吏部侍郎王翊之女为妻，唐德宗时，"因小忿而离"，妻族认为源休休妻之举有悖于律令，因而上诉，下御史台验理，"休迟留不答款状，除名，配流溱州。"唐宪宗元和年间，户部尚书李元素也因出妻违律而被停官。"初，元素再娶妻王氏，石泉公方庆之孙，性柔弱，元素为郎官时娶之，甚礼重。及贵，溺情仆妾，遂薄之。且又无子，而前妻之子已长。无良，元素寝疾昏惑，听谮遂出之，给与非厚。妻族上诉，乃诏曰：'李元素病中上表，肯切披陈，云妻王氏，礼义殊乖，愿与离绝。初谓素有丑行，不能显言，以其大官之家，所以令自处置。访闻不曾告报妻族，亦无明过可书，盖是中情不和，遂至于此。胁以王命，当日遣归，给送之间，又至单薄。不唯王氏受辱，实亦朝情悉惊。如此理家，合当惩

---

① 张涛：《列女传译注》卷二，山东大学出版社，1990，第67页。
② 张涛：《孔子家语注译》卷六，三秦出版社，1998，第294页。
③ 《唐律疏议》卷十四，《户婚》，第290~291页。
④ 《新唐书·令狐建传》，中华书局，1975，第4766页。

责。宜停官，仍令与王氏钱物，通所奏数满五千贯。'"（《旧唐书·李元素传》）李元素休妻的理由是王氏"礼义殊乖"，这一理由不符合"七出"条例。李元素虽然被朝廷斥责，但未否定其出妻之行。由此可见，在"七出"范围之外，男性的出妻权受法律保护。《大元通制条格》卷四载："东昌路王钦因家私不和，画到手模，将妾孙玉儿休弃归宗，伊父母主婚将本妇改嫁殷林为正妻，王钦却行争悔。本部议得：王钦虽画手模将妾休弃，别无明白休书，于理未应。缘本妇改嫁殷林为妻，与前夫已是义绝，再难同处，合准已婚为定。今后凡出妻妾，须用明立休书，即听归宗，似此手模，拟合禁治。都省准拟。"① 王钦的过错仅在于只"画手模"，没有写"明白休书"。换言之，只要出具"明白休书"，法律给予男性离婚的自由裁量权相当大。

如果说"七出"是男性离婚权的过度张扬，"三不去"则是对男性离婚权利的适度限制。《大戴礼记·本命》说："妇有三不去：有所取，无所归，不去；与更三年丧，不去；前贫贱，后富贵，不去。"② 妻子被离弃但无家可归者，可以不去；妻子与丈夫共同服过三年之丧，对父母孝顺的，可以不去；娶时夫家贫贱，婚后富贵发达的，妻子可以不去。《春秋公羊传·庄公二十七年》何休注云："尝更三年丧不去，不忘恩也；贱取贵不去，不背德也；有所受无所归不去，不穷穷也。"何休于此把"三不去"提炼为三种美德："不忘恩""不背德""不穷穷"。唐律进而将"三不去"作了明确规定："'虽犯七出，有三不去'，三不去者，谓：一，经持舅姑之丧；二，娶时贱后贵；三，有所受无所归。而出之者，杖一百。并追还合。"③ 但是，《户婚律》同时又规定：如果有恶疾与奸，虽有"三不去"法律条款的存在，男子仍然可以休妻。缘此，在"七出"条款中，实际上只有五种情况适用于"三不去"。元朝法律稍稍有所更动，仅规定"其犯奸者，不用此律"④。

②义绝。汉代儒家认为，夫妇以义相合，义绝则离。"昏礼者，将合二姓之好，上以事宗庙，而下以继后世也。故君子重之。……敬慎重正，而后亲之，礼之大体，

---

① 郭成伟点校《大元通制条格》卷四，法律出版社，2000，第52~53页。以下引此书，只标注书名、篇章名和页码。
② 关于"三不去"，《孔子家语·本命解》的记载与《大戴礼记》基本相同："三不去者，谓有所取无所归，与共更三年之丧，先贫贱后富贵。"
③ 《唐律疏议》卷十四，《户婚》，第292页。
④ 《大元通制条格》卷四，第53页。

而所以成男女之别，而立夫妇之义也。男女有别，而后夫妇有义；夫妇有义，而后父子有亲；父子有亲，而后君臣有正。故曰：'昏礼者，礼之本也。'"（《礼记·昏义》）在中国古代社会，子女成婚是体"道"、遵"天命"的大事，以至于父母要向即将成婚的儿子敬酒，以表达"敬慎重正"之意。由此而来，夫妇之间如何以义相处，也就提升到了"礼之本"的高度。在唐朝法律中，"义绝"属于强制性离婚方式之一。《户婚律》罗列了"义绝"的五种具体情况：一是丈夫殴打妻子的祖父母、父母和杀害妻子的外祖父母、伯叔父母、兄弟、姑母、姊妹；二是夫妻双方的祖父母、父母、外祖父母、伯叔父母、兄弟、姑母、姊妹相互残杀；三是妻子打骂丈夫的祖父母、父母和杀伤丈夫的外祖父母、伯叔父母、兄弟、姑母、姊妹；四是妻子同丈夫五服之内的亲戚或丈夫同岳母有奸情；五是妻子图谋害死丈夫。凡犯其中一条，"虽会赦，皆为义绝"①。《户婚律》说："诸犯义绝者离之，违者，徒一年。"《唐律疏议》解释说："夫妻义合，义绝则离。违而不离，合得一年徒罪。离者，既无'各'字，得罪止在一人，皆坐不肯离者；若两不愿离，即以造意为首，随从者为从。皆谓官司判为义绝者，方得此坐，若未经官司处断，不合此科。"犯有义绝者，由官府强制性判离。不离者，"徒一年"。② 但是，如果未经官府判决，不离者无罪。《全唐文》有一"义绝"案例：刘氏堂外甥结婚之后，品行不端，时常"恶言丑语，所不忍闻"，并且"纵横凶悖，举止颠狂"。于是女方提出离婚。根据"无义则离"法律原则，"因遣作书，遂令告绝。"③ "义绝"一般必须出具文书，而且有中人出面做证。

③和离。和离是指在双方自愿基础上达成的协议离婚，这是一种法律和社会风俗皆承认的离婚方式。唐朝社会风气比较开放，女子再嫁不为失节，也不以屡嫁为耻。唐代公主再嫁、三嫁者比较多，在唐肃宗以前各位皇帝的公主中，再嫁者23人，三嫁者4人。实际上，这种离婚方式早已出现。《周礼·地官·媒氏》："媒氏掌万民之判。凡男女自成名以上，皆书年月日名焉。令男三十而娶，女二十而嫁。凡娶判妻入子者，皆书之。"宋郑锷注云："民有夫妻反目，至于仳离，已判而去，书

---

① 《唐律疏议》卷十四，《户婚》，第291页。
② 《唐律疏议》卷十四，《户婚》，第292页。
③ （清）董诰等编《全唐文》卷542，中华书局，1983，第5505页。

之于版，记其离合之由也。"江永也认为"书之者，防其争讼也"①。这种离婚方式一是基于自由意志，男女双方都是行为主体；二是法律手续齐备。《史记·管晏列传》载：春秋时齐相晏婴的车夫胸无大志、"意气扬扬，甚自得也"，其妻于是提出离婚。离婚的理由为：齐相晏婴虽然身不满六尺，但"名显诸侯"。车夫高大健硕，却胸无大志。汉代朱买臣家庭贫寒，每天靠砍柴为生。其妻嫌其贫苦，主动提出离婚。朱买臣苦劝其妻说：我再拼搏几年，必当富贵。其妻讥讽说："如公等，终饿死沟中耳，何能富贵？"于是决绝而去（《汉书·朱买臣传》）。《唐律·户婚律》规定："若夫妻不相安谐而和离者，不坐。"《唐律疏议》曰："'若夫妻不相安谐'，谓彼此情不相得，两愿离者，不坐。"②《宋刑统·户婚律》云："若夫妻不相安谐而和离者，不坐。"③无论文字抑或内涵，宋律与唐律基本一致。夫妇感情不洽，双方自愿离婚，法律予以支持。但是，如果法律程序不完备，或者和离并非出于双方自由意志，法律会加以禁止。譬如，《唐律·户婚律》规定："即妻妾擅去者，徒二年；因而改嫁者，加二等。"《疏议》解释说："妇人从夫，无自专之道，虽见兄弟，送迎尚不逾阈。若有心乖唱和，意在分离，背夫擅行，有怀他志，妻妾合徒二年。因擅去而即改嫁者，徒三年，故云'加二等'。"④敦煌文书中有一类汉文离婚契约，年代上属唐代至北宋初期，可统称作"放妻书"或"放妻手书"，从中可窥见唐代离婚现象的大致情况。

例一，"（前缺）从结契，要尽百年，如水如鱼，同欢□□。生男满十，并受公卿，生女柔容，温和内外。六亲叹美，远近似父子之情，九族悒（邑）怡，四时而不曾更改。奉上有谦恭之道，恤下无儅（党）无⑤。家饶不尽之财，妯娌称延长之庆。何乃结为夫妻，六亲聚而成怨，九族见而含恨。酥乳之合，上（尚）恐异流，猫鼠同窠，安能见久。今对六亲，各自取意，更不许言夫说妇。今妇一别，更选重官双职之夫，随情窃宓（窕），美眘（齐）音乐，琴瑟合韵。伏愿郎娘子千秋万岁，布施欢喜。

---

① 孙诒让撰，王文锦、陈玉霞点校《周礼正义·地官·媒氏》，中华书局，1987，第1038页。
② 《唐律疏议》卷十四，《户婚》，第292页。
③ 薛梅卿点校《宋刑统》卷十四，《户婚》，法律出版社，1999，第252页。
④ 《唐律疏议》卷十四，《户婚》，第292页。
⑤ 原书校记："'无'下漏字，据斯6537背放妻书当补'偏'。"（沙知录校《敦煌契约文书辑校》，江苏古籍出版社，1998，第472页。）

三年衣粮，便献药仪。宰报云。"①

例二，"放妻书一道　盖闻夫天妇地，结因于三世之中。男阴（阳）女阳（阴），纳婚于六礼之下。理贵恩义深极，贪爱因浓性。生前相守抱白头，死后要同于黄土。何期二情称怨，互角憎多，无秦晋之同欢，有参辰之别恨。偿了赤索，非系树阴，莫同宿世怨家，今相遇会，只是二要互敌，不肯蘩遂。家资须却少多，家活渐渐存活不得。今亲姻村老等与妻阿孟对众平论，判分离别遣夫主留盈讫。自后夫则任娶贤失，同牢延不死之龙。妻则再嫁良媒，合卺契长生之奉。虑却后忘有搅扰，贤圣证之，促于万劫千生，常处□□之趣。恐后无信，勒此文凭，略述尔由，用为验约。"②

从这两份离婚文书中可看出，凡和离有三个必要条件。其一，须有中人主持离婚仪式，中人应是与双方当事人无关的第三者。其二，和离须出具书面契约，这是离婚程序的具结形式。敦煌契约文书中保存了数份"放妻书样文"，格式和语言大致相同，说明和离已成为被全社会普遍认可的离婚方式。其三，在离婚程序中，夫妇双方亲属必须到场，"聚会二亲"，③"今对六亲，各自取意"，"今亲姻村老等与妻阿孟对众平论"，双方议定离婚事宜，这其中不仅包括离婚之缘由，也包含夫妻财产的分割。从《唐律》与敦煌离婚文书分析，妇女的有些基本权利能得到保障。

三　结语

《唐律疏议·名例》尝言："德礼为政教之本，刑罚为政教之用，犹昏晓阳秋相须而成者也。"④ 礼为本，刑为用，这是荀子"隆礼重法"、以礼入法思想在社会法律制度上的具体实践。瞿同祖先生在论述中国法律的儒家化进程时指出："法律之儒家化汉代已开其端。汉律虽为法家系统，为儒家所不喜，但自汉武标榜儒术以后，法家逐渐

---

① 沙知录校《敦煌契约文书辑校》，江苏古籍出版社，1998，第 470～471 页。相关论文有：刘文锁：《敦煌"放妻书"研究》，《中山大学学报》2005 年第 1 期；杨际平：《敦煌出土的放妻书琐议》，《厦门大学学报》1999 年第 4 期。
② 沙知录校《敦煌契约文书辑校》，第 473 页。另见黄永武主编《敦煌宝藏》第 133 册，（台北）新文丰出版公司，1986，第 414 页。
③ 沙知录校《敦煌契约文书辑校》，第 479 页。
④ 《唐律疏议》卷一，《名例》，第 3 页。

失势，而儒家抬头，此辈于是重整旗鼓，想将儒家的精华成为国家制度，使儒家主张借政治、法律的力量永垂不朽。汉律虽已颁布，不能一旦改弦更张，但儒家确有许多机会可以左右当时的法律。"① 又言："历代的法典都出于儒者的手笔，并不出于法家之手，这些人虽然不再坚持反对法治，但究是奉儒家为正统的，所以儒家的思想支配了一切古代法典，这是中国法系的一大特色，不可不注意。"② 证诸唐朝法典，瞿同祖先生所论似乎尚有可商榷之处。如果我们揆诸儒家一以贯之的孝道，我们发现在所谓的"法律之儒家化"进程中，历代统治者对儒家孝道的采纳与继承，存在着片面性的倾向。换言之，历代统治者从来就没有忠实不二地继承光大儒家孝道，儒家孝道的精髓一直是湮没不彰。孔子孝道有四大内涵：养亲、敬亲、谏亲和慎终追远。

孔子孝论的精华，主要体现在两个方面。

其一，以道义劝谏父母尊长，子女不可盲目顺从。"事父母几谏，见志不从，又敬不违，劳而不怨。"（《论语·里仁》）孔子以孝道传曾子，曾子继而总结出"以正致谏""微谏不倦"等谏亲原则，揭明君子之孝在于："先意承志，谕父母以道"（《大戴礼记·曾子大孝》）。不仅如此，曾子还从情感上将谏亲升华为人生三大快乐之一。③ 上博简《内丰》有"父母所乐乐之，父母所忧忧之。善则从之，不善则止之"的记载，与《大戴礼记·曾子事父母》正好可以互证。郭店楚简的谏诤思想与孔子、曾子也是一脉相承。郭店楚简《鲁穆公问子思》云："鲁穆公问于子思曰：'何如而可谓忠臣？'子思曰：'恒称其君之恶者，可谓忠臣矣。'公不（悦），揖而退之。"④ 虽然简文只涉及"谏君"，但是，在先秦儒家思想逻辑思维中，"谏亲"在先，"谏君"在后，先亲后君，"谏君"是"谏亲"必然逻辑走向。孔子与曾子的"谏亲"思想，后来在荀子思想中得到了进一步发扬光大。荀子将其提升为"从道不从君，从义不从父"（《荀子·子道》）。道义是荀子思想中的最高价值理性，子女不可牺牲价值理性去无原

---

① 瞿同祖：《中国法律与中国社会》，第 357～358 页。
② 瞿同祖：《中国法律与中国社会》，第 346～347 页。
③ 《韩诗外传》卷九云："曾子曰：'君子有三乐，钟磬琴瑟不在其中。'子夏曰：'敢问三乐。'曾子曰：'有亲可畏，有君可事，有子可遗，此一乐也；有亲可谏，有君可去，有子可怒，此二乐也；有亲可喻，有友可助，此三乐也。'"
④ 刘钊：《郭店楚简校释》，福建人民出版社，2005，第 177 页。另参阅荆门市博物馆编《郭店楚墓竹简》，文物出版社，1998。

则地迎合父母意志。一个人只有明白了从与不从的理性尺度，才可称得上"大孝"："明于从不从之义，而能致恭敬、忠信、端悫，以慎行之，则可谓大孝矣。"（《荀子·子道》）

《孝经》说孝是"天之经，地之义"，但是《孝经》作者并未具体论证孝何以是"天之经，地之义"。汉代董仲舒对这一问题作了形而上阐述，这是儒家孝论逻辑进程上的一大跃进。① 董仲舒从天论与阴阳五行哲学出发，认为阴阳五行理论中蕴含父子之道，五行又可称之为五种德行（五行）。何谓"地之义"？"忠臣之义，孝子之行，取之土。"（《春秋繁露·五行对》）土是火之子，土生万物而不争功，将功名归之于天。土有忠孝之德，所以"孝子之行"源自土德。子女为何要孝敬父母？"法夏养长木，此火养母也。"父子之间为何要相隐？"法木之藏火也。"（《白虎通·五行》）子女为何应谏亲？"子之谏父，法火以揉（燥）木也。"（《白虎通·谏诤》）木不燥不直，木只有借助于火，才能由曲到直。在儒家孝论演变史上，董仲舒是第一位从形而上哲学高度为孝存在正当性进行论证的思想家。二程朱子继而从天理学说维度，为孝行作哲学证明。朱子认为仁义礼智是"天理之件数"，仁义礼智是天理的属性，是天理在人道的具体彰明。按照朱子的思想逻辑，仁是集合概念，可以"包四德"，仁在父子一伦的德行就是孝，"孝弟是仁里面发出来的"②。孟子曾经提出"顺乎亲"与"得乎亲"两个概念，朱子对此有自己的阐释。"顺乎亲"是"非特得亲之悦，又使之不陷于非义，此所以为尤难也"。③ "不得乎亲"，是立足于自然本性这一层面上立论，"不顺乎亲"是基于"道"（社会理性）而言。显而易见，朱熹是倾向于"顺乎亲"而否定"得乎亲"的。"得乎亲"是不问是非曲直，"不逆其志"，无条件地服从父母意志。"得乎亲"属于低层次的孝，是"浅事"。"顺乎亲"是"父子责善"，

---

① 《春秋繁露·五行对》云："河间献王问温城董君曰：'《孝经》曰："夫孝，天之经，地之义"，何谓也？'对曰：'天有五行，木火土金水是也。木生火，火生土，土生金，金生水。水为冬，金为秋，土为季夏，火为夏，木为春。春主生，夏主长，季夏主养，秋主收，冬主藏。藏，冬之所成也。是故父之所生，其子长之；父之所长，其子养之；父之所养，其子成之。诸父所为，其子皆奉承而续行之，不敢不致如父之意，尽为人之道也。故五行者，五行也。由此观之，父授之，子受之，乃天之道也。故曰：夫孝者，天之经也。此之谓也。'"
② 《朱子语类》卷一百一十九，中华书局，1999，第2870页。
③ 《朱子语类》卷五十六，第1336页。

喻父母于"道"与"理",是更高层次的君子之孝。由此可见,子女坚持独立人格,决不盲目顺从父母意志,是儒家孝道一以贯之的特点之一。

其二,儒家孝道非常注重家庭亲情,慈与孝都是发自纯粹自然的血缘情感。换言之,出于功利性考量的孝行,是儒家坚决反对的"巧言令色"。

孔子云:"今之孝者,是谓能养。至于犬马,皆能有养;不敬,何以别乎?"(《论语·为政》)孝有"养口体"之孝与"养志"之孝的区分。"养志"的核心在于敬。曾子进一步把孝分为三大层次:"大孝尊亲,其次不辱,其下能养。"(《大戴礼记·曾子大孝》)这三大层次实际上也就是孝之三境界。"尊亲"即敬亲,何谓"敬"?"敬"初作"茍",《广韵》释"敬":"恭也,肃也,慎也。"敬起源于上古巫术仪式中对上帝鬼神的畏惧情感,后来转变为世俗生活中的生活态度与道德情感。孔子把"敬"引入孝行孝德领域,曾子继而对孝德中的"敬"作了界定:"君子之孝也,忠爱以敬,反是乱也。"(《大戴礼记·曾子立孝》)"敬"的基本含义为忠心之爱,敬亲是指以建立在自然情感基础上的敬爱之心对待父母尊长。学生单居离问曾子:"事父母有道乎?"曾子答:"爱而敬。"(《大戴礼记·曾子事父母》)首先是有爱这一自然情感,其次是将爱植入孝行之中。敬亲是养亲的伦理尺度,敬亲前提下的养亲才合乎人伦之孝。周襄王位居九五之尊,天下为家,应有尽有,但仍然蒙受"不孝"之恶名,其原因就在于周襄王之孝只不过是一种"养口体"之孝,而不是"养志"之孝。《庄子·外物》云:"人亲莫不欲其子之孝,而孝未必爱,故孝己忧而曾参悲。"孝的精髓在于爱,而且这种爱必须是发自内心的纯粹自然情感,不掺杂功利性的利益。"曾参悲"的是世人奉行的大多是"养口体"之孝,恰恰忘记了没有爱的孝行与禽兽略无差异。孔子、曾子与庄子对孝爱的理解,基本一致,由此或可加深我们对庄子与儒家关系的认识。《孟子·尽心》篇记载了一则故事:"曾晳嗜羊枣,而曾子不忍食羊枣。公孙丑问曰:'脍炙与羊枣孰美?'孟子曰:'脍炙哉!'公孙丑曰:'然则曾子何为食脍炙而不食羊枣?'曰:'脍炙所同也,羊枣所独也。讳名不讳姓,姓所同也,名所异也。'"曾晳喜食羊枣,曾子因而忌食羊枣,以示对父敬慕。说明曾子所追求的是一种基于血缘之爱、内心之情基础上的精神境界,而不是与禽兽略无差异的"养口体"之孝。学生公明仪问曾子:"夫子可谓孝乎?"曾子谦虚地回答说自己只是一个"直养者",还没有臻至儒家真正"君子之孝"的境界。在朱熹的思想架构中,仁是天理之性,属于"未发"。仁是本,爱是用,爱属于情感,爱是仁之"已发"。"如爱,便是仁之发,才发出这爱来时，便事事有。"① 爱从仁本体流出的第一个领域就是"爱亲"，其后依次是"爱兄弟"、"爱亲戚"、"爱故旧"和"仁民"。朱子说《论语》中的孝"亲切有味"，又说"孝弟至亲切"，旨在说明孝虽然是人伦规范，因为充满了自然亲情，朴实而又纯粹，所以"亲切有味"。

因此，恐怕还不能说《唐律》意味着中国传统法律制度儒家化进程最终完成，更不能说"儒家的思想支配了一切古代法典"。我们或许可以说儒家孝道部分影响了中国古代法律制度，因为儒家孝道中真正核心的部分从未影响过中国古代法律制度，遑论政治制度。广而言之，儒家道统意义上的思想与观念，从来就没有被古代历代统治者全盘继承与光大，也从来没有真正转化为制度。朱子曾经说过的一段话，或许有椎心泣血之痛："千五百年之间，正坐如此。所以只是架漏牵补，过了时日。其间虽或不无小康，而尧、舜、三王、周公、孔子所传之道，未尝一日得行于天地之间也。若论道之常存，却又初非人所能预。只是此个自是亘古亘今常在不灭之物，虽千五百年被人作坏，终殄灭他不得耳。汉唐所谓贤君何尝有一份气力扶补得他耶？"② 儒家之道，自孔子至朱子已有一千六百年之变迁。朱子认为，儒家之道从来就没有真正"得行于天地之间"。虽屡遭歪曲、压制甚至清除，但儒家之道如日月之辉，光耀天下。

每念及朱子此言，热泪盈眶，感慨系之！天地之间，吾谁与归？

（责任编辑：江曦）

---

① 《朱子语类》卷一百一十九，第2870页。
② （宋）朱熹：《答陈同甫》，《朱熹集》第三册，四川教育出版社，1996，第1592~1593页。

儒家孝道与当代社会

孝道、孔子改制与儒学的现代转化

曾 亦[*]

摘　要　孔子生当礼崩乐坏之世，依据亲亲的精神，提出了孝道的原则，并折中虞、夏、殷、周四代之礼，而对周礼进行了改造。近代以来，中国面临着"三千年未有之大变局"，儒学亦应随顺时代的要求，亟须进行现代转化。本文主要通过对古礼的具体分析，探讨孔子是如何对周礼损益的，从而对儒学在今日之转化提供借鉴。

关键词　孝道　孔子改制　尊尊　亲亲

孔子改制之说，乃公羊家的一贯主张。至晚清，康有为颇张大此说，盖欲假孔子改制之名，而变有清一代祖宗之法，乃至中国数千年之法。然而，此说甫经提出，即受谤于士林。其后，变法百日而败，而持孔子改制之说者，亦鲜有其人矣。虽然，公羊家改制之说，多以"损周文益殷质"而明其义，其实质不过立足于旧传统之渐进改良而已。至康氏变法失败，现代中国遂一意走上了急风骤雨似的革命道路。

20世纪70年代末以来，邓小平倡导改革，标志着现代中国回归渐进改良的道路，当此之时，学界对于公羊家提出的孔子改制之说，应该予以更冷静的思考。今且就孝道一端，重新考察康有为及公羊家提出的改制问题。

一　孝道之内涵：尊尊与亲亲

孝道，乃一血亲间之伦理原则，本来不过施于家庭内部而已。然儒家素重孝道，

---

[*]　曾亦，同济大学哲学系教授。

亲亲而仁民，仁民而爱物，孝道遂越出家庭伦理之范围，至于一切社会、政治之原则，亦莫不视为自孝道之所出。《论语》曰："君子务本，本立而道生。孝弟也者，其为仁之本与！"此即以孝为"本"也。大概自汉以后，古代政治皆标榜以孝治天下，盖基于孝之为"本"的地位。虽然，孝道最为儒家所推崇，然实不起于儒家，殆自生民以来，孝道此一血亲原则即已确立。不过，考诸其他民族，实未有如中国这般重视孝道者。

上古之时，人类主要依据血缘而相抟聚，此时孝道之所施，颇为狭隘，不过限于母子之间而已，更未能成为一普遍的社会、政治原则。《仪礼·丧服传》云："禽兽知母而不知其父。"其实，非独禽兽如此，且对人类而言，最初群居而群婚，子女亦常不知其父。其后，人类因别婚姻而异居焉，此时氏族内部之通婚，恒为禁忌，子女不过依母氏而居，唯知亲母，而不问其父。今犹有土著颇存其遗俗，或可由此推知上古人类之情形。

《礼记·郊特牲》云："男女有别，然后父子亲。"此语颇能反映人类更晚近时候的情况。盖人类由从母而居，进而至于从父而居，女子出嫁之前，或未能别男女，至其婚后，则有男女之大防。此时子知其父，父亦知其子，如是而生父子之亲。否则，男子若不能确信其子为其所生，如何能亲之爱之？因此，对男子而言，唯其亲生，始能亲其所生矣。此为人之常情。不独古人如此，今人亦何尝不如此？儒家讲亲亲之义，殆始于父子相亲，非必追溯至母子之亲也。

《丧服传》又云："野人曰：父母何算焉。"盖谓野人不别父母之尊卑也。据贾公彦疏，居于国外或城外者为野人，与"都邑之士"相对，盖远政化也。《春秋》谓周尚文，即崇尚等级尊卑也，而野人居于城外，不为周礼所化，故不知父尊母卑之义。可见，人类早期或曾有过男女平等的阶段，至少对子女而言，最初只知亲父，而不知尊父，而随着文明的演进，人类逐步发展出父尊母卑的观念。今日概谓父为"父亲"，而不知父亦当有"父尊"之名，则失之偏颇。因此，《丧服传》在解释为父何以服斩衰时，即以为"父至尊也"。可见，孝道之义本为亲母、尊母，后来又发展出亲父、尊父的内涵。

《论语·为政》中有这样一段：

> 子游问孝。子曰："今之孝者，是谓能养。至于犬马，皆能有养。不敬，何以别乎！"

关于此段之义，大致有二说。一说以为，人之养亲，若不能敬，则与养犬马无异。又有一说，古时多以犬马比人子，至今犹然，故人子事亲，当效犬马之劳。至于谄事他人，甚至认贼作父，亦多以此为喻。盖犬能守御，马能负乘，人子亦当如此而事其亲也。不过，此二说似未切中此段之实质。

《孟子·尽心上》有一段颇能说明其义，其曰：

> 食而弗爱，豕交之也。爱而不敬，兽畜之也。恭敬者，币之未将者也。

赵岐注云：

> 人之交接，但食之而不爱，若养豕也。爱而不敬，若人畜禽兽，但爱而不能敬也。①

养犬马与养亲之不同，孟子乃以爱与敬以别之。首先，养豕与养犬马不同。养豕者，不过利其肉而食之而已，且人于豕之蠢垢，常怀憎厌之心，此所以"食而弗爱"也。若犬马则不然，观今人之蓄宠物，则备极亲近，至于溺爱之，至于犬马之视主人亦然，此所以"爱而不敬"也。是以人若仅能爱亲，则与养犬马无异。观今日西人处父子关系，多以朋友之道视之，则唯取其亲爱而已。是以西方多有老人，无奈子之不孝，乃养犬马而自欢慰，盖犬马之亲犹子之亲，此视犬马若子也。可见，人与犬马之间，亲溺有余，而无敬意焉。

是以人子若仅视其父为"父亲"，而不以为"父尊"，则不论人子养其亲如犬马，抑或自比犬马而服事其亲，皆以亲溺之甚，而不能敬其父也。观乎日本封建社会，子敬其父，而过于亲其父，至于父之于子，幼小尚能亲之，至其稍长，则多以敬遇之矣。

综上言之，人类初时虽能孝其亲，不过亲爱其母而已，此乃孝道之至弱者也。其后，夫妻共居，且进而至于妻从夫居，夫妻不复为独立之个体，乃各为一半而"胖合"成一新的整体，此为个体家庭之形成。至此，子女从父而居，乃能亲父矣，且渐而知父尊于母矣。如是，孝道之内涵始为完备。虽然，人类大多数民族皆进化至个体家庭，亦知亲亲与尊尊二义，然唯儒家能强化孝道，且推而视为普遍之社会、政治原则。故对儒家而言，孝道兼有亲亲与尊尊二义，子女不独亲父亲母，亦当尊父尊母，且以父

---

① 焦循：《孟子正义》，《十三经注疏》本，中华书局，1987，第937页。

为至尊，母为私尊，母尊实屈于父尊也。此义唯儒家能尽揭诸明白。

二　文质改制与古今异同

中国自西周以后，其发展道路已不同于西方。其时氏族虽亡，然周以封建之故，而有宗族以代之。宗族有大宗，又有小宗。共始祖之族人为大宗，至于小宗，同高祖者也，不出五服之内，而以亲亲相缀属焉，六世之外则亲尽矣，其性质犹后世之大家庭也。其时又有庶人之家庭，当与后世之小家庭相近。战国以降，宗法制度崩坏，不独大宗趋于瓦解，至于小宗之规模亦渐缩小，与庶人之家庭无异矣。

对于宗族而言，一族之长，亦即宗子，为有封邑之大夫。郑玄谓大夫有地者与天子、诸侯同，皆得称君，是以《丧服传》同谓天子、诸侯与有封邑之大夫为"至尊"。《丧服传》又以族人为宗子服斩缞，与庶人为国君服同，故大夫之家犹诸侯之国也，而族人与宗子之关系，犹庶人与国君之关系。族人敬宗，犹庶人尊君，此宗族之尚尊尊也。且族人之亲疏，五服之外，唯以敬宗之故而成一族。近世学者有家国同构之说，其根源正在于此。不独对于宗族如此，即便对于小家庭或累世同居之大家庭，父之对于子女乃至妻妾，首先是一家之长，即为"至尊"，然亲属之间的亲亲之情，亦因以晦而不显。考乎日本、西欧之封建社会，尊尊之义尤过之而无不及，甚至有奴视其家人者。观乎此，可知周礼与宗族之等级关系相应，其精神在"尊尊"二字，此周之所以尚文主敬也。

大宗以尊尊为原则，至于小宗之亲，则在五服之内，故以亲亲为原则也。公羊家谓《春秋》尚质，盖据小宗而立论也。然小宗从属于大宗，家庭不过宗族之一分子而已，因此，家庭之亲亲原则亦从属于宗族之尊尊原则。《丧服传》有压降、尊降之例，如子为母服而压于父尊、父以己尊而降其子，诸侯与大夫又有绝期、绝缌之例，皆见亲亲之情常屈于尊尊之义也。春秋战国，儒家素以为礼崩乐坏之时，究其实质，不过周礼之社会基础，即宗法制度之崩坏而已。宗法既坏，而尊尊之义亦隳，家庭遂成为社会之基本单位，而素为压抑的亲亲之情亦因以彰显矣。此后两千余年，宗族虽然以某种新形态而继续存在，然而，中国社会之基础始终是两世、三世同居的小家庭。因此，孔子之改制，不过是将基于宗族的周礼，改造为基于家庭的《春秋》之礼，并将家庭中的亲亲原则发挥为普遍之价值，即"仁"，并进而将已然崩坏的周礼在"仁"的基础上重新建立起来。换言之，周礼以宗族为基础，而经过孔子改造的《春秋》之礼则是以家庭为基础。公羊家喜言孔子改制，其实质正在于此。

然而，孔子言"复礼"，言"从周"，言"尊王"，近世学者多不免误解，以为不过回到周礼之旧秩序而已。基于此种误解，学者多能认同孔子接续与保存旧文化之功，然而，此种"存亡继绝"之功，实与其建立新秩序、新制度之用心相关。盖孔子之"从周"，绝非仅仅回到周礼，实因周文疲敝，而对之进行"损文用质"的改造。公羊家谓孔子作《春秋》，乃为万世制法，又以《春秋》为礼义之大宗，因此，《春秋》较之周礼，可谓一种新的创造。

孔子既有改制之实，故周礼与《春秋》之间，实有古今之不同。自公羊家而言，孔子作《春秋》，而以《春秋》当一王之法，且垂法于后世，此为"今礼"。至于孔子所欲损益的周制，则为"古礼"。然而，周礼虽有崩坏，犹"今用之"，乃时王之制，故孔子损周文而益以殷质，则以周制为"今礼"，而以殷制为"古礼"矣。孔子改制，固然以参用殷制之主，然亦折中虞、夏之制，如韶乐、夏时之类，则尤为"古礼"也。儒家有"法先王"与"法后王"之说，当从此种角度而论。

不过，公羊家言孔子改制，多据《春秋》而论。今拟稍据《礼记·檀弓》一篇，考察孔子改制的实际情形。

《礼记·檀弓》云：

> 夏后氏尚黑，大事敛用昏，戎事乘骊，牲用玄。殷人尚白，大事敛用日中，戎事乘翰，牲用白。周人尚赤，大事敛用日出，戎事乘騵，牲用骍。

公羊家发明"通三统"之旨，谓夏、殷、周三代正朔实有不同，且不独正朔不同，至于三代之服色、牺牲亦因以异。《公羊传》隐元年何休注云："王者受命，必徙居处，改正朔，易服色，殊徽号，变牺牲，异器械，明受之于天，不受之于人。夏以斗建寅之月为正，平旦为朔，法物见，色尚黑；殷以斗建丑之月为正，鸡鸣为朔，法物牙，色尚白；周以斗建子之月为正，夜半为朔，法物萌，色尚赤。"此说可与《檀弓》之说相证，可见，三代实有改制之义也。

若就《春秋》而言，其记事虽用周正，然孔子善夏时，至于今日，犹用夏时也。宋胡安国甚至有"夏时冠周月"之说，盖就胡氏视之，三代正朔自当不同，而孔子作《春秋》，明夏时当通于后世也，遂于"西狩获麟"以发其改正朔之微意，是以《春秋》之于周，亦改正朔而用夏时焉。

孔子又曰：

> 周监于二代，郁郁乎文哉！吾从周。（《八佾》）

周之文盛，盖借鉴夏、殷二代制度的结果，因此，孔子此处"从周"之语，实未必尽从周礼之旧也，不过如《春秋》新周故宋之说，亦欲监于殷、周二代而成新制也。诸儒多以"从周礼"之义释之，非也。

并且，今人概以"郁郁乎文哉"一语为对周礼之肯定，然而，孔子又谓"文胜质则史，质胜文则野。文质彬彬，然后君子"（《雍也》），则孔子对周之文盛实有微词也。孔子又曰："先进于礼乐，野人也；后进于礼乐，君子也。如用之，则吾从先进。"此章据《春秋》损文用质之意，而论周文之弊也。

至于公羊家，更是发"损周文益殷质"之论，则以周文太盛而当益以殷质也，即以殷礼之亲亲原则调和周礼之尊尊原则。是以《礼记》之《大传》、《丧服四制》诸篇皆以亲亲与尊尊并举，表明孔子《春秋》之新制实未必尽从周礼之旧也。

孔子改制，其仪文度数固然有监于二代，乃至虞、夏、殷、周四代之礼。然其改制之原则，《春秋》以为"损文用质"。质者，亲亲也，则孔子以亲亲为《春秋》之新原则。譬如，《春秋》中母弟称弟、大夫卒日不日、疾灭同姓之类，皆发亲亲之义。盖周礼之精神在于"文"，文者，尊尊也，故《礼记·曲礼》首句"毋不敬"一语，实道尽周礼之实质。至《论语》，则拈出一个"仁"字，作为礼之根本。《春秋》言"质"，《礼记》言"亲亲"，《论语》言"仁"、言"孝"，其旨若一，皆不过鉴于家庭为社会之新基础，而提出了一个新的精神，目的则在于改造基于宗族尊尊之义的周礼，使之成为适合家庭的伦理与仪节。因此，对于孔子及儒家而言，其仪文度数或袭周礼之旧，然其中之精神则为仁，而不复为敬矣。

三　家庭与宗族：孝道与悌道

孔子改制，周文疲敝尚是表面现象，其根本原因则在于当时社会基础之变化，即大宗统率众小宗这种宗法制度之崩溃，而代之以两世、三世之小家庭为基本单位之社会结构。具体言之，天子不复为诸侯之大宗，则周王不尊而夷为列国，诸侯僭天子而二伯兴焉；诸侯不复为大夫之大宗，则大夫专国政，而世卿旧制乃为讥矣；大夫不复为族人之大宗，则陪臣擅国命矣。宗族者，悌道也；家庭者，孝道也。春秋以后，儒家强调孝道，而少言悌道，其原因正在于此社会基础的变化。

对于家庭而言，因在五服之内，各以亲亲而相缀属，或为父子，或为兄弟，大致不出此二端也。是以大功以上称昆弟，小功以下则为众兄弟；生身者为父为母，至于父母之兄弟，则有诸父诸舅之名，而母之姊妹又有从母之名。可见，孝道与悌道皆出于家庭也。然《丧服传》以首足喻父子之亲，以四体喻兄弟之亲，则父有首之尊，其统诸子为易；至于兄之于弟，不过如四体之等夷，其亲则有余，而尊则不足以率诸弟也。故对于家庭而言，唯有孝道可施，而悌道实不足以行矣。

至于大宗，则不然。大宗宗子，其尊虽可比于君，然与父祖之尊不同。父祖之尊，盖因其亲而加隆焉，至于大宗宗子，论亲则不在五服之内，与族人无异，然其所以称尊者，盖出于二端。

其一，宗子为继祖之正体。《礼记·大传》云："尊祖故敬宗。"盖族人尊其所自出之始祖，实属自然之理，至于始祖所出之正体，即宗子，遂因而为族人所敬焉。

其二，宗子又为继祢之正体。宗子之继祢，与继祖不同，其义有二。嫡子与众子，亲则同体，彼此相为服齐衰，而无嫡庶长幼之分，几无尊卑之殊也，故无加隆之义。唯嫡子承重为君，得臣其诸弟，乃得三年服也。此其一也。然嫡子继祖为大宗，世世为其族人之宗，诸弟则为别子，而自为小宗，为其五世之亲为宗。大宗当统众小宗，是以兄当统弟，此实为宗法之内在要求。此其二也。

是以宗子虽为继祢，然于诸弟为同体之亲，尊卑本不甚悬远，兄之统弟，实属难能。然宗子以继祖而为大宗，遂得称尊而率小宗。故《丧服传》以宗子之绝期、绝缌，盖自尊而别于卑者也，故尽臣其昆弟；若诸弟不得继祢，乃别为后世为始祖，此自卑别于嗣君。如是兄弟之情一转而为君臣之义，而有天尊地卑之势矣。是以兄弟不过相为齐衰期，然一旦君臣之分定，则弟为臣，而为兄服斩矣。可见，悌道虽不行于小宗，然对大宗而言，君道实出于悌道，则悌道实行于大宗也。后世宗法废，而悌道亦废，若是，后世之君道不得不出于孝道也，古人有"移孝作忠"之语，其内中之缘由正在于此。

至于大宗之于族人，虽有共同始祖之亲，然皆在五服之外，俗语谓"远亲不如近邻"，可见族人之疏远也。族人之间既不复以血亲而相缀属，则推族人之始祖所出者为宗，尊祖故敬宗，是以族人之间血亲虽疏，然宗子以其尊而统率族人，若是同始祖者犹能相缀属也。因此，先秦以前之古国，大宗与族人之间虽疏，然犹以敬宗之故而尊其君，此为古代国家统一之基础。若后世之国家，国人之间更无亲亲之情，则不得不立一家一姓之君王以统国人，此实属必然之势。后世君王之孤寡如此，然又尊之无限，故自近代思想视之，亦不得不以君主专制之名丑诋之也。至于近现代国家，可谓"自由人之自由联合体"，个体间之疏远隔阂尤甚，然政府之权威亦当尊之至极矣，盖如此始能统御万民也。

诚若此论，群体愈小，且能相亲，则尊尊之义愈弱；群体愈大，彼此愈是疏远，则尊尊之义愈强。凡此，皆出于群体存在之必需也。是故对于家庭而言，至亲可服至周，甚而加隆至于三年；然对于宗族而言，正因族人之间不相为服，故定为宗子之服。宗子之尊比于国君，其服与庶人为君服同；宗子之亲疏于缌麻，故止为服三月。是以宗子之于族人，亲不过三月，而尊则至于齐衰矣。

因此，春秋以前，宗族犹在，小宗犹后世之家庭也。小宗有孝道，亦有悌道，而以孝道为主。至于卿大夫之家，乃至天子、诸侯，其义皆大宗也，上下君臣之义实出于悌道而已。战国以降，宗法制度崩坏，不独大宗渐趋消亡，而小宗之规模亦大为缩小，与庶人之家庭无异。若是，悌道不再扩充为君道，其意义亦丧失，而孝道之意义愈加凸显，虽然，此时孝道犹未能与君道相联系。宋以后，随着新宗族的形成，不论在理论方面还是在实践方面，都解决了移孝作忠的可能性。可以说，新宗族并无动摇秦汉以后以家庭为单位的社会结构，然而却在家庭与国家之间搭建起一座桥梁，即提供了把家庭伦理（亦即孝道）化成君道的可能。孟子"老吾老以及人之老，幼吾幼以及人之幼"这样一种理想，最终在宋儒那里得到落实。是以自宋以后，悌道不显，而孝道张扬，子由孝父进而至于忠君也。

秦汉以后，儒家不断强化孝道，然至晚清以降，或因传统社会结构之变化，或因西方文化之侵逼，孝道观念始受冲击。盖孝道与个体家庭之形成有莫大关系，正因如此，人类随着家庭的消亡，孝道亦失去其存在的必要，至少不再成为普遍的原则。康有为在其《大同书》中，设想了家庭的消亡，且设计了种种办法，以消除父母与子女之间的情感，从而彻底瓦解了子女对父母的孝道伦理。康氏殆视家庭为人类实现其大同理想之障碍。康氏之书实非出一己之臆想，考诸西方两千余年之发展轨迹，即以消灭家庭为理想。盖西方自古希腊罗马以来，虽以家庭为社会之基本单位，然常有瓦解家庭之倾向，此西方文化所以高标个体之自由也。因此，马克思主义欲实现西方文化之千年理想，以个体之自由与国家消亡为最终目标，然欲达成此目标，则必须以消灭家庭为必要前提。

然而，中国两千多年的发展似乎提供了另一种可能性。古人并非没有自由观念，但是强调自由不离于家庭，甚至不离于宗族与国家而已，君臣之义或犹可逃，然而，"天下岂有无父之国"？此申生所以为恭也。可见，中国人讲自由，与西方独立于家庭、国家之个体自由不同。并且，西方人奉个体自由为最高理想，势必摧毁国家，最终亦将摧毁家庭。19世纪以来，无政府主义及共产主义皆发端于西方，实非偶然，不过是其西方精神的纯粹表现而已。毛泽东曾指出："康有为写了《大同书》，他没有也不可能找到一条达到大同的路。"① 毛泽东是认可《大同书》的，且将之视为共产主义理想。自马克思以来，历任革命导师莫不宣称找到了一条通往此种理想的道路，且自诩其科学性所在，而视徒有理想为乌托邦。然而，理想一旦化为实践，表现为共产主义运动，却在现实中造成了巨大的灾难。因此，对儒家孝道的重新反思，或许能找到一条不同于西方的人类发展道路。

四 结语

孔子改制之精神，诚如公羊家言，不过鉴于周文之疲敝，而益以殷质也。公羊家又以尊尊之义释周文，而以亲亲之情释殷质，亦得孔子改制之实也。至其所以然者，公羊家似未"打通后壁"言之。今日去封建时代已百年，或稍能以旁观之态度详考其说。

盖人类必然结成大小不同之群体，最小之群体莫过于夫妻同居之家庭，最大之群体则莫过于国家。就夫妻之两人世界而论，若能如胶似漆，你中有我，我中有你，两情欢悦，如此胖合为一体，夫复何求！且两人同心，其利断金，夫妻相亲如此，世人岂有难事哉！至其有子孙，则不免有东宫、西宫之别，而各成其私矣。群体既大，则不得不立一家之长，以率子侄诸妇，此所以尚尊尊也。进而宗族有宗子，国家有君王，皆出于群体存在之需要也。群体愈大，彼此愈疏，而尊尊之义益为群体所必需矣。

---

① 《毛泽东选集》第4卷，人民出版社，1964，第1476页。

周礼以宗法制为基础。家庭犹有五服之亲，若宗族，诚为疏属，则不得不建尊尊之义以统率族人矣。至于天子、诸侯，有绝期以自尊，而别子及其子孙，不得祖先公先王，盖自别于天子、诸侯而自卑也。其义皆欲疏其族属，而明尊尊之义也。春秋以降，宗法不行，而周礼亦崩坏矣。是以孔子改制，不过因当时社会基础之崩坏，欲在家庭及孝道基础上建立起一种新的礼制而已。且周礼犹为时王所习用，孔子不过为之损益而已，而非取革命之立场，实为改良也。故孔子损益旧制，不过"温故而知新"也，盖就其形式而言，孔子多从周礼之旧，然若论其实质，则全然新矣，可谓旧瓶装新酒也。

（责任编辑：蒋聚缘）

先秦儒家孝道在现代家庭的转化与实践

林登顺*

摘　要　孝道是家庭伦理的支柱、稳定社会的重要力量。孝道精神，具有超越时空的普遍价值，对社会具有特殊、不可替代的功能与意义。尤其在现代社会，正面临人际情感疏离、家庭伦理关系紧张等问题，孝道正可作为调节、规范人们行为，澄清心灵的精神指引。因此，重建传统孝道刻不容缓。其实孝的范围是非常广的，不限于对父母的孝顺之道，也包括从个人的安分守己、立身守法，甚至包括显扬父母。所以，孝道的提倡，可以影响家庭伦理关系的和谐，进而帮助稳定社会人际，并适时化解现代人心中的疑虑不安，就此而言，孝道对社会实具有精神上的功能与意义。

关键词　先秦儒家　孝道　现代家庭　亲子教育

一　前言

在中国社会中，孝道是维系家庭伦理、稳定社会的重要支柱。而家庭是实践孝道最基本的单位，通过家庭将孝道推展至社会、国家中，使每个人都有行孝的品行，将使得现代家庭、社会更加和谐、美好。在家庭中，每个人都以真实情感表达对家人的亲爱，进而治国、平天下。就如《礼记·大传》所说，"亲亲故尊祖，尊祖故敬宗，敬宗故收族，收族故宗庙严，宗庙严故重社稷，重社稷故爱庶民。"

为了家庭的稳定发展，以血缘为基础的孝道精神，就显得很重要，其目的是创建

---

* 林登顺，台南大学国语文学系教授。

一个长幼有序的宗族体系。因为孝道可以促成社会秩序的和谐，所以从汉朝开始就很注重孝道，并以孝来治国。孝道作为伦理规范，可以调整家庭成员、君臣之间的关系，有其政治性和社会性的意义；既能稳定社会秩序，也可增强人们的责任感。在现今社会，虽然人们对于传统的孝道的认同有了转变，孝道屡屡遭到批判，但孝道在今日社会，仍有其重要价值，对社会具有其特殊意义与功能。

儒家孝道是传统文化的根，也是现代亲子教育的基石。虽然今日科技文明发展快速，加上物质生活水平提升，可是却出现许多社会案件，长幼尊卑观念消失，父不父、子不子的乱象层出不穷。靠科技、医疗或严刑峻法，只能维持一时，无法根本改善，再对比现在西方家庭，问题层出不穷，使得年轻人对家庭亲情疏离，老年人孤独、寂寞，最终多在疗养院度过余生。所以，高层次的精神生活，更成为人人所渴望的目标。

孝道具有维持家庭稳定的功能，可作为家庭伦理规范，尤其现代社会，正面临人际情感疏离、家庭伦理关系紧张等问题，孝道正可来调节、规范人们行为，作为澄清心灵的精神指引。因此，重建传统的孝道刻不容缓。其实孝的范围非常广，不限于对父母的孝顺之道，也包括个人的安分守己、立身守法，甚至包括显扬父母。所以，孝道的提倡，可以影响家庭伦理关系的和谐，进而有助于社会人际关系的稳定，并适时化解现代人心中的疑虑不安，就此而言，孝道对社会实具有精神上的功能与意义。

孝道精神，具有超越时空的普遍伦理价值，对社会也有其特殊、不可替代的功能与意义，在21世纪的今日社会，仍有保存、推动之必要。

二　先秦儒家孝道与现代社会关系

就孝概念而言，它并非从古至今一成不变，在历史发展中，孝道精神是不断演变的。孝在原始宗教中，是对祖先的崇拜，其表现方式为祭祀；到了春秋战国时，由于宗法制度瓦解，原先建立在宗教基础上的孝道意义开始动摇，在此环境下，认知问题发生混乱。孔子为了重建宗法制度的社会秩序，由仁的理念出发，提出以孝作为行仁的基础，而孝是贴近每个人的生活，是内心的自然伦理。张践说：

> 试图重建以孝为核心的宗法伦理，使"孝"完成了从天国到人间的转化，从

一种必须虔诚礼敬的宗教伦理变成一种人生哲学，并论证了孝的行为规范，使得儒家的孝道成为建立在人文关怀基础上的完整体系。①

孔子的孝道思想，由曾子承继，并由子思、孟子接续。《孝经》的核心内容，便是由"善事父母"引申发展到"以孝治天下"；将孝道之家庭血缘伦理规范，拓展到国家政治的哲学之道。孝道的概念，针对时代不同的需求，会不停地变化，也将赋予它新的内涵。虽然今日不同于以往，不过孝道仍具有必要价值。孝的做法，虽然会随时代有所调整，但是，孝的根本意义精神和礼是一样的，并不会随时间而改变，会改变的只是礼文仪式。孔子说："殷因于夏礼，所损益可知也；周因于殷礼，所损益可知也，其或继周者，虽百世可知也。"（《论语·为政》）《礼记·坊记》也说："礼者，因人之情，而告之节文，以为民坊者也。"可见，礼作为人们言谈举止的规范是顺应人常而定，不过因为时代久远，难免对礼文的本质，产生曲解误会，如果不知变通，可能会产生许多问题。所以，对于孝道的检视，亦应针对孝的概念，去因应时代的需求，找出其中的意义，重建新时代的孝。以下就针对孝对时代的因应之道，提出几点看法。

（一）孝范围、功能的重新界定

孝乃道德之根，敬是道德之本。所以，道德的"根本"就是"孝"跟"敬"。中国传统教育起源于孝，譬如婴儿，他不会说话，没有人教他，但他无条件爱父母、信任父母，父母也无条件地爱他。古圣先贤，看到这种父子的亲爱之情，认为这是天下最重要的德行，就有了教育，这就是孝道，是一切人伦的根本，中国人的教育就是教孝。只要对父母的爱心永恒不变，他就会爱兄弟、爱妻子、爱亲戚、爱邻里乡党、爱朋友，忠君爱国，乃至能够为众生而牺牲自己，全都是孝道教育的成就。

古代宗法制度，乃是家国一体的结构，于是，儒家的孝道与宗法制度，就紧紧联结在一起，儒家以孝作为宗法等级、伦理道德的基本规范。因为，宗法制度是维系国家、家族与家庭的最基本原则，所以，孝道就由家庭伦理进而扩大到为社会、政治的伦理，亦即将家庭中的孝道，推广到非家庭的团体乃至整个国家，直接或间

---

① 张践：《与时俱进话孝道》，国际儒学联合会主编《儒学现代性探索》，北京图书馆出版社，2002，第282页。

接帮助整个国家社会秩序稳定地发展；然而，现在社会结构起了很大的变化，传统家庭制度以及伦理观念，在认知及实践上，也有重大改变，孝的做法，也必须与时更新。

今日与未来社会，将与过去的传统环境，产生很大的变异。它将是复杂的工业化、科技化社会，政治亦趋向民主、个人角色凸显、文化价值多元，如果只是简单地把传统孝道做法沿用于今日社会，那可能无法有效地适用于现代社会。若只是一味将"孝"道作无限延伸解释，更会引发不当联想，假借行"孝"之名，破坏了"孝"对家庭社会最单纯、最初始的意涵。

孝道，从小处讲，是指孝顺父母、友爱兄长；大处说，可扩及敦亲睦邻、治国、平天下。所以，就孝道功能而言，它应是调整家庭人际关系的伦理规范，更是人际关系的社会伦理规范，如此孝才易为现代人所接受。虽然社会生活已经发生很大的改变，但是孝顺是善良的根基，也是一个为人的根本，将孝顺表现为一种生活中的常态，孝道才能更加真实、自然地传承下去。

(二) 建立"亲亲"之爱的孝道概念

传统孝道，包含两个原则，就是"亲亲"与"尊尊"。"亲亲"的原则，是从父母对子女生育、养育，自然生成的亲爱之情开始，发展出长幼尊卑的关系，而产生第二种"尊尊"原则。前者亲亲之情，即是对人的"爱"；而"尊尊"在阶级社会下，则发展为阶级性的"顺"。而《孝经》认为，对长上的"顺"，其重要性，甚至超过父母子女间的"爱"，强调父子之间的绝对权利义务关系，这样的想法，对于今日的社会是不适用的。因此，今日重新检视孝的概念，应将重点放在父母子女间的亲亲之爱。父母出自内心对子女有关爱，才能做到"慈"；而子女对父母有爱，才能发自内心地表现出"孝"，而不是一味强调子女对父母的"顺"从，如此，才能符合现今对孝的接受范围，孝也才能持久。

(三) 孝道实践应因人、因时、因地制宜

孝道的精神亘古不变，那孝行的部分呢？孝行的适当与否，需要随外在环境、观念的不同而改变，如《二十四孝》有不少是属于"愚孝"，甚至不合常理，且不切实

际。例如，老莱子使用"诈"的方法描述孝亲，并让孩子们学习仿效，这点是有争议的；郭巨为了老母埋掉儿子，虽然有其社会背景，但如今已不合常理；而"卧冰求鲤""卖身葬父""割股疗亲"等孝行，在过去的社会中，表现出来的是大孝，其做法伤害自己，但事实可能是造成父母更大的伤痛，反而变成了不孝。过去孝道的实践方式，在当时的环境观念下，无可避免；但在今天或未来，可能是愚昧可笑的，或是不合人情常理，甚至是违法的行为。《二十四孝》中的孝文化，我们应该着重强调故事中子女对父母展现出的孝心，希望借此能打动人心，以鼓励行孝。用今日眼光来看，这其中有一半的行为，似乎都毫无意义，甚至近乎愚昧。但我们绝不能忽视，那些孝子在当时所表现的那份热烈情感，那份牺牲精神，把亲情义理看得远重于自己的生命与享受，这不是沉溺于现代物质文明的人们所能体会的。我们透过这个史实，正可以认识当时的社会风俗、思想形态，也可以从这非常的孝行推知当时一般常态的孝行程度。

现代孝道的实践方式很多，杨国枢对孝行给予了原则性的建议。他认为行孝的范围应在合情、合理与合法的范围内，尽力善待父母，并认为新孝道有几个层次：第一个层次是基本原则，第二个层次则是实践原则，而以基本原则最重要。基本原则分别如下。

1. 子女行孝应以爱心为本，以感情为重，并应设身处地，尽力为父母着想；在对父母表达关怀之情时，应采取习于接受之方式。

2. 子女行孝应适当运用理性，考虑事实，并顾全事理，而不应冲动短视、以私害公；孝行多端，应各自量力而为，不宜过分过度，走入极端。

3. 子女行孝应以不违反现行法律为原则，不可因图利父母而有犯法之行。父母如使子女为不法之事，子女应好言相劝，而不可接受"乱命"。[1]

至于实践性原则，则有十四点，是对基本原则的具体补充。除此之外，李亦园亦提出现代社会教孝的五大原则。

1. 不要用神话式或稀奇古怪、出乎常理的例子。
2. 不要用强迫、权威或教条的方式和例子。
3. 要用理性的、合理的或循循善诱的办法，并要以身作则。

---

[1] 杨国枢：《新孝道与新慈道》，《孝道与孝行研讨会论文集》，中华文化复兴运动推行委员会，1986，第116页。

4. 要用平实的方法，以便全体国民都能实践孝的一般规范。

5. 教孝是一种长久的事，所以要了解大部分个人所需，然后针对这些需要灌输适合的孝观念。①

总而言之，新孝道应以亲子间的自然之情为基础，将原来外在、强制性、被动式的尽孝行为，化作出自内心、自觉性、自律性的行动。

（四）建构双向的亲子互动之道

在传统的孝道中，父权是至高无上的，父子关系的核心准则隐含着父子的不平等与沟通不畅，情感表达的形式化、功利化等问题。父子间的角色，意味着只是尽义务与责任。父亲对于儿子，承担着抚养、保障安全、教育及社会化等职责；而儿子对于父亲的责任，则集中体现为孝。

虽然儒家思想中，"父慈子孝"是长辈关心爱护子女，而子女孝敬赡养长辈以尽孝道，但在传统的孝道中，比较强调子孝的单向义务，忽略了父母应当如何对待子女。其实孝道的原意，当是慈爱本于天性，天下父母心，所以父母对孩子的爱，都是出自真诚，不需形式不讲求回报，但演变至后来，成为"天下无不是的父母"。

此外，为人子女者，在劝谏父母上，也常成为争议问题。儒家把家庭关系置于诚实正直的美德之上，强调儿女对父亲自然真诚孝爱的重要性。如以现代家庭而言，孝道的亲子关系是有不平等对待，忽视个人尊严与发展，只强调父母的绝对权威等问题，这样的观念在现代强调民主、多元文化的社会中无法被全面接受，因此也常造成亲子间的冲突。

所以，我们要建构孝道实践关系，让它可以适应于现今的社会，加强亲子间的互动，让"慈孝"的关系相对平等，不能单从一方去要求子女尽孝，这样父母、子女间的关系才会长久，这是"亲子教育"。借由教育，协助父母获得教养子女的知能；教导父母发挥良好的言教、身教、境教；父母有所成长，更能增进对子女的正确认识，进而协助子女适性发展。父母善尽教养的责任，付出关怀与照顾，子女拥有父母亲爱之情，并在后天环境的教化下，将会把孝敬父母、长辈的道理内化于心，进而建立起适

---

① 李亦园：《"孝"在现代社会推行之道》，载氏著《信仰与文化》，巨流图书公司，1978，第255～261页。

应现代社会的新"慈"道。孝道与慈道两者都落实，亲子之间的互动关系才能更良好。

(五)"无后为大"观念的重新阐释

孟子所说："不孝有三，无后为大。"(《孟子·离娄上》)这是站在高层次来为父母考虑着想。如果舜告知父母，从而使自己终身不能娶妻，因而无后，这反而违反了人伦大道，它并不是真正的孝顺，只是一种愚孝。真正的孝，是让父子伦理正常地运作，父如父、子如子，这才能使其他的人伦关系也能正常运作。可是至今，许多人误认为不结婚、没有子嗣是最大的不孝，会影响香火的传递，没有后代来祭祀祖先。万一我们比父母先走，有了后代，父母就不会挨饿受冻；父母如果早走，他们去世时，如子女没有后代，父母就会担心其子女老了以后要由谁赡养。

如果我们没有体恤父母的用心，造成父母担忧，就叫作不孝。除此之外，传统以父为主的社会，弥漫着重男轻女的观念。随着社会的发展和时代的进步，重男轻女的观念已有所改变。不要只是认为男孩可以传宗接代，男孩女孩一样好，不要将"无后"视为无男丁，不管男女，都是"有后"的传承，如此孝道便保有弹性，才能适应现代社会需求。

三 现代孝道所面临的变迁与挑战

除了时代变迁的冲击，近代更由于西方文化的影响，儒家传统孝道思想至今受到不少挑战。以"孝"为核心的儒家思想，在20世纪初新文化运动兴起时，更遭到无端的批评，被片面地、错误地评价，致使许多错误的认识还流传至今。当时的一些学者，如鲁迅、陈独秀、胡适等人物，均曾对传统孝道中不近亲情、不理性等部分作出攻击。鲁迅就在《狂人日记》中，使用"吃人"二字，来说传统礼教的扼杀人性，剥夺子女独立的人格与尊严，将子女视为父母的附属。[1] 在这强烈的批判中，可看出鲁迅对礼教、孝德的不以为然。陈独秀也反对忠、孝、节、义，认为那是不公平的道德，且提倡"非孝为之说"。如果就前面所说，孝道的概念，的确会让我们误解，但传统孝道，其实是有其深层内涵以及社会价值的。例如，孝道是子女出自内心对父母的敬爱之心，

---

[1] 《鲁迅全集》，人民文学出版社，1981，第136页。

这点精神就不该被否认,做法不见得能与时并进且全部适用于新的社会环境,但它有适应环境的弹性。

无可避免,今日大环境与古代相较,确有极大差异。在21世纪的今天,小家庭的增加、物质生活的追求、政治的平等趋向、教育文化的大众化等,使得一般社会生活趋向于世俗化,人类的间接或次级关系愈趋复杂,社会流动日益广大。除了经济制度层面的明显变化,医学的发展,也带来生殖技术进步,对传统孝道也是一大冲击。人的诞生,本来是由一对男女的结合组成家庭,在这层的血缘关系中,夫妻关系、父子兄弟关系,再向外扩展至社会、国家,形成一个稳定的关系网络。如今医学的发展,生殖技术的进步,开创出许多孕育新生命的方式,如人工受孕,甚至用复制的方式孕育新生命,打破以往传统的单一性,使得传统的"父母"观念必须重新定义,出现了所谓的生物父母和社会父母,这与"行孝"基于血缘关系有所龃龉,造成对象的模糊与颠覆。

传统社会是讲求孝道的,而孝道思想再进一层,即是人世间一切事务、一切德行均以孝为中心。《礼记》不仅把孝泛化至政治、道德、教化领域,而且把它泛化至动植物界,把孝当作放之四海而皆准的普遍真理,因此,现代就有一些学者对此作出了批评。例如谢幼伟提到,《孝经》之最为今人所诟病者,即孝与政治的结合,所谓的"以孝治天下"的孝治主张,今人多认为这是历代帝王利用孝为工具以驯服人民的阴谋。① 这样的论述批评,乍看之下,似乎将原本传统良善道德的"孝",除去外衣露出其丑陋本质,不过,批评者是用今人的认知角度审视过去的孝,却忽略孝在传统社会中扮演的重要角色。

以前农业社会,需要庞大人力,而为稳定家庭、家族的人力组织,最根本、实在的方式,就是以孝道的规范,教导对上、对长的尊卑退让关系,这样才能使组织维持和谐秩序。到了纷乱时代中,"孝"可以重建当时的社会秩序,因为孝道是来自内心的道德要求;与从外在、强制订定的秩序规定相比,来得有效而持久。在行孝的当下,维系家庭社会稳固的同时,也维持国家政权的稳定,可以借此恢复长幼尊卑有序的社会;社会的纷乱多来自政治的动荡,于是以家庭行孝的模式,扩大到国家,君即是父;在家对父母尽孝,到了社会,对君王、上级,就由原本的孝,因地制宜成为"忠"。杨国枢分析认为:"泛孝主义不仅有助于家庭内,权威式结构(强调上下关系或阶层

---

① 谢幼伟:《孝之性质及其需要》,《哲学论集》,华冈出版有限公司,1976,第430页。

排比)的维护,而且有助于家族外,权威式结构的维护。"① 现代社会一味批评"泛孝"行为,其实是忽视过去时代背景的存在因素,这也是传统孝道所面临的冲击。五四运动时期,已出现批评泛孝的说法,例如吴虞便曾为文批判孝道,将孝视如洪水猛兽而大加挞伐。

> 详考孔子之学,既认孝为百行之本,故其立教,莫不以孝为起点……家与国无分也,君与父无分也,孝之范围无所不包,家族制度与专制政治,遂胶固而不可以分析……徒令宗法社会牵制君国社会,使不克完全发达,其流毒不减于洪水猛兽矣。②

吴虞的批判,其实是以今鉴古所作的片面论述,并未同理当时社会环境背景。韦政通有一段评论分析,正好指出其盲点所在:

> 吴虞由专制主义,推想到家族制度,由家族制度,又推想到孝道,抽茧剥笋,一层又一层,攻到孝道,的确已攻到儒家的深处。孝道在传统中所牵出的问题,确是既复杂又严重。不过严格说,吴虞的功劳,仍在发掘问题上,对问题的解决则是错误的,对问题的探讨,依然不能深入:第一,吴虞非孝的理由之一,是因孝不合现代生活,合理的思考应是根据现代生活的需要,重新界定孝的意义,并限制孝的范围。因老子曾说:"六亲不和,有孝慈。"它就根据老子之说,以为有"和"就不必有"孝"……吴虞似不知道,儒家言孝,所以强调顺从,就是为了使家庭成员之间保持和睦的一种手段。孝在原则上无人能怀疑,问题在怎样才算是孝?他的内容是要能适应时变的。第二,为什么我们说吴虞对问题的探讨不能深入?他说"孝之义不立,则忠之说无所附",虽已点到忠与孝混同的问题,但他不了解,要解答家族制度为何是专制主义的根据一问题,必须把握忠、孝混同问题做深入的探讨,因为这才是问题的关键所在。否则只一味指摘儒家曾助长专制,又缺乏翔实的论据,自然不能使人心服。③

---

① 杨国枢:《中国人孝道的概念分析》,杨国枢主编《中国人的心理》,桂冠图书公司,1988,第42页。
② 吴虞:《吴虞集》,四川人民出版社,1985,第62页。
③ 韦政通:《现代中国儒家的挫折与复兴》,载姜义华、吴根深、马学新编《港台及海外学者论传统文化与现代化》,重庆出版社,1988,第563~564页。

所以，对孝道的评论，都应回归当时的背景作讨论，才能持平有据。孝道存在，应以展现人类的善行、关注其和谐人心的作用为重点，不需过度强调其政治效果，才能完整地检视。

四 儒家孝道对现代亲子关系的启发实践

孝道观念，诚如以上所论，在现代的社会中，受到很大的挑战与冲击，在时代的变迁中，这些旧思想、旧观念就该被抹除吗？当然不是。孝顺，是民众一致认同的重要文化价值，其核心内涵（如尊亲、恳亲、奉养、祭念等）传承至今，亘古不变；但作为文化的一部分，其表现方式，会随着社会现代化而改变。杜松柏说："随着社会的变革，生活方式的不同，子女之于父母、孝敬之不可变，行孝的精神不可变，而行孝的节目和内涵，则可调整，甚至加以改变。"① 因此，我们应以客观的角度，针对社会需求，检视传统思想与价值观，探索出对现代新社会的适应之道。从其精神上，探求其根本意义与价值，找出传统价值观中适合用于现今社会的元素，或改变以使它适用于现在社会，而非一味认为颠覆传统才是唯一之道。

所谓的"孝道"是通过"孝"来表现"道"。也可以说，人生的"道"就从"孝"做起。② 有人认为行孝是道德的束缚、绝对的权威，阻碍着社会进步，但孝是天性的流露，是天经地义之道。只是随着时代递进，儒家孝道思想需要自我转化，借以重振生机活力，以理性视角审视孝道文化，力求发扬传统所隐藏的新价值。牟宗三、梁漱溟、唐君毅、马一浮、徐复观等人是先行者，也为文著书，阐述孝道的现代价值所在。徐复观认为，孝是经过中国历史上许多人的思虑、反省所提出的一个重要规范，认为孔子和孟子对孝的形成与演变有重大的影响。③ 唐君毅提出：

> 人之孝父母，根本上为返于我生命所自生之本之意识。人何以当返本？因人

---

① 杜松柏：《行孝的时代意义》，《孔孟月刊》第 24 卷第 6 期，1986，第 9 页。
② 王邦雄：《孝道在今天的反省与重整》，《鹅湖》第 6 卷第 4 期，1980 年 10 月，第 10 页。
③ 徐复观：《中国孝道思想的形成、演变及其在历史中的诸多问题》，载氏著《中国思想史论集》，台湾学生书局，2002，第 160 页。

必须超越自己之生命以观自己之生命。①

孝顺父母是任何社会中普遍应有的道德。尽管孝道概念演变至今，有些地方是不合时宜，甚至被认为不适用于民主社会，但孝道对于现今社会，仍有其存在的必要与功能性。其实传统的孝道，虽然有其伦理规范，但还是有其弹性在。儒家孝道能在几千年的变迁中不断传承与保存，这也足以说明孝道思想是具有很强的适应性与开放性。

（一）强化亲子人伦关系基础

根据研究，大多数青少年认为，孝道在目前的社会仍有存在的必要。此外，研究发现养亲、悦亲、尊亲等核心孝道内涵，依然存在。② 从此可知，在不同世代、年龄族群中，孝道观念对其有着不可磨灭的重要性，并未随着现代化而削减。家庭作为孝德观念的客观载体，是任何人都消灭不了的，有着重要的存在价值，因此，作为维护这一社会组织的观念系统，孝德的存在是必然的。③

孩子对父母能否行孝的关键，就在于父母从小对子女的教导，我们可借由亲子教育来学习"如何尊重孩子、和孩子沟通"。孝道的实践，需要从父母自身做起，进而影响自己的子女。儒家思想提到的养亲、悦亲、尊亲等核心孝道内涵，可给现代亲子教育很大的启发，教导孩子诚敬悦色，让子女发自内心而行于外地孝敬父母。父母与子女长期的共同生活，父母对子女无私的照顾，子女通过对父母之爱的感受，也会自觉或不自觉地顺敬长辈。从一个人的教养，就可以知道家庭兴旺与否，家庭人伦基础不稳固，就会造成更多社会问题。社会动乱的来源，大多出自家庭教育的缺失，强化家庭人伦关系基础，即是保障社会的安全稳定。

齐家、治国、平天下，"齐家"可说是平天下的一个根本，根本如果没做好，其余的治国、平天下就更不用说了，没有家哪来的国。齐家就要从家道开始，即要遵循伦常关系，家风就是五常八德，家学就是孝道，家业就要通过教育后代来加以传承。通

---

① 唐君毅：《文化意识与道德理性》（上），台湾学生书局，1975，第46页。
② 庄耀嘉、杨国枢：《传统孝道的变迁与实践：一项社会心理学之探讨》，杨国枢、黄光国编《中国人的心理与行为》，桂冠图书公司，1991。
③ 肖群忠：《中国孝文化研究》，五南图书出版公司，2002，第360页。

过齐家，希望达到父子有亲、长幼有序，进而扩充到社会、国家，家族能和睦相处、互敬互爱、互助合作、平等对待，最后扩大到国家，就能治国、平天下，国君自然可以垂拱而治，这就是中国传统孝道人伦思想。《孝经》一书中，就提到"孝"是一切善行之首，在《庶人章·第六》中说，尽孝是人人都可以做到的，从小孝到大孝，尽孝行孝能促家庭和谐，所以，自古以来都很重视孝道教育。家庭是个基本的单位，古人重礼节，其道理即在此。

（二）言教身教兼顾

先秦儒家孝道思想强调，言教身教兼顾。身教为先，做父母的要以身作则地来教育自己的孩子，童蒙养正，其实养的是孝根，使之懂得报父母的恩。在家庭中，要懂得知恩、感恩、报恩。子女要明白"不管父母慈不慈，但看自己孝不孝"，为人父母者也要知道"不管子女孝不孝，但看自己慈不慈"。正人先正己，做父母要懂得先克己、涵养天性，这样才能教育好儿女。

在历史上，母亲成功教育孩子，除了孟母三迁外，文王母亲太任怀孕时"目不视恶色""耳不听淫声""口不出傲言"，真正做到纯净、纯善，这就是胎教。

在现今社会中，由于种种无奈，许多父母无法亲自照顾子女，或本身不愿意带小孩；小孩长大后，父母才后悔，小孩不听话，无法与他们心灵契合，孩子长大后，对父母也就没有孝道可言，形成社会严重的病态。中国古代教育从胎教开始，父母懂得爱护自己的子女，怀孕时候都是正念，不起邪念，做到"非礼勿视，非礼勿听，非礼勿言，非礼勿动"；孩子出生后，悉心照顾与教育，让孩子懂规矩，知进退。父母做好榜样，孩子也就学好了。在孩子成长过程中，父母的言行举止是对孩子最有效的教育，自然而然养成对父母、兄长恭敬恭顺的态度，进入社会后，也会以礼待人，懂得与人相处之道，这就是身教言教的重要性。孝道的转化与实践，只有通过家庭亲子互动，才能具体落实。

五　结语

每个人一出生，家庭便是我们最先接触的组织，家庭给孩子提供了身、心、灵的成长环境，孩子们也通过模仿、认同，逐渐成长茁壮，并在父母的教育下，学习发展。

家庭教育深深影响孩子的人格养成以及价值观的建立。

儒家孝道思想中的经验、智慧、方法与内涵，一直是我们进行家庭教育的指引。现代社会变迁快速，家庭成员的组成、经济生产方式，都与传统社会有着极大不同，但儒家的孝道思想，与现代亲子教育以家庭为核心的精神是不谋而合。唯有家庭孝道基础的强化，才有助于制定富有生命力的道德规范，才能完善赏罚机制和监督机制。传统思想中的"父慈子孝"，在现代社会中应转化为双向的互动，父母对待子女的方式，应讲求平等的关系。君君臣臣父父子子，要求君父先以身作则，然后才能要求子孝臣忠。"子率以正孰敢不正？"人所不善不孝的原因，在于不明人伦，要求子女孝顺，要让他们出于自主的善意，才能称作孝。孝也不是至高无上的权威，要父慈才会子孝。为父母者要有慈爱的心，对子女循循善诱，等到孩子人格成熟独立时，便有能力去爱人，对父母去行孝尽孝道。

在这急速变迁的世界，家庭本质也在改变，但即使如此，孝道精神仍然贯穿其中，有着超越时空、不可或缺的价值存在，只是随着时势的转化，做法上应有所调整与认知，才能确实反映时代的需求，从而呈现其时代意义。

（责任编辑：刁春辉）

孝道的当下与未来

——以人类未来的家庭命运为视角*

蔡祥元**

摘　要　儒家义理跟孝道有内在关联。现代社会家庭的角色日渐式微,这样一种现实处境给儒家思想提出了一个生死存亡的挑战。未来人类社会需要有家庭吗？我们将以此问题为引线,考察自由主义和儒家对此问题的不同回应,由此凸显儒家孝道的思想根基。本文的讨论表明,儒家关注家庭,超出了传宗接代的考量,也不止于完成某种社会功能,而是在守护一种人性"基因"。

关键词　孝道　自由主义　人性　家庭

现代社会离婚率逐渐增高,单身一族日益增多,家庭日趋式微,在不远的将来,甚至有消亡的可能。考虑到孝道思想与家庭的内在关系,未来家庭的存在与否亦将直接关乎孝道思想自身的存亡与发展。对于这样一个现实困境,儒家能否作出回应？

一　现代社会的家庭危机

传统社会的大家庭观念当前正遭受巨大的危机。这种危机主要来自两方面：一方面是西方自由主义观念的引入；另一方面是科学技术造成的工作与生活方式的改变。受前者影响,当下国人也越来越重视个体的独立与自由,"代沟"已然成为抗拒父母与（已婚）子女共同生活的合法借口。这一影响作为观念,还有选择的余地。

---

* 本文是山东大学青年团队项目"诠释学与儒学的创新研究"的阶段性成果。
** 蔡祥元,山东大学儒学高等研究院副教授。

毕竟，传统的家庭观念并未完全消失，孝敬父母在当下中国还具有常识性的道理。只要媒体曝光某某老人不受子女赡养，甚或受子女虐待之类的新闻，很容易引起公愤。后一方面所造就的客观形势，则逼人不得不就范，更让人有心无力。可以想象，不少由独生子女组建的家庭，上有四个老人要照顾，下有子女要养育，双方又都有各自的工作，另外还有住房的现实压力。在这多重压力之下，子女又有多少精力能够用到父母身上？

即使没有经济条件压力，受城市住房空间的限制，子女与父母共处一室，时间长了，难免生出隔阂。即使双方都善解人意，子女除了工作以外，都有自己的社交圈子，有自己的"朋友圈"，又有多少心思去照顾父母的感受？离开了心灵之间的沟通，单纯养育父母，这就算尽孝吗？"子游问孝。子曰：'今之孝者，是谓能养。至于犬马，皆能有养。不敬，何以别乎？'"（《论语·为政》）不过，夫子所未能预料的是，当代社会许多人对"猪狗"等宠物的用心确乎超出了他们对父母的挂念。传统儒家的那些孝行，像"三年无改于父之道"（《论语·里仁》）等等，在今天的社会已经很难有生根的土壤了。不只传统中国的大家庭，随着自由主义观念的深化与推进，随着科学技术尤其是随着基因技术的发展，未来人类的小家庭观念也将遭遇挑战。同性恋婚姻在不少西方国家已经合法化，它势必对传统的家庭观念产生冲击。

如此看来，"家庭"似乎只是人类文明史上一个阶段性产物，随着人类文明的发展，它会成为包袱，因此也终将随着人类文明的进化而退出历史舞台。是这样的吗？

二 自由主义对待家庭的态度

根据自由主义已有的思想立场，它们不会太在意未来社会是否需要家庭，甚至可能对家庭的消亡持欢迎态度。离婚率的升高与单身族的出现，自由主义本身就脱不了干系。正是根据其个体化的自由原则，每个人都可以根据自己的理性，自由地选择跟某个人结婚，同样也就可以经过理性的考量而选择离婚，或者永远单身，这是现代社会"人权"的一部分。

为什么这样一种基于个体化的自由选择会给家庭带来致命的危机呢？我们知道，婚姻关涉两方面因素：两情相悦与生儿育女。从自由主义的角度看，在未来的人类社会，这两方面都可能在没有家庭介入的情况下得到满足。现代社会，只要双方都没有结婚，以恋人的名义一直同居，已经没有任何问题，之所以还需要婚姻，更多是出于生儿育女方面的考虑。人类自然生育方式会对女性的生活与工作造成巨大影响，这就需要通过婚姻来让男性承担起相关的责任。可是，如果有一天出现成熟的人造子宫技术，只要男女双方提供精子、卵子，它就可以提供出发育完整的婴儿，到那时，还会有多少女性愿意按自然方式去生育子女呢？其次，随着社会组织分工的细化，如果社会组织能够为婴幼儿的成长提供规范便捷的托管服务，有多少男女愿意牺牲工作、牺牲个人的自由来抚养子女呢？考虑到传统养育子女的方式还会对两情相悦造成影响，到那时婚姻与家庭甚至会成为限制个人自由的"外在负担"，如此一来，它还有什么存在的必要呢？根据理性的自由选择，这些东西一旦出现并成熟，人类不会有太多抵抗力。而如此生育的孩子，与父母的关系势必会减弱。到那时，家庭的存在将越来越没有必要。说不定有一天，大家都可以彻底从"家"的束缚中解放出来，成为真正自由的个体。

三 儒家为何重视家庭

那么，儒家会如何看待未来家庭的命运呢？

在结婚的出发点上，儒家也有两情相悦（"窈窕淑女，君子好逑"）以及生儿育女（"不孝有三，无后为大"）的考虑。但是，儒家并不停留在这一层面。儒家之看重家庭，不只是为了传宗接代，同时也为了或者更为了成就、成全自己的人性。在儒家视野中，仁是"人之为人"的根本，孝悌则是"人之为仁"的根本，"孝悌也者，其为仁之本与"（《论语·学而》）。如果没有家庭，就不会有"孝悌"，没有孝悌，也就无法"为仁"。人而不仁，在儒家看来，也就不能称之为完整意义上的人。这么说，当然不意味着单亲甚或孤儿院长大的人就不是人，而是在儒家眼里，这不是一个人理想的成长方式。不管未来人类文明如何发展，着眼于儒家的视野，家庭始终是需要存在的，因为它从根子上跟人性绑在一起，关乎人之成人。在父母呵护下长大的个人，跟通过某种社会机构统一培育出来的个人，双方的长相、语言能力和理性能力都不会差太多，但他们在人性上会有微妙而关键的区别。后者培育出来的"自由人"是自由主义最理想的代言人，可以更为彻底地贯彻并实施自由主义的原则。不过在儒家看来，这种

"自由人"会少点"人情味"。

这里的"人情味"还不只是对待他人的态度问题，它同时关乎一个人自身的生命展开。儒家的修身之道并非只是那种助人为乐的"为他"之学，它不是做给别人看的，也不单纯地为了社会的进步，它首先恰是"为己"之学，是要来成就自身的。在儒家思想传统中，生儿育女也就不只是生物学意义上的传宗接代，而是通过这种生养建构出一个家庭，以此来"拓展"自己的"生命"，让自己有"安身立命"之所。如《中庸》所言，"君子之道，造端乎夫妇；及其至也，察乎天地"。有子女的人都能体会：有了子女以后，你的生活中就有了一个比你自己的生命更重要的生命。在许多突发的灾难事故中，父母亲都能用自己的身躯替子女支撑起生的希望！这种对子女生命的牵挂与付出，超出了个体生命对自己利益的一切理性算计。反之，孝顺父母也并非只是为了感恩或回报，就像"父母在，人生尚有来处；父母去，人生只剩归途"这句话所说的，它同时也是守护自己生命的"来处"，因为父母是每一个子女永恒的"家"。正是在父母与子女之间的这种"牵挂"与"被牵挂"的张力中，让一个人的生命脱开了个人中心的束缚。这种生命关联超出理性计算，它表明个体生命有一种超出自身的可能性。

在儒家看来，人之为人的关键就是要把生命中这一"超出"自身的维度实现出来，"仁者，人也，亲亲为大"（《中庸》）。因此，儒家之看重家庭，不只是为了单纯满足两性愉悦，也不只是为了传播生物基因，更是为了守护与传承"人性基因"。但是，儒家这种人性论具有普遍性吗？

四　西方文明"边缘"处的家庭观

虽然以亲亲为本的孝道观念主要在儒家思想传统中才被突出强调，但是它所关涉的"人性"并不只对此传统中的人才有效。事实上，亲子关系也早以一种"边缘"的方式渗透在西方文化之中。

众所周知，乱伦是诸多古希腊神话与悲剧的一个重要情节。俄狄浦斯"弑父娶母"的故事，将这一乱伦悲剧演绎得淋漓尽致。西方当代精神分析学家弗洛伊德还为这一悲剧找到了人性的根源，名之为俄狄浦斯情结。《圣经》中亚伯拉罕杀子献祭的故事也很著名，上帝以此来考验亚伯拉罕对他的信仰是否真实。虽然弑父娶母、杀子献祭都是乱天下之大伦的悲剧，但它也以"反面"的方式透露出亲子关系的独特位置：只有深陷亲子关系之悖谬中，才能上演人间真正的悲剧，只有超出亲子关系之束缚者，才能有真正的信仰。张祥龙先生曾结合当代魔幻作品《哈利·波特》，呈现了亲子关系在当代西方文化中极为正面的描述。他在《〈哈利·波特〉中的亲子关系与孝道》一文中指出，此书"对于亲子关系和孝意识的热烈而全面的展现，与儒家的人性观和存在观就有可比较之处"[①]。他认为，该书作者家庭观的基本原则是，家庭成员之间无条件的关爱与支持超出了法律的契约，成为小说最动人之处。

如果说希腊悲剧只是一种文学表达，而《哈利·波特》只是一部魔幻作品，也许只是为了满足人们的某种兴趣，比如猎奇的心理，因此，这些作品中出现的"家庭"观算不上是一种理性的思考。与此不同，《星际穿越》这部影片虽然也以边缘的方式触及了家庭，但却是以一种理性的方式展开的。

《星际穿越》的背景是：在科学技术高度发达的某个未来，地球生态环境异常恶化，逐渐不适宜人类居住，需要移民到其他星球来保存人类文明。当时有两套拯救方案。计划 A 是在外太空建造一个人为的宇宙空间站，然后直接把地球人移民过去。此计划的最大困难是，如何制造出稳定引力，而布兰特教授的计算方程由于缺一个重要参数而无法完成。计划 B 是到外太空寻找一个适宜人类居住的星球。故事主线就是按计划 B 展开的。主角库珀及其同伴接受了这个任务，去外太空寻求新的宜居地。虽然他们最终没有找到合适的星球，但是一起执行计划 B 的科学家意外发现了解决引力难题的参数，而得知这个参数的库珀通过虫洞的时空穿越，又意外地回到了地球。那是一个四维空间，它的出口就是库珀家的书房。但是，四维空间与地球的三维空间之间不能直接交流，无法穿越。两个空间的唯一交流方式是引力。库珀需要通过引力引起地球某些东西的位置变动，从而把相关参数传递到地球人那里。但是，一个事物的异常移动如何能引起地球人的关注，地球人如何能意识到这是有效的信息？影片的最后也即最关键部分，就是库珀与他女儿墨菲如何通过父女之间的默契完成了这个技术无法解决的难题。

[①] 张祥龙：《〈哈利·波特〉中的亲子关系与孝道》，《江苏社会科学》2012 年第 1 期，第 2 页。

影片的主线是如何拯救地球文明，里面涉及一系列的冒险与技术的想象，但是在我看来，库珀与儿女之间的牵挂与对话才是影片扣人心弦的"主旋律"，它贯穿始终。

首先是出发前的告别。这个任务的安全性并无保障，也不一定能找到合适的星球，即使找到了，也不一定能保证回来。这就意味着，库珀要在拯救人类文明与个人的生死之间作出抉择。太空旅行都意味着生命冒险，作为一个宇航员，这种冒险是他的理性可以接受的。也就是说，在接受这个任务时，他自己的生死已经放下了。虽然如此，他并没有完全放下对子女尤其是对女儿墨菲的牵挂。他与儿女的告别是影片的一个重要泪点。这里可以思考的是，为什么导演把亲情放在这样一个重要的位置？为什么导演不选择男女朋友或夫妻告别，而是跟儿女告别。因为亲情更能打动人，它更难以被理性还原。跟妻子或女朋友分手后，对方有可能找到更好的另一半。但是，跟子女分手后，父爱对子女来说则永远缺失了，这是不可补偿的，尤其是对于还没长大的儿女来说，这种缺失的影响更为深远。库珀没有因为有生命危险而恐惧，却因为无法割舍对儿女的牵挂而流泪。"父母唯其疾之忧。"（《论语·为政》）

其次是征途中的交流。找宜居星球的时候，出现了问题，进入了一个超重的星球，在这个星球上，一个小时相当于地球的7年，结果他们在那里耽误了三个多小时，等他回到飞船的时候，相当于地球上过了23年。在此之前，飞船能接收来自地球的信息，会有一些儿女的视频通过无线信号发过来，因此还能与儿女有某种相互交流。而这次从那个星球返回之后，相当于耽误了23年，有一些地球发来的视频被电脑系统自动保存下来。库珀在看这些视频的时候，又忍不住热泪盈眶。看着儿子断断续续告诉他什么时候毕业了，谁参加了他的毕业典礼，什么时候找到女朋友，然后又有了自己的孩子，等等。对库珀来说，这错过的23年相当于错过了孩子成长的整个过程。儿女成长过程中，特别是那些关键时期的不在场，会成为父母心中永远的缺憾。这无论对父母还是对儿女，都是如此。无论对儿女还是对父母来说，这都是无法补偿的。可以想象，如果是分手后另一半告诉他，她又开始了新的生活，库珀会如此感动吗？会为错过另一半的新生活而遗憾吗？多半不会，为什么？因为父母与儿女之间有一种比男女之情更为原本的相互需要，他们彼此都需要在这种相互需要中来成就自身。张祥龙先生曾把这样一种彼此相互需要、相互成就的亲—子共同体称为"亲子体"或"亲体"。"在儒家看来，人类的原本身体只能是亲子家庭，可以称作'亲子体'或'亲体'，它只出自阴阳（男女、夫妇、父母）和合，'造端乎夫妇'，兴于夫妇，而成就于亲子两代、三代甚至多代之间。……亲子在物理空间中是分离的（在家庭空间中是共生的），但通过生存时间而成为了一个意义的发生体。"① 男女之间也相互需要，但这种相互需要具有可替代性，而父母与儿女之间的相互需要在结构上要紧凑得多。

　　再次是参数的传递，这是影片最关键的环节。三、四维空间的参数传递有技术无法解决的难题，它最后依靠库珀与女儿墨菲之间的"默契"得以解决。我们来看这个难题是如何解决的。一方面，库珀知道他女儿可以关注到这些现象，并且知道把这种现象作为有效信息进行解读。他如何能知道的？这源自双方的共同经历，所谓"知子莫若父"，他不仅知道女儿的性格，还知道女儿从小有这个禀赋，并且在出发之前，他就和女儿一起通过解读引力异常破解了布兰特博士所在实验室的位置。另一方面，女儿又如何能够关注到这些现象，并知道这是父亲传递过来的有效信息呢？这同样源自她小时候的经历以及她对父亲的牵挂与信任。她一直觉得这个书房背后有幽灵，对她有某种奇特的吸引力。因此，她解不开布兰特博士那个方程的时候，她总会不自觉地回到那个书屋，预感到这里会有答案。并且，她在父亲离开时曾经破译出一个引力异常现象造成的密码，破解以后的意思是"留下"。当时她父亲正准备离开地球去寻找新的宜居地，于是她很自然地把"留下"解读为让她父亲留下。也就是说，来自未来某处的人希望她留下父亲，不让他参与星际冒险。在父亲回来无望、地球实验条件限制而无法获得有效参数的绝境下，那一看似具有预言性质的书房，成为墨菲能想到的解决地球文明困境的唯一出路。最后关头她作了一个大胆的假设，这个信号是未来的父亲传递给她的，然后整个线索就串起来了。她自然就想到，如果她父亲找到拯救人类的方案，也会通过同样的方式传递给她。然后她就开始思考父亲会以何种方式传递给她，并寻找这个线索。最后她看见了那块手表，因为库珀离开时跟她对了一下手表，并告诉她，因为太空中引力会造成时间变慢，因此等库珀回来时，会发现她跟父亲处于同一个年龄，由此推定父亲如果会传递信号一定会通过手表。在这个问题上，父女两人很"巧合"地想到一块儿去了。

---

① 张祥龙：《孔子的现象学阐释九讲》，华东师范大学出版社，2009，第230页。

巧合的背后是父女之间的那种超越时空的相互"牵挂"与"知道"。如果不是对父亲的深深牵挂，如果墨菲跟父亲没有那超越时空的"内心对话"，如果没有相信父亲要回来乃至要回来相互对表的承诺，那样一个穿越三、四维空间的信息交流是不可能完成的。这是最原发的孝。"父母之年，不可不知也，一则以喜，一则以惧。"（《论语·里仁》）这种牵挂、这种对话、这种相信是不讲理的，是超出理性考量的。即使最终事实并没有像预期的那样发生，这些信念也依然是真实的存在，它会伴随人的一生，因为这就是人类生命自身的存在。在我看来，影片的最后有一个"败笔"。它让库珀穿越四维空间回到地球与墨菲会面，从而最后证实了墨菲的"猜想"，这在逻辑上显得更为紧凑。在我看来，如果让他们留在各自的空间里，最后虽然完成了参数的传递，但只有墨菲一个人知道那个参数是她父亲传递给她的，如此更能凸显父女之间那种超越时空的"默契"，更有让人回味的空间。这种相互"知道"是不需要证实的。多少人在父母去世后也会经常具有父母就在身边的感受。这些感受并非只是个人的"主观幻想"，因为在个人成长的过程中，父母已经将自己的生命融入子女的"身体"之中。"子生三年，然后免于父母之怀。"（《论语·阳货》）

最后，墨菲的哥哥对家园的守护。这也是影片很重要的一个环节，这里面包含了同样原本的"孝道"。如果没有他坚守家园，墨菲就没有机会回到这个书房，两个不同空间之间的对话就不能完成。他为什么在面对风沙肆虐、整个地球人类即将灭亡的时候还苦苦守护着自己的家园？这有两方面原因。一方面，他父亲临走时对他说的一句话，"你替我看住这个家"，因为他是哥哥，"长兄为父"，他需要替父亲承担起看家这个责任。这是他对父亲的承诺。孔子说："三年无改于父之道，可谓孝矣。"（《论语·里仁》）他用二三十年的时间来坚守对父亲的承诺，把父亲走时的书房原封不动地保存下来，可谓至孝。另一方面，如果说开始几年他还觉得父亲能回来，当二十多年没有得到父亲任何信息的时候，他还依然坚守。这背后还有很深层次的蕴意。他的身份是农民，与恶劣的自然环境斗争了几十年，并且已经知道人类难逃灭顶之灾，家庭生活也极为不幸，母亲早逝，父亲二十多年杳无音讯，外祖父病故，小儿子又夭折了，妹妹去航天局，独来独往，鲜有交流。这是一个让人绝望的处境。根据自由理性，他完全可以选择一个去冒险活下来的机会。但是，他最后依然义无反顾地坚守家园，放弃了重新开始生活的机会，为什么？除了对父亲的承诺以外，他是以此来守护自己最完美的人生记忆,因为这个家曾经居住过他所有珍惜的人,他少年时代最美好的回忆都在这里,他要在这里与自己的家园共存亡。对他而言,父亲能否回来,父亲能否兑现诺言,这个事实本身已经无关紧要了。他守护这个家园,就是守护自己的"生命"。墨菲哥哥之尽"孝道",不只是为父亲,也为他自己。

换一个焦距,影片中亲情的位置可以看得更清楚。整个影片可以看作一个思想实验,它设定了一个技术高度发达但人类面临生死存亡的情境。在这样一个极端的情境之中,一切思想的条条框框、伦理法规都被放在一边了。人类都可能消亡了,这些人类的法律、法则还有什么意义呢?表面上看,这只是一部满足人类视听娱乐的科幻片,但不同于通常的娱乐片,它所包含的对人类文明未来可能遇到的困境却是严肃的。面临生存困境,对人性的思索与追问,则是相当理性的。比如,它没有在人类生死存亡的时刻求诸上帝的再临来拯救地球。在这样一个极限的情境之中,亲情成了最后那生命中不可承受之重,成为最不可取消、不可还原的东西,它超越了个人的生死,也超越了对上帝的信仰。最后也正是对家庭、对亲情的信念,而不是对上帝的信仰,帮助未来的人类"化解"了人类文明可能遇到的灭顶之灾。

影片最后求助于库珀与女儿墨菲之间的默契来"补充"和"克服"不同时空之间参数传递的技术难题,这一安排似乎在寓示,亲子关系才是"拯救"未来人类文明的出路。《星际穿越》对亲情、对家的关注,恐怕超出了导演的把握,他不知道他所关注的、所凸显的东西正是儒家的思想根基。这不只是导演个人的"无知",而是整个西方文化的思想盲点。哪怕像海德格尔这样对西方个体主义与技术理性进行批判反思的当代哲学家,哪怕他把"无家可归"视作西方现代性所导致的人性危机,他所关注的"家"还只是一种仅有炉灶之火的家园,而不是"一欣侍温颜,再喜见友于"(陶渊明《庚子岁五月中从都还阻风于规林》)的家庭。在西方文化的这个盲点处,儒家应该可以更多地发出自己的声音。

孝与慈共同协作完成了对人类文明的拯救,这是科幻。但孝爱与慈爱遥相呼应,催人泪下,触动人心,这是现实,因为它触及了人心的"普遍"结构。"仁者,人也,亲亲为大。"(《中庸》)亲亲之情,超出理性的计算。对理性来说,它可能是一个羁绊,它会限制理性的自由。对有身体的个人来说,它则是"家",在这里,你才有人生的归宿。"只要我们还是父母所生所育,以亲子为中心的伦理关系就起码是我们生存的根基之一。"① 如此看来，孝道思想不止在今天有现实意义，即使在未来的人类文明中，也依然可以有自己的思想地盘。

五　儒学复兴的挑战

传统文化的复兴，离不开儒家思想的复兴。复兴不是复古。面对西方人的困惑与不解，面对国人的现实困境，如果只是把古代经典文本摘录出来，摇头晃脑地把"君君臣臣父父子子"念来念去，或者封些"国师""国字号"，把它当作标签木偶，对着它顶礼膜拜，这些恐怕都无济于事。传统儒家思想所赖以生存的土壤就像古老的城墙一样早已土崩瓦解。

儒家思想在传统中国的影响力有两大支撑：一个是农耕的生产方式，一个是家族的聚居方式。农耕生产特别依赖自然条件，那是一种靠"天地"吃饭的生产方式。在那种环境之下，人们对"天地"有很深的敬畏之心。《易经》以"天地"作为万物生长之根基（门户）（"乾坤其易之门邪"），天地交感而化生万物（"天地感而万物化生"），云行雨施而滋润万物（"云行雨施，品物流形"）。"天地"乃是古代中国人的精神信仰所在，它构成了儒学的形而上根基。家族是古代中国社会的基本结构，它是以基于血亲的人伦关系为纽带展开构建起来的。家族聚居有利于农耕作业的展开。由于农耕时代人员流动很少，人们的日常生活主要限制在家族内部以及家族之间。每个人若能处理好家庭成员以及家族成员之间的关系，实现家庭和睦，那么，推而广之，整个国家就可以实现和谐。因此，由修身齐家出发，达到治国平天下，并非只是一种知识分子的空洞理想。古代中国就是通过儒学的这一理念而实现天下大治的。可以说，伦常乃是儒学扎根社会的现实根基。

但是，今天的局面不一样了。现代社会是一种工业化、信息化社会。哪怕是农业，也越来越依靠机械作业。自然对于人类生活的影响越来越小。我们如何还能对天地存有敬畏之心，如何还能感通、接通天地？城市化进程外加计划生育，则从根子上破坏了儒家思想赖以存活的社会根基。大家族已经没有了，大家庭也没有了，即便是小家庭，现在有多少父母和子女生活在一起？而城市社区的邻里之间，则做到了老子所讲

---

① 张祥龙：《王凤仪伦理疗病阐析》，《中外医学哲学》2014 年第 2 期，第 17 页。

的鸡犬之声相闻而老死不相往来。在这种情形下，如何还能指望通过人伦关系来约束、规范人的行为，达到通过治小家而实现天下大治的政治理念？

因此，以孝道为内核的儒家思想需要经过一个"脱胎换骨"的创造性转化，才有可能重新扎根于社会。这种转化，自然离不开与当代西方文明的对话，离不开面对来自现代生存危机的挑战。它需要突破诸种可能的禁忌，进入人性、社会、宗教和制度的深处，如此才可能给出安顿生命乃至引领时代的"尺度"，从而成为活的思想。

（责任编辑：江曦）

科技趋势下社会孝道实践的优先级[*]

张丽娟[**]

摘　要　孝德精神是亘古常新的，行孝实践虽可因地制宜，但就孝道对于社会的存在价值言，是必要的，因为它对于家庭社会及人心的稳定与和谐仍具有积极性的功能及不可取代性。孝在儒家传统思想中也一直扮演着重要的角色，被视为能够维持家庭、家族、社会及国家稳固的重要力量来源，也因为如此，在中国历代帝王中，莫不提倡孝德的教养，由此可证明孝在历史上所享有的地位。本研究运用平衡计分卡的理论架构建构出社会孝道实践与优先指针，研究对象以大学生、青年学子为主，并运用层级分析法测量权重以排出社会孝道实践与优先指标。

通过对各方数据的分析，本研究建议：要制定老有所依的管理办法、提供多元化孝道实践服务法、制定标准化孝道实践流程与悦敬养礼职责、小区或民间团体应积极办理定期孝道实践的推动观念，"朝念父志与暮思母恩"的学习与成长训练课程为首要的策略方向。

关键词　孝道文化　平衡计分卡　层级分析法

"孝道"就其字义而言，就是兼具悦、敬、养、礼的一种人文活动。在台湾，孝道多元化观念中，最具发展潜力的就是实践与落实。有关孝道实践的提升与顺序，本研究将运用平衡计分卡（Balanced Score Card）四个主要构面的概念，拟定推动孝道文化的具体策略，为台湾的孝道实践建构一个策略性地图，以因应大环境下科技与趋势的变革。

---

[*]　本文感谢合作厂商富葳企业管理顾问有限公司的支持与台湾虎尾科技大学计划编号107AF052的经费赞助。

[**]　张丽娟，台湾虎尾科技大学财务金融系教授。

平衡计分卡（Balanced Score Card，BSC）源自1990年哈佛大学教授Kaplan和Norton在"未来组织绩效衡量方法"研究计划中，以创新绩效衡量系统的个案进行分析与研究，并建构一套策略指标化管理的工具，并将策略转化为具体行动方案，让孝道实践提升的使命、愿景达成策略主题，而不是口号，以四个不同构面（包括：1. 顾客、2. 财务、3. 内部流程、4. 学习及成长）并让这四个独特的构面经过转化后环环相扣，彼此支持并相互推动孝道的实践。在过去少有文献探讨孝道的实践，本文尝试建构一套完整的管理方法推动孝道的实践以及适所适才的运用落实策略，皆在导入平衡计分卡后发展新的孝道的实践策略，凝聚共识，将策略化为孝道的实践行动，并以亲情为导向，提升孝道的实践服务质量，重建亲情认知，创造兼具悦、敬、养、礼的一种人文活动及永续孝道经营。平衡计分卡经改良以财务、亲情、内部流程、学习与成长为主要四个架构，以四个构面为孝道的实践导向，将四个构面作为孝道的实践的效率管理，并针对实践提出改善措施。

1992年哈佛大学教授Robert S. Kaplan及Nolan Norton公司执行长David P. Norton首度提出"平衡计分卡"的概念，[①] 其用意在于解决传统上只以财务构面为主的实践评估效率管理制度。因此，平衡计分卡评估实践面向不同于以往只重视结果不重视过程，现在评估多元化主要是在短期及长期目标、财务性及非财务性绩效、落后指标及领先指标、内部构面与外部构面之间取得平衡，以协助实践孝道达成整体策略目标实践。

传统实践成果目标大多以财务性之目标为主，如给父母多少金钱等作为衡量实践孝道的指标。此种方式所建构出的指标，忽略了实践孝道长期价值之目标规划与善的发展。现今瞬息万变的商业世界与商业科技的发展，每天似乎都有新的科技、创意、营销策略以及吸引生活的方法的创意出现。这些传统实践孝道指标已不再让青年学子对孝道文化的需求认知有进一步认同。

本研究的主要目的如下。

1. 运用平衡计分卡财务、亲情、内部流程及学习与成长构面内涵，探讨孝道文化

---

① R. S. Kaplan, D. P. Norton, "Putting the Balanced Scorecard Measures to Work", *Harvard Business Revirew*, Jan. Boston, M. A.：Harvard Business School Press, 1996, 134 – 142.

在各项构面中，其实践孝道落实的重要性。

2. 运用平衡计分卡于孝道文化中，建构出各实践策略主题及策略想法。

3. 运用层级分析法（AHP）于平衡计分卡中，以建构孝道文化指标层级架构中，从四个构面深入了解孝道文化要先从哪个项目优先处理的深化策略。

一 文献探讨

（一）社会价值观演变的孝道文化与历史演进过程

由于我国文化体系长期深受儒家思想的浸染，对于道德操守、长幼有序、敬老尊贤等观念的注重不言而喻。对西方社会而言，可能注重的就是个人成就、公平竞争、独立自主、理性等概念。不同的文化背景下，社会价值观也形成差异，甚至是南辕北辙，若以己方自我中心立场去评断孝道何者为进步、退步的或何者为优良、低劣的，并不公平也难以比较。因为社会价值观的形成与其所处的环境条件、文化、传统、生活习惯有着密切的关系，不同民族或国家具有差异的社会价值观，甚至可能是相互排斥与冲突的。

在诱惑充斥的现代社会，社会价值逐渐朝向是非不分的趋势变迁，青少年的偏差行为与国人犯罪行为将更加恶化，甚至变迁为极端、扭曲的个人主义与虚无主义，导致由个人至家庭、社会、国家发展出现混乱与解体的思维现象。孝道就是为了维护这种家庭内部关系的尊卑有序而建立的价值观，并进而维护着宗族体系的稳定。中华民族是一个传统的伦理制民族，在几千年的中国社会中，孝道历经了萌芽、发展、形成、成熟、变革的历史演进过程时期。如表1之说明。

表1 中国传统孝道历史演进过程[①]

发展时期	传统孝道演进过程发展内容
萌芽时期	根据史料记载，孝道观念萌芽于父系氏族社会。 人知其亲，报答生养之恩，这种报答父母养育儿女辛劳的亲情回馈，就是人类最原始、最质朴、最基本的情感的孝道。 父系氏族时期的孝道观念只是一种单纯的敬亲爱亲的情感，并未超出人类的自然之性。

---

① 整理自涂爱荣《中国孝道文化的历史追寻》，《学术论坛》2010年第9期，第156~159页。

续表

发展时期	传统孝道演进过程发展内容
形成时期	从周代开始，孝道观念就已明确提出，西周封建制度确立后又有了宗族制度，产生了五伦观念：君臣、父子、夫妇、兄弟、朋友，孝道观念得以产生并深入社会作为一种伦理观念正式形成。 周朝统治者主张敬天、孝祖、敬德、保民。在这一思想的指导下，孝道成为西周社会占主导地位的伦理价值观念。 统治者要求每个社会成员都要恪守君臣之道、父子之道、长幼之道：在家孝顺父母，在社会上尊老敬老，在朝廷忠于君王。 所以西周时期，孝道主要功能不在道德领域，而在社会政治生活方面。
发展时期	至春秋战国时期，由于生产力的发展，社会进步，周代礼制中所有规定的宗法制度逐渐瓦解，这使得人民对祖先的祭祀活动由繁趋简，以血缘关系为纽带的家庭关系进一步确立，使得"父慈子孝、兄友弟恭"逐渐成为家庭血亲间最基本的义务，善事父母也成为当时孝道文化最核心的内容。 孔子紧紧围绕善事父母这一核心内容，丰富了孝道文化的内涵，创建以"仁"为核心观念的哲学体系，用"仁学"的观点重新解释了西周时期的"礼"，从而为孝道找到了人性论的依据，完成了孝道从宗教到道德、从宗教伦理到家庭伦理的转化依据。 至汉代，汉武帝采纳董仲舒"罢黜百家，独尊儒术"的建议，以儒家思想为尊，提出"以孝治天下"的治国纲领。从此，孝道文化开始走上中国的政治舞台，被纳入封建道德体系之中，为"君为臣纲、父为子纲、夫为妻纲"的伦理规范服务。
成熟时期	魏晋南北朝时期，中国封建社会快速发展，封建统治者仍然标榜"以孝治天下"，从各个方面加强了对人民的统治权，孝道成为他们禁锢人民思想、麻痹人民意识的法宝。统治者往往透过宣扬一些违背基本人伦道德的范例来让人民效仿。 到了宋元明清时代，孝道演变到登峰造极的状态。北宋中期，理学领袖张载、二程都大力阐发孔孟儒学孝道观，从而使孝道观念在民众中广为传播。宋代以后的家训族规，无一不具有"孝父母"这一条，孝的根本内容都是要求子孙对父母祖辈的教诲绝对听命服从，此时，孝道进一步为强化君主专制、强化父权的工具。 从魏晋到宋明时期，孝道文化被融入政权系统，其政治作用发展到登峰造极的地步。

孝道历经了萌芽、形成、发展、成熟、变革的不同历史演进时期，孝道也成为统治者禁锢人民思想、麻痹人民意识的法宝。统治者往往透过宣扬一些违背基本人伦道德的范例来让人民效仿。从魏晋到宋明时期，孝道文化被融入政权系统，其政治作用发展到登峰造极的地步。

（二）互联网时代社群经济的变化与发展

以现实社会结构而论，随着互联网时代的发展，传统孝道的经济、政治基础已受到消解。社会结构正处在迅速工业化、信息化阶段的现在，家庭早已脱离了家族而发展，个人也不再依附于家庭而生存。尽管父母在子女成长过程中承担着教育、抚养的义务和责任，但是国家、社会同样承担着对青少年教育培养的责任。就个人而言，这种建立彼此之间的情感信任与价值反哺共同作用形成的自运转、自循环的范围经济系统下，在法律的范围内，发挥个人聪明才智、实现自我价值、创造自己的未来的想法，已经成为现代社会的主流，平等的亲子关系已经逐渐成为时代的潮流趋势，子女回报的思想观念也自然弱化了。

中国古代的统治者把孝道功能推广至治国之道，即"移孝作忠"，就是泛孝主义心态。换言之，传统社会的孝道作用，是调整家庭成员、君臣之间的关系，属于政治性和社会性的伦理规范，既能稳定社会秩序，也可增强人们的责任感。到如今，大家庭大都解体，建基于家族伦理的社会秩序观，如人人称兄道弟、人际信任感来自血缘亲疏等，都已逐渐废弃。

未来经济发展的三个趋势分别是共享经济、社群经济、虚拟经济。代之而起的是建基于法律经济发展的人际关系，人人都是公民，在法律面前地位平等，只需依法律规范行其权利，便能维持社会秩序的和谐氛围等等。连接的方式如下。（1）情感连接。社群能给一群有共同价值主张等同趣味的人建立情感关联，使得他们能够产生点对点的交叉感染，并且可以协同行动产生叠加能量，从而合力创造出价值感。（2）利益连结社群本身也是一种组织形态，要维持这个系统的正常运转，系统内的每个公民都能产出价值感和从中获得收益，而且系统本身还会进行周期更迭。就像人体内的细胞一样，每个细胞都能获得营养供给，死去一批细胞，要有新的细胞来补位，从而保证组织体的结构完整性。（3）范围连接。社群本质上是一套小范围内的生态系统，社群本身是要有自生长、自消化、自复制能力的，并不以中心化（非中心化）的动机来牵引导航系统。在共享经济、社群经济、虚拟经济下，人们自然可以找到其价值感。

孝从儒家德性论述出发，迈向亚里士多德的最高之善；再以东西哲学家倡导的"人性、人伦、人道、人本、人文"之精髓为其内涵；化解了自由主义与社群主义之间的敌意和分歧；"从人开始""从心出发"，强调人心向善之潜能与人心向善之力量，鼓舞人心向善、人人向善，永不止息，苟如是，则兼重个人尊严、群体价值的崇法尚纪、富而好礼的美善社群其远乎哉？

（三）孝道文化内涵

《孝经·纪孝行章》孔子说："事亲者，居上不骄，为下不乱，在丑不争。"个体若能遵守孝道，则不至于会违背其他德性，所以孝道在社会中具道德的功能。孝道为一切德行之首，在上位者选贤与能时，必当考虑其孝行，当作其他德行的依据。

《孟子·离娄下》说："世俗所谓不孝者五：惰其四肢，不顾父母之养，一不孝也；博弈，好饮酒，不顾父母之养，二不孝也；好货财，私妻子，不顾父母之养，三不孝也；从耳目之欲，以为父母戮，四不孝也；好勇斗狠，以危父母，五不孝也。"这里所列五项中直接提以奉养父母者即有三项。奉养是孝的第一要义，但并不是说只要做到奉养就是孝。

孔子倡导敬亲之孝，他说："今之孝者，是谓能养。至于犬马，皆能有养。不敬，何以别乎？"（《论语·为政》）因此，孔子认为奉养父母是最低的要求，真正的孝养应该达到敬养的层面。对老人只养不敬，并不是真正的孝；物质供养、精神供养，关键在内心的敬养，心养才是真正的孝。

（四）弘扬孝道文化与基本元素

所谓孝道文化，就是关于关爱父母长辈、尊老敬老的一种文化传统，狭义上说就是善事父母；广义上说，就是孔子所说的"始于事亲，中于事君，终于立身"。

感恩，狭义说就是感激父母，广义说，就是感激自然，感激社会，感激祖国，感激所有帮过自己的人。孝与感恩是以孝敬父母为本的孝道文化的基本元素。孝是感恩的前提与基础，是人内在的品质认知，属于魂；感恩是孝的体现，是人外在的品行，属于形。孝与感恩是思想认知，是态度，是文化，是行为，是素养，是文明。弘扬中华民族的传统孝道文化，重建与现代文明社会相适应的新孝道文化，对融合代际关系与实现家庭和睦，营造孝亲敬老的良好社会气氛有重要意义。孝道其实就是在培养仁人君子，若每一个人都是仁人君子，其为君必为仁，其为臣必为敬，其为民必为信，人人安其位而行，如此天下岂能不平矣。

《孟子·告子下》中说："尧舜之道，孝弟而已矣。子服尧之服，诵尧之言，行尧之行，是尧而已矣。"此说明尧舜之道，不过是孝悌二字罢了。《礼记·祭义》云："事君不忠，非孝也；居处不庄，非孝也；朋友不信，非孝也。"可知孝道乃众德之首，孝德能迁移至其他品行，若个体具备孝德之品行，则在社会适应能力上，必能遵守法规，不违背礼仪。

个体通过遵守社会中的价值体系以得到社会认同，能帮助个体获得自尊与价值感。孔子的孝道观值得注意的实有二端：一为敬，一为礼；而二者又以敬为第一义。论孔子所谈的"礼"，重点应放在守礼的精神上，此精神即涵摄在敬中。孔子指责执政者

"居上不宽，为礼不敬，临丧不哀"（《论语·八佾》），即针对态度发言。与其说孔子重视礼的仪文，毋宁说他更重视"敬"。他不但在孝道上主敬，礼仪上主敬，还在其他方面主敬。敬，俨然就是孔子思想的中心。传统孝道中的养亲、尊亲、敬亲思想不论在哪个时代都需要敬。

孔子认为要以敬的态度赡养父母，关心父母的健康，以敬爱的心情与和颜悦色的态度对待父母。敬亲是子女对父母的内心感情的自然流露，体现了人的文明及教养程度，是孝道中比养要求更高的一种孝行。自古以来，知恩图报是中华民族的传统美德，要教育子女不仅要报答父母之恩，而且要秉持这种观念对待他人。孝是建立在亲情间的了解及感情基础，父母以疼爱子女为出发点，子女对父母滋生敬爱，孝由此自然滋生。孝属于家庭内的亲子关系，以此形成父母慈、子女孝的亲子、孝亲的温馨生活。

中华民族自古以来就倡导"以孝治天下""百善孝为先"，在传统的儒家思想里，孝道是做人最重要的准则，子曰："弟子入则孝，出则悌，谨而信，泛爱众，而亲仁。行有余力则以学文。"（《论语·学而》）

（五）运用平衡计分卡（Balanced Score Card，BSC）之策略

研究者透过平衡计分卡将孝道文化实践的长期与短期策略目标连接，并利用计分卡的衡量焦点规划的孝道文化实践策略管理流程。平衡计分卡是一个全面衡量效率的系统架构，能够有效地转化愿景与策略思维，成为具体的行动方案，进而创造家庭互动的竞争力，并达成家庭永续经营的目标。

因此，本文旨在借助平衡计分卡的架构分析孝道文化，探讨台湾发展孝道文化的做法与契机，提供台湾孝道文化的发扬途径。

以下由平衡计分卡的财务构面、亲情构面、内部流程构面以及学习与成长构面等四大架构，逐项说明孝道文化实践。

1. 澄清并诠释孝道文化实践愿景与策略

平衡计分卡要发展成有系统的实践管理模式必须透过把孝道文化复杂笼统的概念转变成精确的目标细项，并客观澄清孝道文化的愿景，转换成策略目标与做法。运用在孝道文化实践里，不论是家庭经营者或是管理者必须有规划地推广孝道文化且让复杂的孝道文化流程简化，让在实务亲情面前的青年学子能实际了解孝道文化的目标及

方向做法，以达到孝道文化的目标。

2. 沟通与联结

在确定孝道文化策略目标后，家长必须动员每位家人采取行动完成目标，并且透过各项孝道文化管道与成员沟通，让每位人员澄清并诠释孝道文化及落实。其策略做法：

（1）澄清愿景；
（2）取得共识平衡计分卡规划与设定孝道文化指标；
（3）设定指标流程图；
（4）校准策略行动方案；
（5）分配资源；
（6）建立里程碑与沟通和联结；
（7）沟通与教育训练；
（8）制订细项小目标；
（9）联结奖励与绩效量度和孝道文化策略的回馈与学习机制；
（10）阐述孝道文化共同愿景；
（11）提供孝道文化策略回馈。

3. 协助孝道文化策略检讨与学习

运用平衡计分卡建构孝道文化实践指标之研究，青年学子要清楚孝道文化的面貌，使其了解他的作为将对家人整体目标作出什么样的贡献。孝道文化成功的要素之一，即是家人间团队合作的精神与和谐的工作气氛，为此家长必须扮演所有人员间的桥梁，遇到青年学子之间有不悦时马上充当协调者的角色，让彼此化解误会，提升家庭孝道文化实行的愉快氛围。

4. 规划与设定指标

家长必须从财务、亲情、内部流程、学习与成长建立孝道文化衡量目标，并且衡量短期目标和长期实践的差异分析，以达成孝道文化策略。

5. 策略的回馈与学习

平衡计分卡的目标策略并非一成不变，随着环境科技的改变而家庭管理者的策略亦必须转变，转变的策略结果及孝道文化实践的驱动因素可作为修正观点的孝道文化目标依据。孝道文化要进步就必须要不断地改变学习方式，随时让青年学子参与家庭外的相关训练活动，并且鼓励、回馈家庭外其他人员，提升孝道文化的实践能力，使孝道文化呈现出新的面貌。

（六）平衡计分卡的四个构面

平衡计分卡将相关的孝道文化指标因素分成四个重要的构面：财务构面、亲情构面、内部流程构面以及学习与成长构面。而这四个构面就涵盖了家庭中的所有功能。

1. 财务构面

孝道文化的家庭财务营运表现，是从家长的观点来考虑的，与事亲所奉给的财务有关。

2. 亲情构面

如何看待我们的孝道文化、探讨亲情满意度与协调度，是从亲情的观点来考虑的，与家人的陪伴支持功能有关。

3. 内部流程构面

孝道文化的表现是在哪些领域中，以及儒家社群为何，是从孝道文化内部实践的角度来考虑的，与组织功能有关。

4. 学习与成长构面

孝道文化未来是否能维持孝道中的礼、永续经营，以长期观点探讨青年学子的学习、成长与创新，是从学习与成长角度来考虑的，与人力资源有关。

（七）运用策略地图与孝道文化具体做法

兹针对台湾地区发展孝道文化的现况，运用平衡计分卡四个构面的理论架构，提出具体策略地图与优先级的看法。

1. 财务构面

本构面主要强调孝道文化具体策略地图与优先级的看法，从家庭的获利能力、成本管控、附加价值以及各种相关收入来源等分析。评估家庭营运策略的规划与孝道文化执行，对于孝道文化是否有所贡献。因此，发展孝道文化活动应进行效益评估策略，以追求家庭中所有利害关系人（stakeholder）的最大效益与价值。

（1）提升孝道文化供给面的效益：

①运用人力、文化及资源；

②社会环境与价值观；

③法制的规范。

（2）提升孝道文化需求面的效益：

①扩大开放自由思维；

②举办优质的大型或国际"爱家活动"；

③与在地特色孝道文化企业合作，使孝道文化活动及医疗紧密结合。

2. 亲情构面

本构面主要强调"家人永远是对的"，有学者认为这句话应见仁见智，从逻辑上而言不为真，但事实上它是一个哲学问题，强调现代社会以人为本、服务至上的企业精神。孝道文化必须强化家庭沟通服务，提高满意度，以及互相合作的意愿。具体做法如下。

（1）营造诚信、友善、优质的孝道文化。

（2）强化孝道文化达到家人"养亲""敬亲""安亲""尊亲"的目的。

（3）成立孝道文化父母满意度调查机制：

①加强台湾营销孝道文化的规划地图；

②了解与整合孝道文化结构；

③活化农村合作医疗环境设施；

④强化核心大病保险服务作业。

孝道文化规划与发展，必须了解孝道文化现代结构，以及整体的孝道文化实践。

因此，加强孝道文化结构以及强化孝道文化服务的核心作业，使其有效能地运作，才能提高孝道文化质量。

3. 内部流程构面

本构面主要强调现今企业经营环境的快速变化与组织扁平化趋势已成为常态，企业能掌握速度，就掌握了制胜的关键。企业如何对孝道文化内部流程作改善和整合，及善用信息科技有效结合孝道文化运作流程，以达到孝道文化内部程序的整合与效率化，而能快速反映孝道文化外部的状况。这是孝道文化需要思考的关键议题。具体做法如下。

（1）运用家人的陪伴与支持提升孝道文化价值。

（2）大病保险服务操作系统设计与价值活动的整合。

（3）革新保险服务作业内部流程程序。

（4）鼓励组织成员参与决策或提出孝道文化的执行程序意见，因为良好的组织氛围有助于成员满足、投入以提高孝道文化实践绩效等。内部流程的管控可说是效率化和标准化的起始点，可催化孝道文化流程再造。

4. 学习与成长构面

本构面主要强调敬与礼的养成是孝道文化发展上的首要任务。具体做法如下。

（1）建立专业人力资源培训的机制。

（2）提升家庭组织成员的满意度。

①公平对待。

公平的气氛让家人感到满意，能够心无杂念地专心工作，家庭成员付出多少就会有多少公平的回报。

②强化培训。

孝道文化要想成功，其家庭氛围是关键之一。培训的机会多，其实意味着道德认知的机会也较多。孝道文化充满追求进步的氛围，重视孝道文化的发展，有助于提升家人对孝道文化的满意度。

③深厚感情基础上的管理。

孝道文化以家庭为中心，重视家人的权利、健康与福祉，使家人有价值、有尊严、有意义。实施人性化管理制度的公司，通常会有较高满意度。

④命运共同体。

孝道文化要让家人感受到不只是一种社会伦理，还可以陶冶家庭中的每一分子，将自己的儒家社群与孝道文化连结在一起，觉得有愿景，自己的价值感能得到体现。

二 研究方法

（一）研究分析法

1. 文献调查法

在本研究中，我们使用图书馆资源及网络的论文数据作为参考。参考二手资料、专书研究以及期刊论文，[①] 分析当代西方学者文章以及《论语》《孟子》《礼记》《大戴礼记》《孝经》这五部经典的孝道思想。

2. 抽样方法

随机抽样方式选出"便利抽样"乃研究者以方便的行为抽样为考虑，常为争取时效或达到特殊目的，实时进行问卷调查。

3. 层次分析法（AHP）

运用平衡计分卡以建构孝道文化指标层级架构中，从四个构面深入了解孝道文化要先从哪个项目优先处理的深化策略。

---

① 参见林士章、郑健雄《以平衡计分卡观点探讨休闲度假旅馆绩效指标——应用模糊层级分析法》，《品质学报》2009 年第 16 卷第 6 期，第 441~459 页；林富美、卢美秀、杨铭钦、邱文达《运用平衡计分卡建构台东县长期照顾机构绩效指标之研究——医院附设护理之家绩效之个案研究》，《医务管理期刊》2005 年第 6 卷第 3 期，第 327~346 页；谢惠元、郑善明、陈秀琴《运用平衡计分卡建构早期疗育机构绩效评估之研究》，《社会科学报》2010 年第 17 卷，第 51~80 页。

（二）研究样本

本研究采用问卷调查法，问卷于2018年5月中旬送达各施测学校后，委托级任老师对该班学生施测，两周内收回，问卷回收率100%，经剔除无效问卷24份后，得到有效问卷970份。该问卷之内容有"财务构面量表""亲情构面态度量表""内部流程构面量表""学习与成长构面量表"和学生的"基本数据"，包括年级、性别、出生年月日、身高、体重、父母受教育程度、父母职业类别、家庭环境类型，以及若干家庭环境因素和学校教育环境因素等题目，如家里兄弟姊妹的人数、零用钱的多寡、是否有参加儒家社群等。

三 研究结果与分析

（一）研究工具

1. 专家效度的检视

研究问卷初稿完成后，为使问卷整体内容的语意及词汇意涵表达更为口语化及贴近研究样本的适用性及需要性，以及符合研究议题的方向进行问卷修正，经过指导教授专家以及具有丰富经验的实务专长者进行问卷检验修正，以提升本研究问卷的效度与可行性。说明如下。

将第一部分个人基本资料特质作修正，在"财务构面"需增列机构提供收费标准，"亲情构面"删除第7题，第9题需修改并增列人员态度和善且主动关怀及在重视家人隐私上，在"内部流程构面"第6题和第8题对调，第21题需作修正。

2. 问卷信度分析

一致性（consistency）表示测验内部试题间是否相互符合稳定性（stability），即对同一件事物进行两次或两次以上的测量，其结果的相似程度，即不同的测验时点下，测验分数前后一致的程度—信度越高，代表测量结果越可靠。信度系数介于0与+1之间，数值越大，信度越高。预测问卷以Cronbach's Alpha值（求取内部一致性）进行信度分析，各题项组的 Cronbach's Alpha 值系数需在 0.7 以上，来运用平衡计分卡建构指标之研究决定题目的一致性，及据此删除不适切的题目。在财务构面 Cronbach's Alpha 值为 0.75，亲情构面为 0.92，内部流程构面为 0.92，学习与成长构面为 0.94。研究问卷量表中四个构面的信度皆达 0.7 以上，表示本问卷的一致性良好。

3. 因素分析

本研究预试在财务、亲情、内部流程及学习与成长构面的 KMO 值分别为 0.926、0954、0.958、0.989，表示适合进行因素分析。

（1）财务构面。

此题项分为两个因素，因素一为"家庭财务来源"，因素二为"其他单位捐赠财务来源"，因素分析结果说明如下。因素一"财务运用适切性"：此因素有 8、9、12 共 3 题，可解释层级分析在"财务构面"之题项上。因素二"捐赠型财务来源"：此因素有 1、2 共 2 题，可解释层级分析在"财务构面"之题项。

（2）亲情构面。

此题项分为两个因素，因素一为"家人教养行为"，因素分析二为"子女教养行为"，因素分析结果说明如下。因素一"养儿防老"：此因素有 9、10 共 2 题，可解释层级分析在"亲情构面"之题项。因素二"子女教养行为"：此因素有 4、5 共 2 题，可解释层级分析在"亲情构面"之题项。

（3）内部流程构面。

此题项分为三个因素，因素一为"家人的陪伴与支持"，因素二为"身体力行"，因素三为"儒家社群"，因素分析结果说明如下。因素一"家人的陪伴与支持"：此因素有 6、7、9 共 3 题，可解释层级分析在"内部流程构面"之题项。因素二"身体力行"：此因素有 18、19、20 共 3 题，可解释层级分析在"内部流程构面"之题项。因素三"儒家社群"：此因素有 14、15 共 2 题，可解释层级分析在"内部流程构面"之题项。

（4）学习与成长构面。

此题项分为两个因素，因素一为"心里是敬"，因素二为"孝道中礼"，因素分析结果说明如下。因素一"心里是敬"：此因素有 10、12 共 2 题，可解释层级分析在

"学习与成长构面"之题项。因素二"孝道中礼":此因素有3、4共2题,可解释层级分析在"学习与成长构面"之题项。

表2 推动孝道文化策略地图

构面		主题	策略目标
财务构面:财务运用适切性		1. 奉养的落实 2. 经费的收入 3. 每月底财务结账	捐款型财务 1. 基金会的捐赠 2. 地方政府的补助 3. 外包机构孝道:养老院及日间照护中心,也显示出子女还是希望能尽孝道
亲情构面:孝道文化维护		1. 同人对家人及子女的教养态度 2. 养儿防老 3. 老人需求导向	身体发肤受之父母,不敢毁之 1. 订有老人申诉流程 2. 住民及家属对孝道文化的满意度
内部流程构面:	孝道文化维护	1. 陪伴支持制度 2. 老人福利维护办法 3. 老人设施符合无障碍规定 4. 家人的陪伴与支持	1. 运用家人的陪伴与支持提升孝道文化价值 2. 大病保险服务操作系统设计与价值活动的整合 3. 革新保险服务作业内部流程程序
	孝道文化服务质量维护	1. 住民及家属对权益事项参与 2. 家人内紧急意外事件处理作业流程 3. 家人依照外包机构服务指针质量监测执行	《孝经·谏诤章》中指出:"父有争子,则身不陷于不义。故当不义,则子不可以不争于父。"也就是说,在父母有不义的时候,不仅不能顺从,而应谏诤父母,使其改正不义。这样可以防止父母陷于不义
	家人工作负荷量	1. 家人工作人员工作负荷量适当 2. 老人日常活动空间符合需求	家庭成员懂得敬老爱老助老的重要性,更要使他们身体力行地为老年人提供一个精神舒畅的家庭环境
学习与成长构面:专业能力		1. 家人对于父母所需专业熟练的敬 2. 鼓励家人重视孝道的礼	推动"老人自决",自己决定自己的路,把自己交给耶稣,往生就不必担心,也不要为难子女

四 结论与建议

(一)结论

1. 孝道文化发展的做法与树立新孝道契机有关

相较于其他地方已经盛行多年的孝道文化,台湾地区目前仍处于探索阶段。孝道文化牵涉多元元素的组合,包括孝治天下、个人生活方式、社会治理、孝道教育及小区文化等，其影响的层面极为广泛与多元。

要树立新孝道，需要进行道德提倡，加强舆论监督和精神鼓励。把孝道作为当代道德的底线，大力提倡，遵循古时"老吾老以及人之老"的道德培养模式，关爱老人，敬重长者，为形成良好社会公德采取最易行、最低层次的道德行为。"孝始于事亲""今之孝者，是谓能养"，乃儒家核心思想之一，这种赡养之道能达至"养亲""敬亲""安亲""尊亲"的目的，是符合现代社会提倡的"老有所养""老有所属"的理念。

孝道文化可以用十二个字来概括，即敬亲、奉养、侍疾、立身、谏诤、善终。在"养亲"和"敬亲"的基础上，儒家又提出"安亲"的要求。"安亲"有两层含义：一是"外安其身"，二是"内安其心"。有人认为，只要赚钱后，给父母买房子，请保姆，吃大餐，去旅游，就是孝顺父母。其实，这只是"外安其身"。作为父母，不仅有物质需求，而且有追求内心安宁的精神需求。"立身行道，扬名于世，孝之终也。"（《孝经·开宗明义章》）这就是说，做子女的要"立身"并成就一番事业。儿女事业上有了成就，父母就会感到高兴，感到光荣感到自豪。又在父母有不义的时候，不仅不能顺从，而应谏诤父母，使其改正不义。这样可以防止父母陷于不义。"孝子之事亲也，居则致其敬，养则致其乐，病则致其忧，丧则致其哀，祭则致其严，五者备矣，然后能事亲。"（《孝经·纪孝行章》）儒家的孝道把送葬看得很重，在丧礼时要尽各种礼仪。

2.《孝经》人才培训

《孝经·开宗明义章》云："立身行道，扬名于世，孝之终也。"这就是说，做子女的要"立身"并成就一番事业。儿女事业上有了成就，父母就会感到高兴，感到光荣感到自豪。因此，终日无所事事，一生庸庸碌碌，这也是对父母的不孝。

人才培训可以从以下两方面着手：机构制定专业人才培训《孝经》计划；机构提供单位人员《孝经》在职教育训练。

（二）建议

1. 财务构面

以现实社会结构而论，社群经济是指互联网时代的发展，传统孝道的经济、政治基础早已消解。正处在迅速工业化、信息化阶段的现在，家庭早已脱离了家族而发展，个人也不再依附于家庭而生存。故制定财产管理办法有必要主张以下权利。

（1）带薪休"孝亲"假的权利，或者获得弹性工作时间的权利。

我们可以设立仿照"产假"的休假制度，让子女每年享有一定的带薪"孝亲"假，而且此假期不限性别。当父母患有慢性疾病，需要长期照料，短时间的休假不能满足需求时，可以申请单位提供获得弹性工作时间的权利。

（2）不受到孝亲影响的平等雇佣权。

当人们选择休"孝亲假"，或者因孝亲而申请弹性工作时间时，用人单位不能因此而解雇、调岗位，或拒绝录用孝亲权利申请人。

（3）在子女居住地获得跨地区医疗服务和费用报销的权利。

目前中国存在大量的老人生活在农村、子女在城市工作的情况，但医疗保险往往指定当地的医疗机构，医疗费用的跨地结算十分不便。设有专人保管及管理者，改变这一状况，才能让老人自由地与子女生活在一起。

2. 亲情构面

（1）获得小区围绕家庭养老的支持的权利。

无论是在城市还是在乡村，家庭养老都需要所在小区的支持。在城市里，居民小区可能是比较成熟的单位，而在农村，自然村或者行政村都可能成为支持单位。以小区为单位建成分级联动护理医疗体系，并且建立家庭—小区—大型医疗机构的联网机制，例如将小区医疗体系的建立与家庭养老相结合，建立10分钟内可及的小区医疗机构；在小区医疗机构能够做到基本不用等待或医务人员可随时出诊，实现在老人的医疗过程中及时应诊、及时转诊。

（2）为居家养老提供便利。

许多家庭需要在诸如房屋设计、辅助设备的建设方面实行改造，例如建立轮椅滑梯，安装防滑浴缸、氧气设备、透析设备、急救设备等。一方面，这类改造既可能需要政府进行统一的规划，例如进行样板范式的设计，也需要政府进行各种形式的经济补贴；另一方面，也应当充分地利用市场的活力，让养老房产和建筑市场在利润的刺激下开发出更多方便老人的产品。

3. 内部流程构面

（1）医疗护理能力培训。

实行家庭养老，需要的不仅仅是时间和精力。随着现代生活水平和医疗水平的提高，人们的寿命越来越长，而且带病生存，尤其是带慢性病生存成为老年人的生活常态。

（2）更需要多方面关注。

家庭养老需要家人掌握更多专业的护理知识。随着人们对生活水平要求的提高，老人的心理状态也是老人生活质量中不可忽略的方面。老年人处于生理的弱势，又在一定程度上脱离了社会生活，面临着死亡的威胁，心理比生理更需要关注。

4. 学习与成长构面

台湾推行孝道文化的同时，将"敬"与"礼"的养成是孝道文化发展上的首要任务。

（1）敬与礼的养成应建立专业人力资源培训的机制。

（2）提升家庭组织成员满意度。

孝在儒家传统思想中一直扮演着重要的角色，被视为能够维持家庭、家族、社会及国家稳固的重要力量，也因为如此，在中国历代帝王中，莫不提倡孝德的教养，由此可证明孝在历史上所享有的地位。

主张"知行合一"。知是行的前提，行是知的结果，只有深知，才能笃行。在具体的实践方面，可以翻印一些关于孝道的经典和行孝的典故事迹，让学子从中学习并从内心感受孝道思想的可贵，明白行孝的重要，最终达到知与行的统一的认知。

唤醒人们"感恩"这样一个基本的道德情感，让孩子理解父母、老师的给予和关爱，有了这种理解，才能懂得更好地孝敬父母，才能与人和睦相处。

孔子以"孝慈"回答季康子"使民敬忠以劝"，何晏集解引包咸云："君能上孝于亲，下慈于民，则民忠矣。"[①] 充分符合孔子的意思。君能孝慈，才能感动人民的忠

---

① 何晏注、皇侃疏《论语集解义疏》，（台湾）商务印书馆，1937，第22页。

心；反之则否。这就是道德关系的相互对待。这种道德关系的相互对待观念，既反映在家族伦理中，也反映在政治伦理上。由此亦可证明"移孝作忠"不是孔子思想，孔子论忠孝，并非要人绝对服从，也无阶级意味，其他道德观念亦如是。

（责任编辑：卢金名）

道教祭炼科仪的儒道内涵与孝道理想

王琛发[*]

摘　要　道教自汉代《太平经》以"寿"与"孝"结合成为天人合一的印证，再到东晋《太上洞玄灵宝无量度人上品妙经》把道教生死观念定位在"仙道贵生，无量度人"以及"死魂受炼，仙化成人"，其背景皆源于道教继承儒家重视孝道、爱惜形体源于父母的思想；以其结合道家羽化登仙理想，便转化出以"贵生"与"孝道"得度成仙的教义。南宋后，道教度亡科回应着儒释道三教频密对话，更演变出延续黄箓斋诸种利益的独立祭炼科仪。其精髓在道士本身修为，要日常以孝道与长生并重，圆成道德与丹功齐修，由此协助病残灵体忏悔守戒，便能以有道者之阳神"洗""炼"亡魂之阴浊，炼度幽魂转升仙体，使离世之悲化为成仙之喜，生者死者咸能尽孝祖先父母。

关键词　灵宝法　黄箓斋　水火炼度　天人合一

一　儒家实乃道教度亡神学的渊源

道教生死观将修长生、修神仙结合于修行孝道，把两者相提并论、视为一体，最早可以追溯到道教教团形成前后。当时，《太平经》指出的"父母，乃传天地阴阳之祖统也"[①]，其实也并非《太平经》突然发明。其经文内涵的儒家思想源头，可参照《礼记》。《礼记·祭义》说道："身也者，父母之遗体也。行父母之遗体，敢不敬乎?"[②]

---

[*]　王琛发，马来西亚道理书院院长，山东大学儒家文明协同创新中心访问学者。
[①]　王明:《太平经合校》，中华书局，1960，第311页。
[②]　(汉)郑玄注，(唐)孔颖达疏《礼记正义》第七册，《十三经注疏》本，中华书局，1957年影印版，第1963页。

《礼记·祭义》又说，曾子这段思想，来源是听闻孔夫子说过："天之所生，地之所养，无人为大。父母全而生之，子全而归之，可谓孝矣；不亏其体，不辱其身，可谓全矣。"① 因此，根据《太平经》，可知早期道教的神学理论建构，是渊源于其成长土壤的华夏文化思维，其自古看待人类生命价值，论及生死大事到修道成仙，总不离孝道为本，以宗教领域的表述凝聚其维护孝道思想的精华。

再看《太平经》之有此种说法，其道学义理的思维方式也可能考诸《易经》与《黄帝内经》，说明道教宇宙观、生死观的渊源不离先秦诸子之传承。以《周易·系辞上传》为例，其内容论说"乾道成男，坤道成女"是为更深一层指出"生生之谓易，成象之谓乾，效法之谓坤"②。由此便知，先民是由发现生命源自父母，父母生命又是源自祖父母，乃至可以上溯历代父母祖先，总结出生命在物质世界的源头即是天地；而按照这套思想，也就得出《周易·系辞下传》所结论的"是故易者，象也，象也者，像也"③。由此天人相像相感之说，先民互相观察彼此日常生活，也能体验人类生理受着天道运行影响，再从天地人相互作用的经验论证人体和天地相通，认识天地人互相感应：天是大宇宙，人是小宇宙，天地人三者同源、同秉、同体、同构、同律、同感。而《黄帝内经·素问·宝命全神论》论述类似观点，则是从医书论述生命起源的角度，提出天、地、人之所以同源、同秉、同体、同构、同律，源于"人以天地之气生，四时之法成"④；由此提出因着天人合一就能长寿，本有可能。《素问·六节脏象论》还进一步指出，人体能存在，在于"气之数……气合而有形……以养五气，气和而生，津液相成，神乃自生"⑤。亦即说，人与天同源原因在于"气"，人与天相通的主要管道也是"气"。在《道德经》中，老子谈及宇宙生成时教导："道生一，一生二，二生三，三生万物。万物负阴而抱阳，冲气以为和。"意为一气能化出阴阳二气，阴阳二气能再化生二者的调和之气，三者的相互作用，助成万物的出现和演变。⑥

---

① （汉）郑玄注，（唐）孔颖达疏《礼记正义》第七册，第1966页。
② （宋）朱熹注《周易本义》，中国书店，1994，第106~109页。
③ （宋）朱熹注《周易本义》，第119页。
④ 王维编《黄帝内经》，线装书局，2005，第92页。
⑤ 王维编《黄帝内经》，第28~29页。
⑥ 蔡为烽：《老子的智慧》，（台湾）"国家"出版社，1980，第198页。

道教其实是综合先秦诸子，以构建其关于人类起源与身体观念的信仰说法。理论上，正因为"气"由道生，而道与天地万物的关系呈现为道在万物，因此万物也不外道的表现，包括每个人能以自身"形""神"修道，原因也在人类身体都是秉天地之气而生。以后道教丹道盛行的《秘传正阳真人灵宝毕法》（相传是钟离权得之于终南山），书中说是元始天尊亲传的《金诰》，以"元始天尊"名义书写的文字也说"天地者，大道之形；阴阳者，天地之道"①，又说"大道本乎无体，寓于气也。其大无外，无物可容。大道本乎无用，运于物也"②。由此进路，当道教把"道生天地"和"人秉天地之气而生"合论，"与道合真"与"返本报始"并无矛盾——人类皆源自父母，历代父母祖先是人秉天地之气的源头，没有父母祖先就没有本人，一个人日常如果感恩父母、回报父母，才是心身明白，顺应着"大道之形、天地之道"去体证。个人是否行孝、如何行孝，亦是大众判断他或她如何对待"大道之形、天地之道"的标准。所以，道教求长生、求成仙，都可结合着是否做好孝道，说明他是否对待好天地之道。

由此可证，道教生死观之相异于其他宗教之生死观，不止在于道教强调"贵生"，强调以"形"修道成神仙，还在于道教主张长生、成仙的终极关键是讲究天人合一、与道合真，但"天人合一"或"与道合真"日常须臾不忘，也就表达在时刻上体天地之道，亦即时刻不离回应父母祖先的孝道，所以《太平经》才主张"天下之事，孝为上第一"③。根据《太平经》，可见其内容延续着《孔子家语·弟子行》的"孝，德之始也"，进一步把修炼"形"与"神"的目标表达在"寿"与"孝"，将两个日常可以印证的概念，定位为追寻成仙的基础。当《孝经·开宗明义章》说"身体发肤，受之父母，不敢毁伤，孝之始也"④，《太平经》则以"寿"合论"孝"，认为身体源自"天地阴阳之祖统"，能尊重父母遗传给自己的身体，修得长生而保全完美，才算尽孝。《太平经》由此阐释："学问何者为急？故陈列二事，分明士意失得之象。自开辟已来，行有二急，其余欲知之亦可，不知之亦可。天地与圣明所务，当推行而大得者，

---

① 《道藏》第 19 册，文物出版社、上海书店、天津古籍出版社联合出版，1988，第 158 页。（以下再引用《道藏》，皆称《道藏》某册某页，不另详注。）
② 《道藏》第 19 册，第 167 页。
③ 王明：《太平经合校》，第 593 页。
④ 宫晓卫：《孝经：人伦的至理》，中华书局，1996，第 3 页。

寿孝为急。寿者，乃与天地同优也。孝者，与天地同力也。故寿者长生，与天同精。孝者，下承顺其上，与地同声。此二事者，得天地之意，凶害自去。深思此意，太平之理也，长寿之要也。"① 简言之，"求寿"与"行孝"都是德的体现，也构成天地与圣明之人的存在意义，由始到终是不能停止的紧要大事，做得正确就可趋吉避凶，为人处世，除了这两件事，其他皆为次要。

反过来，《太平经》固然在多处讨论导引、行气、药食等各种修道方法，但其内容一旦论及天道感通人伦，经典就不会讨论做不成神仙的细节，而是直接道破"不孝不可久生"②。《太平经》认为，人若不得长生，修仙不成，原因也在"寿孝者，神灵所爱好也。不寿孝者，百祸所趋也"③，"孝善之人，人亦不侵之也；侵孝善人，天为治之"④，这直接影响后世的道教教义。到晋代，葛洪撰写《抱朴子内篇·对俗》，结论说"欲求仙者，要当以忠孝、和顺、仁信为本。若德行不修，而但务方术，皆不得长生也"⑤。一般大众受着道教思想影响，也都意识到相同的道理：不孝者无法长生，不孝者无法成仙，忤逆父母者死后亡魂陷入苦难恶道。

实则，道教自《太平经》以来展现的生前死后价值观，不离华夏古人相信的"魂兮归来"，明显立足在信仰死后"魂气"尚存，认为死者精神可以永远继续存在于人类世界，并认为死者也可能以这种更长远的存在形式，并回归原来的家庭，与家人团聚，在父母子女之间代代相传的关系当中继续存在。这在先秦思想典籍中，也许未曾多谈"魂"是否存在，可是"魂"在当时的丧葬仪式毕竟是个核心观念。三《礼》提到家属在死者临终要有招魂的努力，就是证明"魂"也可以依赖其缘起与形成的"气"，在出离形体之外独自存在。而儒家丧礼的"复礼"也是要在仪式当中招请新亡之魂。再以长江两岸的习俗相比三《礼》，战国时期屈原等《楚辞》作者以华丽辞藻描述"招魂""大招"，也能一再印证当代楚地考古发现的各种"升仙图"内容。

其实，每个人的死亡都会牵涉到"人"的定位——人类有没有必要存在于世间？

---

① 王明：《太平经合校》，第310页。
② 王明：《太平经合校》，第597~599页。
③ 王明：《太平经合校》，第311页。
④ 王明：《太平经合校》，第592页。
⑤ （晋）葛洪撰，张广保编《抱朴子内篇》，北京燕山出版社，1995，第56页。

如果死亡等于永恒消失，个人生命是否有血缘后代延续，乃至其积累的文化与知识在人间能否传承，对亡者也没有多大意义。同样的，人类不论如何活着，最后都得永恒消失，家属亲友死亡，就变成一再启发大家厌世的想法，感觉生命源于偶然，没有目的也没有结果，无奈降生受苦一番，最后总要消失。中国古人信仰人秉天地之气而生，把"魂"视为由"气"构成，又相信人的神气/魂气在身体没有生气以后有段时间能以其他形式继续存在，即魂秉天地之气继存，可谓是借着肯定"亡魂"存在，安顿人心。赋予殡葬和祭祀服务"魂兮归来"的意义，就确定了人在世间的生命不是偶然无辜而活，死后也并非等于生前一切毫无意义。一旦尘世生命结束等同取得其他形式永恒生命的机会，传统能否延续，对死者与家属也就有意义。

然而，问题就在，若只谈现世间养生，以"长生"对治死亡，毕竟尚缺少处理死后世界的能力。即使按照《素问·上古天真论》所言的至高境界，即"中古之时，有至人者，淳德全道，和于阴阳，调于四时，去世离俗，积精全神，游行天地之间，视听八远之外，此盖益其寿命而强者也，亦归于真人"①，最终也只不过是活得长久些，拖长自己最后依然一无所有的结局。人甚至找不到自己，活着又是为了什么？何况，根据《素问·上古天真论》全文，其文字所谓"真人""圣人""贤人"，众人再能"益寿"，依然会有死期。② 所以，就信仰而言，重点终要落在能够解释"人死后，曾经活过的自己怎么办"。人若死了，是气散、形神俱灭还是进入《周易·系辞上传》提到"精气为物，游魂为变，是故知鬼神之情状"③？那又是什么形态的生命境界？这正是本土宗教延续前人思考，延伸向终极关怀之理由。

而道教理解"死亡"，定义其实很简单：若能形神相结，与道合真，就可以超越死亡；形消神散，不能与道合真，就无从超越死亡。把《黄帝内经》对照《庄子》，当《素问·生气通天论》提到延寿与死亡之间的距离，是说"圣人传精神，服天气，而通神明；失之则内闭九窍，外壅肌肉，卫气散解，此谓自伤，气之削也"④。相比之下，《庄子·知北游》也是借着黄帝的话，说明生死差别在于"人之生，气之聚也。聚则为

---

① 王维编《黄帝内经》，第3页。
② 王维编《黄帝内经》，第3页。
③ （汉）郑玄注，（唐）孔颖达疏：《礼记正义》第七册，第108页。
④ 王维编《黄帝内经》，第8页。

生,散则为死"①。这两段文字的立论,显是基于相近的思路。但若以《庄子·天下篇》有说"千岁厌世,去而上仙,乘彼白云,至于帝乡"②,去对照《庄子·达生》还说过的"夫形全精复,与天为一。天地者,万物之父母也"③,就更能印证《庄子》思路相近《黄帝内经》认知的天地人关系,并且相信个体能"与道合真"(或如其文字形容的"与天合一"),以保全、复原或变化掉自家形体,全其神魂,肉体飞升。这样一种生理状态,在《说文解字》中的解释,是"仙,神也……老而不死曰仙","真,仙人变形而登天也"④。唐代杜光庭注解《太上老君说常清静经注》总结这种肉身得道的方法,有说"玉符宝神,金液炼形,形神俱妙,与道合真"⑤。以后宋代《元气论》接续着源自《老子》、《易经》与《黄帝内经》的"气论",便是从"道生天地"说及"炼神炼魂""形神俱安",认为"身之与神,两相爱护,所谓身得道,神亦得道;身得仙,神亦得仙。身神相须"⑥。当然,这要落在实践上,《太平经》早就提出,要能努力做到体现为日常生活的天人合一,而不是幻想飞升,依旧要由"贵生"与"行孝"互参,吾道一以贯之。

修道长生,以肉身登仙,不见得人人都可做到。而且,修长生而形神相合,与道合真,炼神合道,基础虽在形体,但其要求却是如杜光庭形容的"玉符宝神,金液炼形,形神俱妙",也不等同是原来充满阴浊之气的本体。所以,道教的理论中,"仙人变形而登天"的概念很重要。

沿着同样概念,东晋以来流传的《太上洞玄灵宝无量度人上品妙经》,其首卷即说"亿曾万祖,幽魂苦爽,皆即受度,上升朱宫,格皆九年,受化更生,得为贵人;而好学至经,功满德就,皆得神仙,飞升金阙,游宴玉京也"⑦,又说"世人受诵,则延寿长年,后皆得作尸解之道,魂神暂灭,不经地狱,即得返形,游行太空"⑧。可见,道教早期的《度人经》教义,除了延续先秦典籍常见的"形神双全",进一步阐明"仙

---

① 沙少海:《庄子集注》,贵州人民出版社,1987,第 234 页。
② 沙少海:《庄子集注》,第 131~132 页。
③ 沙少海:《庄子集注》,第 204 页。
④ (唐)段玉裁注《说文解字注》,兰台书局,1977,第 387~388 页。
⑤ 《道藏》第 6 册,第 12 页。
⑥ (宋)张澡:《元气论》,收录在(宋)张君房编《云笈七签》,书目文献出版社(影印本),1992,第 401~405 页。
⑦ 《道藏》第 3 册,第 326 页。
⑧ 《道藏》第 3 册,第 326 页。

道贵生，无量度人"，又是以道教主张"死魂受炼，仙化成人"①之无上微妙方法，诠释"魂兮归来"为何能真实不虚，由此便继承着中华传统生死观念，也能说明道法对治死亡的奥妙。

迨至宋朝，"魂气"归于何处，也一样是儒者之间的"大哉问"。如朱熹，他也是从重视"凝聚魂气"的角度解说："人死，虽然魂魄各自飞散，要之，魄又较定。须是招魂来复魄，要他相合。复，不独是要他活，是要聚他魂魄，不教便散了。圣人教子孙常常祭祀，也是要去聚得他。"②又说："古人自始死，吊魂复魄，立重设主，便是常要接续他些子精神在这里。"③朱熹还曾经以"感格"论祭祀，认为其道理在"气"的"各从其类"与"同类相感"。在朱熹看来，万物秉气而生，只要祭祀者和接受祭祀对象关系上合情合理，祭祀者有诚敬之心，就能感格对方的"气"。所以，朱熹曾说："虽不是我祖宗……我主得他，便是他气又总统在我身上，如此便有个相关处。"④

把朱熹这样的说法，对照他之前之后的道教神学，正如上述，早自《太平经》，一直到东晋流传的《太上洞玄灵宝无量度人上品妙经》，道教自有一套朱熹未曾详细提起的内容，是从本教信者恒信的角度，以宗教神学设想如何长久地凝聚魂气。《太上洞玄灵宝无量度人上品妙经》，作为东晋南朝古灵宝派至今的大经，其六十一卷内容当中，卷一《度人经》本文，即是延续着《太平经》以来崇尚结合"求寿命"与"行孝道"的修道主张，把主题思想设定在生者要能"仙道贵生，无量度人"，死者要能"死魂受炼，仙化成人"。以后的祭炼科仪，多是上溯灵宝祖师，又都建议道士力行自身修为，也不外说是日常以孝道与长生并重，圆成道德与丹功齐修，如此才有能耐兼顾度人修道与救助亡魂。此中所谓救助，即以我之阳神，祭炼彼之阴魂，助无身之魂，转化出神仙之体；如此，道教所提倡孝道，既是人间之伦常，亦是上契天道的成仙之本，不论生前死后不可有变，不论生前死后皆可实践。生者在死者日后犹能对死者行孝报恩，生者死者又俱可能于生前死后"形""神"俱修，取得不坏之仙体，回报父母祖先之赋予养育形体之恩。

---

① 《道藏》第3册，第327页。
② 黎靖德编《朱子语类》，文津出版社，1986，第50页。
③ 黎靖德编《朱子语类》，第51页。
④ 黎靖德编《朱子语类》，第47页。

二 祭炼形成道教度亡斋法的内涵

目前盛行的道教灵宝斋法度亡科仪，最早渊源，见于黄箓斋法济度亡魂的环节。自南北朝到唐代，道教一直都很重视黄箓斋救人济幽的功用，《无上黄箓大斋立成仪》卷四十六有所谓"经分三十六部，而度人莫先；斋列七十二等，而黄箓为首"①。黄箓斋被视为上可开度天人、下可救度幽魂，又可为众生解殃消劫，以及祈得人间风调雨顺。唐代杜光庭编的《太上黄箓斋仪》，内容涉及消灾、安宅、忏禳疾病、普度幽魂等，明显反映黄箓斋的功用是相应于济度亡魂与保护生灵，冥阳两利。

按照《太上黄箓斋仪》所记载，黄箓斋诸种忏仪的重点都在教化生者与先人因此"忏罪谢愆"。黄箓斋仪举行时间可以是一天、三天、五天、七天，但举行正斋之前，首先得在三十二天或二十四天内发告文字，扬告盟幡，自当天起每夜接待前来的孤魂；同时，举行正斋一月前到十日内，也要发文敬请相关大小神明负责工作，以便寻找到后人所欲敬荐的亡魂，把他们请领到坛前，伺候开度。唐代欧阳询在《艺文类聚》卷四记载，唐代道教徒盛行在中元节期间举行科仪，办理普度施食："道士于其日夜讲诵是经，十方大圣，齐咏灵篇，囚徒饿鬼皆饱满，免于众苦，得还人中。"② 这段文字，除了可以见证唐代普度施食科仪之盛，也能反映黄箓斋以祭度亡魂为目的，当时也可能借助着中元节以孝亲和救济孤魂为节日主题的平台传播教义。

当然，救度亡魂如果止于施食，就不算是度亡。办完施食道场，亡魂还是亡魂，并不一定获得超拔，显然不符合孝道与仁心的终极意义。更进一步说，即使死者生前罪恶得到赦免，死魂灵体如果还保持死前病残样貌，比起一般生人身躯带着更多残缺，那也并非完满。亡魂生前之所以死亡，在于把祖先父母遗传给他的身体损耗了。如果亡魂受度成仙，亡魂肯定不应保持由自己人生导致残缺的身体。那意味着不孝之罪未曾解脱，如何能自圆其说是得度成仙？何况，灵体若无从比较神仙之躯，不符合天仙的体质，亦意味着尚缺上天成仙的条件。因此，道教除了主张祭祀死者，还必须让一

---

① 《道藏》第 9 册，第 645 页。
② （唐）欧阳询等编纂《艺文类聚》第一册，上海古籍出版社，1965，第 80 页。

切有缺陷的阴魂转化为完美的仙体。《太上黄箓斋仪》卷三十六的"普度幽魂迁拔科仪"便提到，黄箓斋仪的功用在于："赦生前殁后之愆，释考责忧劳之苦。沐浴天泽，洗涤幽阴。炼度形魂，出离罪恼。"① 后人为先人设斋，不只是对先人尽孝，也是在帮助先人完成孝道。

南朝刘宋高道陆修静曾在《洞玄灵宝五感文》指出，黄箓斋功效在"为同法拔九祖罪根"②。后来宋代留用光传授、蒋叔舆编撰的《无上黄箓大斋立成仪》则提到说："烧香行道，忏罪谢愆，则谓之斋；延真降圣，乞恩请福，则谓之醮。斋醮仪轨不得而同。"③ 由此可知《无上黄箓大斋立成仪》是历代增修的成果，经过刘宋陆静修，唐张万福、杜光庭，宋留用光、蒋叔舆等人的努力，才作为历代黄箓斋醮仪的总集。《无上黄箓大斋立成仪》文字以"忏罪谢愆"作为道教传统相承的重要教导，总结了教义的传统主张：惟有发自内心"忏罪谢愆"，才能确保自己回转至真实不虚的正心诚意，乃至把反哺之念延及历劫祖先，以至将心比心扩散到普度其他先人和诸种众生，这样才是孝道的完全实现。

宋朝的宁全真在《上清灵宝斋法·古序》里继续前人说法，也是强调黄箓斋功用极为灵效。他说："斋有二十七等，备在三洞经中，则三洞各九品斋也。内黄箓斋者，遐福荤有，广救三涂，报应之期，影随响答，古今所验，实繁其人。"又说："若帝王国主人民土地一切众生，有诸灾厄，应当消却。召诸道士，及以女官，或多或寡，广立瑶坛，悬诸幡盖，散花烧香，燃灯照夜，行道礼忏，昼夜六时，勤勤不息，克获灵应，福德普臻。"接下去又说，"经曰：黄箓者，开度亿曾万祖，先亡后化，处在三涂，沉沦万劫，超凌地狱，离苦升天，救拔幽魂，最为第一。"④ 这就说明，黄箓斋确实适合各地年年中元节需要，同时在中元节以外任何时间，也可以成全人们的需要。

总的说来，根据《太上黄箓斋仪》卷三十七，唐代开设黄箓斋，显然已经很重视祭祀兼炼度亡魂的环节。其内容说："开赦魂神，解销恶对；出重冥之域，入福善之庭。"其过程叙述包括了"陶以太和，沐以灵泽，洗涤罪恶，灌炼形魂，浴丹霍之宫，

---

① 《道藏》第10册，第283页。
② 《道藏》第32册，第620页。
③ 《道藏》第9册，第478页。
④ 《道藏》第30册，第649～650页。

经洞阳之府"① 等步骤，如此亡魂即能"去离忧恼，观听法音。克证道阶，利安见在"②。可见，道教超拔死者，科仪的重心在度亡，其实也就是要让亡魂回归"贵生"与"孝道"的圆满。科仪的过程，既要设祭祀以安魂，设饮食以破其饥渴、把各种物事转化到灵界空间去救济亡魂，更要以精神开通亡魂之幽暗，仰仗诸神威力，转化魂身原来的缺陷，使得亡灵远弃生前死后的污秽、阴气和残病，升华到仙灵之躯。亡魂上天面对九玄七祖，才能无愧于《孝经》所言"身体发肤，受之父母"。

但是，按照历朝《道藏》的内容，南宋以前的中国道教可能还见不到单独的施食与炼度科仪科本。宁全真授、王契真纂《上清灵宝大法》卷五十五谈到杜光庭传下的科仪本子，有说："广成古科，无炼度之仪，近世此科方盛。"③

当然，之前没有属于单独启坛炼度之科仪，并不等于先前不见炼度的思想与实践。宋末元初的郑思肖（所南），以反抗元朝著名，他学习仙道编写的《太极祭炼内法》，文中解释祭炼法的来历，显然是引用道教内部的传说，说这套度人妙法渊源于三国时代的灵宝法先行者葛玄，又说葛玄是在若耶山精思静处，感应到"天上郁罗翘、真定光、光妙音三真人，从空乘凤辇而下"，"开阐仙公济度幽真之心"，"今天台山桐柏观侧有法轮观，正仙公祭炼古迹"④。不过，即使道教内部和地方上口述传说是你说我也说，也不一定就会形诸文字，因此，郑思肖也说明："昔葛稚川著族祖葛玄传，所纪甚多，却不载祭炼感应事。"⑤

就华人传统来说，人在死后形象不全，所以亡魂亦会有所缺陷，这本是人类所共有的文化认知。此一认知，落在儒家，却是牵涉孝道的大事，更涉天人感应。因此，生者对死者如有关爱，负起的责任必然包括为死者灵体善后。回到更接近葛玄的年代，东晋末年传世的灵宝派早期经典《度人经》早有"死魂受炼，仙化成人"之说；南北朝传下的《赤松子章历》，其卷四《上清言功章》也提到过炼度，章文如是说："纵不得仙度，托命太阴，受炼更生，化为真人，免脱三涂。"⑥ 所以，郑

---

① 《道藏》第 10 册，第 286 页。
② 《道藏》第 10 册，第 286 页。
③ 《道藏》第 31 册，第 217 页。
④ 《道藏》第 10 册，第 471 页。
⑤ 《道藏》第 10 册，第 471 页。
⑥ 《道藏》第 11 册，第 209 页。

思肖虽说"昔葛稚川著族祖葛玄传，所纪甚多，却不载祭炼感应事"，在如郑思肖本身的信众而言，未有记载却也可能是知悉者众多，代代相传，不必浪费笔墨。南宋以后的炼度仪大都自认渊源与演变自葛玄的灵宝法，也不一定毫无根据。只能说，葛玄提倡炼形补魂，是道门追溯神学理论源头的普遍口述相传，遗憾缺少直接的文献材料印证。

郑思肖《太极祭炼内法》卷五《灭度三涂五苦炼尸受度适意更生章》，文中思想正如早期灵宝派经典，是祷告三官大帝、五方五老上帝、死者所属当境土地等众神灵，祈求协助炼度亡魂："告下三官，赐以某生时建善之功，拔度魂神，还复故形。若某神离魄荡，尸肉朽腐，愿五帝尊神还其肌肤，养复魂神，三光饮哺，注以洪泉，通其荣卫，润以血气，应转者转，应度者度，应生者生。愿某所属某岳某山真灵正神，为符下九土地官，各依部界，供给有无，一如明真科旨。当使形安神守，魄不荡散，顿消罪源，精神还复故宅。乞臣章御之后，某复受生炼尸，还复故形，上补真仙。"① 依照这段文字，当知亡魂成仙，特征在"还其肌肤，养复魂神"。

另外，金允中在《上清灵宝大法》卷三十七中说，宋代以来盛行的炼度亡魂科仪是依古法立仪，也值得关注。金允中引据刘混康，度亡要成功，须以法师自我功力为依据。金允中原文如是说："炼度之仪，古法来立。虽盛于近世，然自古经诰之中，修真之士莫不服符请气，内炼身神。故刘混康先生谓生人服之可以炼神，而鬼魂得之亦可度化，是炼度之本意也。混康，即宋朝三茅山宗师观妙冲和先生，乃华阳道士。大观二年（1108）再赴，解化于阙下，是以炼度之符莫非法师自炼度之法。"② 现存的刘混康本人史料，虽难以见到刘混康编撰演习炼度仪的细节，不过刘混康是茅山宗第二十五代宗师，金允中相距刘混康时代也不远，可能当时道人多知刘混康熟谙此法，金允中引用刘混康广为人知的说法，对读者更有说服沟通的效果。

要炼度亡魂必先自炼其身，本是道教内部的主张，也是道教对道士修为的要求。道教受到《易》的影响，认为天地万物本体都是阴阳五行八卦的组合，一物一太极，大太极中可以含有无数小太极，小太极中还有更小的太极世界，大大小小的太极与大宇宙的大太极互相之间又是可以同质互通，天人亦可互相感应。因此，高道视自

---

① 《道藏》第 11 册，第 227 页。
② 《道藏》第 31 册，第 582 页。

己人体为小宇宙，体内脏腑亦有阴阳五行八卦之属，又是可以通过存想将脏腑的阳炁化出体内诸神，去和大宇宙中诸神相通感。郑思肖在《太极祭炼内法》中讲得很明白："炼度是炼自己造化，以度幽魂。未能炼神，安能度鬼？全仗真心内事，其符其咒乃寓我之造化耳。"① 道教斋醮活动的所谓内练，就根植在高道日常的观念态度、待人接物、修身养性、养生炼炁的修为中。高道临坛时，是通过存思之功力，将设坛的俗尘之域转化为与神灵界交叠互渗的神圣领地，把己身变现为诸神灵之联系体。

参考郑思肖在《太极祭炼内法·卷下》的说法，祭炼亡魂，首先要辟一静室，里边放一净几，然后放一小盂饭、一小盂水，再放一小盂水作沐浴池，焚丹阳符在水中，并点上一炷香。按郑思肖的说法："外相以香炉为火，以水盂为水，及先焚宝箓，外更无他物，不要灯烛，方静打坐，一更许，乃行持作用。纯是以我一团精神，祭炼幽冥，岂独鬼神得济，我之精神亦豁然清爽。"② 这其中应注意"以我一团精神，祭炼幽冥"的说法。高道一旦以存想化坛，祭炼科仪的现场是大众眼见耳闻的传道教化场所，又是交叠与贯通由道士以意念变现的神圣世界。在这常人在现场眼不能见的世界，道士由存思而变神，是心身、神明、宇宙合一互通，实践着召请亡魂进入自己身心也是进入宇宙，由此借我阳神助力亡魂在宇宙中周转一番，同时完成转化阴身为神仙的过程。我思清静无碍，宇宙即清静无碍、亡魂即清静无碍，万物亦清静无碍。流传到今日的度亡科仪，显然还是延续着宋朝的思路，重视施食和炼魂成仙，目标皆是以祭祀满足亡魂的饥渴困苦，再以水火炼度使灵体变化，去除原有阴浊污秽，炼化而成仙人之躯。

宋代以后，道教虽然继续发展出许多派系，落实在各地又各自演变出地方色彩，可是要讲究灵宝法传承，终归不能离开为大众举办祭炼科仪的传统，其宗教实践都是道士兼重自身内炼与对外修行功德。由此，道教自身不能不考虑华夏主流的伦理观念是如何看待与判断道士的修为，也判断何谓亡魂真诚忏罪。由是，自黄箓斋盛行，道教度亡科仪背后一贯牵涉着儒门对孝道观念的理解；不论是参与行事的活人，或接受行事的亡魂，都离不开此中说法。宗教的终极意义本在照顾生前死后的生死两安，如果宗教教导不包括死后世界的环节，如何让信徒信服与安心？如果祭祀和宗教礼仪做

---

① 《道藏》第 10 册，第 449 页。
② 《道藏》第 10 册，第 462 页。

不到一般平民百姓皆能蒙救度，又如何能证明教派本身的存在是对人类有意义？而道教其文化源头的情境，何谓得度，毕竟又得相契合其信仰所处在的土壤，回应民众赖以安身立命的思想传统，相辅相成。

三　孝道即是道教度亡成仙的理由

唐宋时代，道士开建黄箓斋是有规则的，并不是随时随地满足斋主的需要。斋主想要办黄箓斋，必须在百日之前，具词投礼在高道大德门下，请乞开建。道士也必须审查斋主，觉得斋主真是恳切皈依信奉，才会引领斋主到圣像前启白，卜日建斋；一般是卜选三元八节、五腊三会。[1] 另外，还可以选择庚申、甲子[2]、四始[3]、十直[4]等建斋良日。如果是专门为着祭度亡者而建黄箓斋坛，则要配合七七或百日等忌日。如果择日同时符合上述三种选择吉日的考虑，那是更好不过。一旦高道接受斋主的投状，临坛高道与斋主都得专心一致，正心诚意，准备开坛度众。

南宋以来，道教在黄箓斋以外，开始盛行为死者单独举行度亡祭炼科仪，也有它形成风气的背景。这期间的中国道教正回应着中国儒家和佛家思想演变的过程，也是

---

[1] 按《云笈七签》卷三七《斋戒》，"八节日有八神记人善恶，三元日天地水官校人之罪福"，而八节日又是"上天八会大庆之日也，其日诸天大圣尊神上会灵宝玄都玉京上宫，朝庆天真，奉戒修斋，游行诵经"。传统的节日文化中"八节"按时间依次是上元、清明、立夏、端午、中元、中秋、冬至和除夕。但古人是以"三元"指正月十五为上元节、七月十五为中元节、十月十五为下元节，又以立春、立夏、立秋、立冬、春分、夏至、秋分、冬至为八节。"五腊"则是正月一日天腊、五月五日地腊、七月七日道德腊、十月一日民岁腊、十二月八日王侯腊；"三会"即五斗米道时代所延续下来的重要祭祀日，以正月五日上会，七月七日中会、十月五日（或十五日）下会（参考张君房编《云笈七签》，书目文献出版社（影印本），1992，第270~271页）。

[2] 按《云笈七签》卷三七《斋戒》，甲子日"太一简阅神祇"、庚申日"伏尸言人罪过"（同上注书，第270页）。

[3] 大年初一日，四月初一日，七月初一日，十月初一日。

[4] 唐朝规定"十直日"是禁止执行死刑、屠宰、渔钓的十天。唐代长孙无忌在《唐律疏议·断狱下》说："谓每月十直日，月一日、八日、十四日、十五日、十八日、二十三日、二十四日、二十八日、二十九日、三十日，虽不待时，于此月日，亦不得决死刑。"按《云笈七签》卷三七《斋戒》，这十天也是北斗等各个神明分别下察人间的"十斋日"（同上注书，第271页）。

处在儒释道三教更频密对话的时代，其结果包括道教内部后来出现强调三教合参的全真道。中国道教跨出启建黄箓斋的习惯，演变出独立的祭炼科仪，其实是突出黄箓斋诸种利益，精髓是集中在作为度亡核心需要的"祭"与"炼"。这可视为道教与儒学互相对话不曾停止，由此亦催动着社会风气更加重视孝道，使得独立演练的祭炼科仪应运而行，满足平民百姓的希望，让大众能在祖先父母身后继续尽孝。而且，道教相对于儒家传承的重视祭祀先人的传统，进一步提出对亡魂要由"祭"而"炼"，是从承认死后世界的角度，提出协助先人亡魂转化成仙的理想，满足大众尽孝心念不会模糊着空。

另外必须注意，祭炼亡魂的科仪可从整个黄箓斋分开，也是基于灵宝教法本就拥有关注群生的普度观念，此种济度思想也是切合一般民众同时立足在鬼神论的孝道观，满足民众盼望亡故亲人得度的心理。灵宝派经典《太上洞玄灵宝无量度人上品妙经》六十一卷，其卷一《度人经》本文，作为东晋南朝古灵宝诸经之一，主题思想即在"仙道贵生，无量度人"，又有"死魂受炼，仙化成人"的观念。由东晋末一直到刘宋初，灵宝法信奉者日多，正是由于灵宝法主张炼度科仪度魂，把人们肉身生命未能完成的治病、养生、成仙等活动延续到死后。道法既然讲究普度众生，所以更没有理由不对亲人祖先尽孝。单独的祭炼科仪源自黄箓斋法的精髓，可是它不似全套黄箓斋复杂，也不似黄箓斋要耗费许多时间作建坛前期准备，如此便可以随时顺应亡人的家属需要，确保亡者孝眷安心先人得到超拔。同时，从经济角度考虑，一般平民百姓显然负担不起启建黄箓斋，把原本属于黄箓斋法精髓的祭炼科仪分出来单独举行，实有利一般人家依照道教信仰尽孝，咸能完成超拔祖先的心愿。祭炼亡魂科仪从"广成古科，无炼度之仪"单独分出，发展到"近世此科方盛"，可谓原来的道教传统因应着社会思想趋势的正向发展。

而度亡科仪站在鬼神存在的立场，首先承认生命在死后的可转化形态，死可以应用另外的生命形式继续活动于另类的空间。如此，死者撒手尘寰，总有心愿未了，或留下各种人事遗憾；就生者的世界而言，生人对死者的离去一样会有遗憾。道教信徒承认死后的世界，相信通过祭炼科仪可以迁拔亡灵，以死者成仙补偿永别的悲哀，解决一切属于生者与死者的遗憾，不失为一种解除悲伤与压力的途径。

在度亡过程，像现今常见道士使用的《太上鸿名灵宝药师宝忏》①之类经文，都是为了请到天医药王医治亡魂生前的病痛，解除亡魂生前受过的病痛折磨，不让死后魂体继续病残不全的遗憾；而接下去的"告符迎赦"，由道士带动主家以小跑步穿花绕场，又是象征道士连夜赶递太乙救苦天尊发给亡魂的赦书，目的也在清净死者生前有所过失的遗憾；再到为死者举行解冤结科仪，则是替死者消解生前恩怨纠缠，确保亡魂放下执着；以后的沐浴化衣，旨在通过濯形澡质，为亡魂洗心涤虑；到此，死者已经准备上天朝见太上老君。家人跟随科仪，直到这个阶段，何尝不是从信仰弥补之前期望死者康复的不成功，孝心有所着落？

而度亡科仪最重要的水火炼度一环，其实也必须是由道士修道境界与亡魂修道决心和合为一的境界。当道士以修行躯体变身太乙救苦天尊，以己身合一天尊与宇宙，道士本身是在存思中印证着人体即道体、即我身、即宇宙，真实不虚。而幽魂到了此时，先是经过水炼荡涤而炼形濯质，次是经过火炼陶冶而炼神返炁，从此离开生前死后一切残污阴浊，转化为仙界阳神充沛的形体，身穿仙衣，听受三皈九戒。到科仪终场，死者离世之悲已经升华为成仙之喜。

回顾道教历史，倡孝本就是道教传统，科仪当中亡魂上天先得受戒守戒，也是提倡百善孝为先。葛洪（抱朴子）在《抱朴子·对俗》中提出："为道者当先立功德，审然否。"而又引用《玉钤经中篇》说："欲求仙者，要当以忠孝和顺仁信为本。若德行不修，而但务方术，皆不得长生也。"② 宋代提倡孝道伦理更是结合与支持当时主流社会意识，宋时流行至今的道教善书《太上感应篇》，其主旨便是劝人"忠孝友悌"；书中指责的许多恶罪皆是子、女、媳妇不孝先祖或长辈，如"暗侮君亲，慢其先生""攻讦宗亲""抵触父兄""用妻妾语，违父母训""轻慢先灵，违逆上命"等。③ 自宋以后，民间戏曲和小说也一再出现描写水火炼度的度亡科仪情节，到了明代的《金瓶梅词话》，第六十六回描写李瓶儿五七时举行道场中，亡魂所受戒就是"九真妙戒"。④ 可见，为亡魂举行祭炼和皈依受戒，当时已非罕见仪式。

---

① 陈文升编《太上鸿名灵宝药师宝忏》（《拔度金书全集之第十五册》），逸群出版社，2011。
② 《抱朴子内篇》，第53页。
③ 《太上感应篇》卷六至卷二十六，（宋）李昌龄传、郑清之赞（《诸子集成续编》）本，四川人民出版社，1998，第378~506页。
④ （明）兰陵笑笑生著，戴鸿森校点《金瓶梅词话》（删节版），人民出版社，1989，第911页。

纵使各道派后来因着修道各有强调的方向，各自有所演变，对九真戒说法不一，但如果按照《北帝伏魔神咒妙经》卷六，此三皈九戒的内容是："一戒敬让，孝养父母；二戒克勤，忠于君王；三戒不杀，慈救众生；四戒不淫，正身处物；五戒不盗，推义损己；六戒不嗔，凶怒凌人；七戒不诈，谄贼害善；八戒不骄，傲忽至真；九戒不二，奉成专一。"① 这些位列仙班的基本道理，是说给亡魂听的，也是说给生者听的。可见，祭炼科仪总包括劝孝的内容。后世各道派道教科仪注重亡魂受戒，戒律不离"孝养父母"，实反映道教的神道设教依旧不离以孝为先，不孝则无从成仙。

再细观祭炼仪式的实践，其中许多环节原本也带有孝道教育功效。通过道士主持科仪，贯通阴阳两界，亡魂在另一个世界的成仙过程，一直都是由阳世的子孙陪伴着。如仪式开始要举行"开通冥路"，即是由孝男捧着魂身对着三清圣像三跪九叩。在三清和太乙救苦天尊等神圣之前，亡魂稽首朝真忏悔求度，孝眷也陪伴着亡魂一道稽首朝真忏悔求度，正是孝道的体现。当人们最需要精神支撑的丧亲期间，孝眷请来道士举行超度先人的仪式，无疑有利道教深入家庭，寓劝化活人于度亡活动之中，把道教伦理主张传播在丧家的亲友邻里之间。

当然，道教是立足在鬼神论强调为何死者死后依旧是子孙尽孝的对象。而道教如果不从道教神学立场诠释儒家伦理，也可能无从说明为何需要以道教科仪提倡孝道。因此，道教要诠释本自儒家伦常之说的孝道理念，就得把它引申到道教宗教观的鬼神世界，进一步说明祭炼科仪的必要和有效。隋唐之际流行的《洞玄灵宝道要经》，已经有系统地对"孝"做出了道学的解释："孝出于无，乘元受生，生形法孝。无名曰道，处于无上，玄应无下，名行高远，利益弘大，神通无碍，不终不始，故名孝道。有形之类，非道不生，非孝不成。万灵之中，大道最尊，仁孝尊道，故名孝道。道为万物父，亦名万物母，万物得道则昌，失道则亡，精微柔弱，忍辱慈孝，进修中道，心无懈倦，以孝自牧，上报元恩，玄父玄母二亲大恩，故名行孝道。奉道者，当先行孝，而后行道，故名孝道。"② 从道教的立场出发，"孝道"两字即使在儒家拥有自身的含义与实践范围，还是必须转化成为道教的专用名词。

---

① 《道藏》第30册，第190页。
② 参考黄开国、李刚、陈兵等主编《诸子百家大辞典》，四川人民出版社，1999，第571页。

按照这部《洞玄灵宝道要经》引申出"有形之类，非道不生，非孝不成"的观念，是由单独的生养关系讨论人人"当先行孝，而后行道"的必要，认为有形众生必须向其祖源负责，生儿育女，才能依孝道而正其位，使得家族与人类延续，社会代代欣欣向荣。祭炼科仪的内容其实也是沿着相同的思路，它本质上是普度众生的思想，但强调以人人自觉落实孝道的义务，推己及人；它既度亡也度生，支持一家一户的孝道，即是教化一家一户以同理同情对待其他生命。它的出现，推动了灵宝法本身的盛行。

即使道教度亡科仪自明清两代广泛流传各地，包括海外，在各地都演变出具有地方色彩与民间化的内容，祭炼科仪依然是各地道教提倡救度亡魂的核心内容，体现着从"贵生"出发的"孝道"观念是可能延伸至亡魂身上的。而且，从民间盛行在道教度亡科仪添加的民俗化内容，往往可见地方道士都更加注重结合儒家伦理和孝道思想。例如，从华南到南洋，道士主持度亡仪式，总会在结束前主持"填库"环节，要求全体孝眷一起为死者烧库钱，说是替死者还清出生时本来欠下的天上库钱，表达孝眷对亡魂的感恩报谢。烧库钱的时候，全家围着现场，功利的说法是说家人要聚在一起围收死者留泽后人的福气；但同时间，孝眷在烧库钱前后，其实是一起听着道士唱念"十月怀胎"和"二十四孝"等劝善劝孝内容，这即是在引导后人肯定死者留福后人的贡献，也是调动子女后人的孝思，在家属之间唤起对亡者思念、对家人珍惜。

如是，当祭炼科仪是立基在传统社会重视孝道与慈悲的观念，道教救度亡魂的主张较容易为民间普遍接受，脱颖而出。灵宝道士广为民间举行超拔，为了方便士庶跟随信仰，更须注重行止威仪，以达到教化目标。于是后来的祭炼科仪也就不似《太极祭炼内法·卷下》提到的祭炼方法那样重其义理而不重形式，而是增添许多配礼以乐的唱做环节，朝着儒道结合的礼仪化倾向去发展。可是我们注意到形式化仪式，不能忽略正本清源。所谓"欲求仙者，要当以忠孝和顺仁信为本"[1]，不论道士、亡魂还是孝眷都要知道，成仙的基础在以孝道推己及人。否则，"德行不修，而但务方术，皆不得长生"[2]；单凭炼度，不念"百善孝为先"而推己及人，缺少因忏悔而皈依受戒、专心奉行，是难以见到亡魂升天的。

---

[1] 《抱朴子内篇》，第53页。
[2] 《抱朴子内篇》，第53页。

四　儒行成就道教度亡科仪的功德

　　道教信仰传统，把"养身"与"养神"并重，将"神仙"与"孝道"统一理解，其实散见于历朝流传的道经，呈现出道教看待生命形态生死相续的核心观念，以至由此建议如何超越生死。在《玄天上帝说报父母恩重经》，其教义侧重以"相"形容形体，视"相"为形体的表呈，宣说每个形体都有"我相"，而"我相"又源于父母形体的"始相"，"始相"伴随着"我相"成长，由衰老走向死亡。经文说："如人父母，诞生男女，始相不见，托相为有。有中有相，相化万状。艰难苦恼，忧虑悲戚，悉从相起。我既托相，日恼父母。令我父母，日夕悲酸。我相既有，父相母相，日渐衰朽。缘我相故，令我父母，始相沉埋。父母男女，输转无已。是此有相，同归苦恼。我从今日，从我相中，悉灭贪嗔，悉破崄峻。持念平等，用报始相。使我始相，大得快乐，无诸苦恼。无诸苦恼，世世生生，托相全具，不致衰朽，然后灭除。"① 正因如此，个体若能把握"我相"，修持大道，因"贵生"而修道也就是修炼自己的"形"与"神"，就可能保持父母遗留给我的身体，以至以修道功德拯救"父相母相"，令其复原成道，也就是回报父母亲恩；原来的"始相"得以更新形体，就能超生成仙，与道合真。

　　而我以我之孝道，老吾老以及人之老，推己及人，亦可以我之阳气，助他人魂体破其阴浊、补其残缺，炼度成仙。以此功德，则我之修道，我之行祭祀炼度亡魂，亦即完成者"从我相中，悉灭贪嗔，悉破崄峻。持念平等，用报始相"，能炼度他者，最终也能让我九玄七祖不致衰朽，得度修仙。

　　按照《太极祭炼内法》所谓"未能炼神，安能度鬼"②的原则，道士主持祭炼科仪之前，对自身要求是保持专诚而松静，以便进入功法状态。而且，从信仰体验来说，道人主持科仪，其身心合一进入存思状态，并不等同于幻想幻觉。高功得要本身依赖于修行的功力和品德，支持本身在清醒状态下感通神明。因此，大凡祭炼科仪，不论是祈请天医医治亡魂，或者是为亡魂解冤除怨，以至最终的水火炼度，皆有赖高道自

---

① 《道藏》第30册，第634页。
② 《道藏》第11册，第227页。

身日常的修为功力。主坛高功本身在日常修道，包括德行与内炼的程度，往往决定其存思功夫的高低。若只靠正心诚意的念经代求，仪式的最好效果，可能也只是达到以经诵启发和教导存亡众生的功效。

以《太极灵宝祭炼科仪》为例，根据其程序，主坛高道先后要运用六十多次存思，方能完成以自己身神感应亡魂的度亡过程。由此可见，高功非得有足够的内炼修为，又熟谙炼度存思的道法，才能采纳吞服三光正炁、日精月华，有步骤地通过一次又一次存思，集召自身阳神为阴灵炼除阴翳。由此亦当知，所谓"奉道者，当先行孝，而后行道，故名孝道"① 很是重要，若此人品行不佳，不孝祖先父母，自己当然无法以同理同情之心对待他人。此人既少了诚心，如何可能以存思感通灵界，教导存亡两界尽孝之戒？换句话说，如果道士心念不正，就是缺少内炼；如果道士平常没有内炼的能力或功力，或歪念与杂念相续，他也无从在水火炼度科仪完成存思，就不可能从自己身内聚集九阳之炁去混合亡者五神，完成返本升尸、度亡成仙。

再以高功为亡魂请天医和解冤结来说，高功请天医，是要存想道众诵经声中发出金光，诸天医、混元官吏、解冤官吏，在金光中自内天门而下，进入玄坛。一旦仪式转入施食的环节，主坛高道又需要存想自己化身太乙救苦天尊、存想临坛诸道师也都化变为真人，然后存思默奏设斛之祭，诵洞经三十二过，集中意念去存想三天降落青、黄、白炁，三十二天降落青、赤、苍、黑、碧、紫、白炁；高功存思诸天各色真炁降落之际，也要存想元始金光道炁混合此等诸天各色真炁，绵绵不绝降注在斛筵，化斛食为香甘露，一生二，二生三，三生九，以至能有无穷无际济施诸幽之妙。

至于水火炼度，坛前的水火池只是象征天界情境的依恃，真正水火炼度亡魂的过程，是发生在高道以存思感通的神圣境界。主坛的高功要想替亡魂行水炼，就先要存想两肾中间有一点，须臾变化为极明的大白月轮；再为亡魂行火炼，又要再次先去存想两肾中间有一点，须臾变化出极明的大红日轮。在水火两炼各自的过程之中，高道要绵绵不绝地存思许多复杂细腻的情境变化，最终以自体存思变现出感通相应于天界的水火池，让亡魂先后在水火池中沐浴。

灵宝法讲究入世度众，其传承不似上清派专注存神静思而偏于内养，也不像丹鼎派要付出不少时间经费去筑炉购药，但正由于灵宝派修炼方法是既重视修身养性也重

---

① 《道藏》第 11 册，第 227 页。

视内炼，它的实践便表现在道士偏重通过科仪和斋醮活动修炼，度众修功。如此，祭炼科仪从黄箓斋分出，修灵宝法的道士就有更多接触一般民众的机会，自身既能为着做好炼度，一再在过程中循环修炼，又是在炼度亡魂的同时教化生灵。祭炼科仪结合着任何时刻的丧礼需要，时刻在民间社会反复传播，也确实有利道教本身的推广。

道士者，修道之士人。"道士"一词，最早见于汉代董仲舒（公元前179年至公元前104年）所撰的《春秋繁露·循天之道》，说的是日常生活的天人合一在于"循天之道，以养其生"，"得天地泰者，其寿引而长"；而文中说道："古之道士有言曰：将欲无陵，固守一德。此言神无离形，则气多内充。"后来道教继承着相同的思想，也是因应着相同的道理，称入其门者为"道士"，意味着入门者是以"神无离形"为目标去"得天地泰"的固守道德之士。道士以如此情怀走向民间，其公共面貌恰恰不可能表现为纯粹追求玄幻的人物，以对父母之孝推己及人，则难免流露儒门经世度人之心。

正如上述《抱朴子》所引用的《玉钤经中篇》所提到的说法，道士的生活重心在修道，修道是基于人世间的目标，为天下父母儿女贡献自身："立功为上，除过次之。为道者以救人危，使免祸，护人疾病，令不枉死，为上功也。"[①] 在道教来说，道士去到各家各户为亡者举行迁拔度亡的科仪，即是自身一次又一次的修炼与积累功德的过程，又是在超度亡魂的同时也在教化存者；在信仰者来说，请来道士为死者实现祭炼科仪，则是为着完成转化病残零乱的死灵，让亲人取得天地间长生不坏的仙命，其灵验即使眼不可见，但至少是转悲为喜的心理建设，把生离死别的悲哀升华成为对死者的祝愿，在众人心灵升起未来仙境重逢的期盼。

（责任编辑：李富强）

---

① 葛洪撰，张广保编《抱朴子内篇》，第53页。

曾子孝道专题

"四书"、《礼记》对曾子孝道言行之阐发

蔡家和[*]

摘　要　这篇文章将讨论借由曾子言行所阐扬的孝道文化，而以"四书"、《礼记》为主要依据。若依朱子对"四书"的建构，曾子是道统传承的承先启后者，然"四书"的《中庸》《大学》关于曾子的着墨甚少，《中庸》《大学》皆出于《礼记》，倒是《礼记》的其他篇章有不少相关记载，例如形容曾子知礼、守礼、孝顺等。本文将以《论语》、《孟子》与《礼记》为核心，对曾子的孝道言行做一阐述，以见其孝道文化形象之建立，而曾子也以此之立身行道而被后人与孔子、舜等圣贤相提并论。

关键词　全生全归　《西铭》　孝　易箦　启手启足

一　前言

曾子的作品流传于后世的不多，一般认为《孝经》乃孔子著作，而由曾子记述，[①]又如《大学》也被视为曾子作品。[②] 程子认为，《论语》系由曾子、有子及其弟子所

---

[*]　蔡家和，台湾东海大学哲学系教授。
[①]　当然，怀疑此说的，亦大有人在。
[②]　《大学》是否真为曾子作品，亦受到质疑。不过，朱子以"四书"而设计道统，视曾子为重要承传者；此外，《大学》里有曾子之言："十目所视，十手所指，……。"故后人多视曾子是《大学》作者，经一章是孔子之言，而曾子述之，传十章是曾子之言，而曾子弟子记之。

编，因为书中称曾、有二人为"子"。①

朱子对"四书"进行体系建构，影响后世甚大，甚至后来超越"五经"。若依朱子之"四书"，曾子居于儒家道统之承先启后地位，功劳伟矣！曾子既是《大学》的作者、编者，还是《论语》的编者，是子思的老师。朱子之诠释《论语》系采因病施药之说，即先视弟子有所缺失，犹如身染疾患，故需给予教诲、医治，则孔子弟子似乎多成偏差之人；姑且不管这种说法是否成立，但其中朱子唯独对颜子、曾子二人不做批评，其称颖悟莫甚于颜子、② 笃实莫如曾子。朱子言：

> 曾子工夫已到，如事亲从兄，如忠信讲习，千条万绪，一身亲历之。圣人一点他便醒，元来只从一个心中流出来。如夜来守约之说，只是曾子笃实，每事必反诸身，所谓孝，所谓礼，必穷到底。若只守个约，却没贯处。忠恕本未是说一贯，缘圣人告以一贯之说，故曾子借此二字以明之。③

此段引文出自《朱子语类》，几乎把"四书"中的曾子形象网罗殆尽。例如，《论语》中曾子尝言"慎终追远"，而《孟子》记载，曾子提醒曾点尽孝道要能养志而不止于口欲之养，则曾子能为孝道之典范。又尝言"为人谋而不忠乎……"，"夫子之道忠恕而已矣"等，这些都是其忠信、讲习的实例，乃是践行而来，不光是口头颂说。又如《礼记》所载"曾子易箦"，《孟子·知言养气章》称曾子守约而高于子夏等，其笃实地履践孝、礼二道，④ 凡事必反求诸己。⑤ 这些记载都让曾子形象甚为突出。

张载《西铭》里曾提到曾子之孝，⑥ 言其"体其受而归全者，参乎"！后来的船山，对此评注："全形以归父母，全性以归天地，而形色天性初不相离，全性乃可以全形。"⑦ 此说概能合于张载。又如《论语》记载：

---

① 其实《论语》中称"子"者，尚有闵子骞、冉求等人。程子之言不准。
② 《论语·公冶长》记载，子贡说颜子"闻一知十"。
③ 《朱子语类》第27卷，《论语》九，里仁篇下，"子曰参乎"章。
④ 《礼记》记载，曾子是熟悉古礼之人。
⑤ 朱子之注《孟子·知言养气章》处，言曾子守约而反求诸己。
⑥ 《西铭》谈论乾坤父母，所举六个故事都与孝子有关，其言："恶旨酒，崇伯子之顾养；育英才，颍封人之锡类。不弛劳而厎豫，舜其功也；无所逃而待烹，申生其恭也。体其受而归全者，参乎！勇于从而顺令者，伯奇也。"
⑦ （明）王夫之：《船山全书》第十二册，岳麓书社，1996，第356页。

> 曾子有疾，召门弟子曰："启予足！启予手！《诗》云：'战战兢兢，如临深渊，如履薄冰。'而今而后，吾知免夫！小子！"（《论语·泰伯》）

曾子何以要弟子启手、启足呢？因为全生当要全归，此身来自父母之生养，对于如此授受而来的身体不该随意毁伤，若犯罪以致遭刑而失手失足，则为不孝，而这正是曾子夜以继日战战兢兢所维护者，如《孝经》所言："身体发肤，受之父母，不敢毁伤，孝至始也。"这也是《论语》所载曾子堪为孝子的形象。

保护身体而使之无损，如《孝经》说，只能算是"孝之始"，是尽孝的基本功夫。而船山的"全生全归"，则指除了形体归于天地、父母之外，还包括德性。曾子去世前除了启手、启足等示范，还有德信之善言，① 其认为政事、礼仪之事，要由具备德、信之人来司掌，至于德、信的养成，要能动容貌、正颜色与出辞气，则能近于忠信，远于暴慢，而为人所信服。

又《礼记》中记载曾子易箦的故事：

> 曾子寝疾，病。乐正子春坐于床下，曾元、曾申坐于足，童子隅坐而执烛。童子曰："华而睆，大夫之箦与？"子春曰："止！"曾子闻之，瞿然曰："呼！"曰："华而睆，大夫之箦与？"曾子曰："然，斯季孙之赐也，我未之能易也。元，起易箦。"曾元曰："夫子之病革矣，不可以变，幸而至于旦，请敬易之。"曾子曰："尔之爱我也不如彼。君子之爱人也以德，细人之爱人也以姑息。吾何求哉？吾得正而毙焉斯已矣。"举扶而易之，反席未安而没。（《礼记·檀弓上》）

曾子年老而辞官告老，已不居大夫之位，却睡在大夫位阶的箦席，而为童子所指出，虽已病革，还是坚持易其箦而守其礼，其自律谨严之德性甚为后人称道。程明道对此亦是敬佩不已，言："曾子易箦之意，心是理，理是心，声为律，身为度也。"② 程子认为，曾子至死皆能合于人极之标准，可谓出类拔萃！其心以理为准，声音与言语能合于音律，乃至身体的一举一动，亦是度量衡的标准。在此可见曾子的全生而全

---

① "曾子有疾，孟敬子问之。曾子言曰：'鸟之将死，其鸣也哀；人之将死，其言也善。君子所贵乎道者三：动容貌，斯远暴慢矣；正颜色，斯近信矣；出辞气，斯远鄙倍矣。笾豆之事，则有司存。'"（《论语·泰伯》）

② 《二程集》第一册，汉京文化事业，1983，第139页。

归者，不仅是形体，还有德性的回归天地、父母。

以下，主要以朱子的"四书"为线索，探讨《论语》、《孟子》与《礼记》（乃《大学》《中庸》的出处）之中，关于曾子孝道形象之建立，而这些为人称道的孝道、德行，乃是由曾子之笃实力行而来。

二 《论语》《孔子家语》中践行之形象

（一）孝悌与仁同等重要

程子以为，《论语》一书的编写，有曾子及其弟子参与其中，其言："论语之书，成于有子曾子门人，故其书独二子以子称。"① 《论语》一书对于孝道多有发扬，《学而》第二章中有子言："孝弟也者，其为仁之本与。"此篇也记载孔子之言："弟子入则孝，出则弟。"又如《为政》篇中多见孔子论孝。《论语》的精神是仁，而孝悌是仁的根本，因此孝悌与仁在《论语》中同等重要。

此外，《论语》记述宰予建议改去"三年之丧"而为孔子所不悦。

> 宰我问："三年之丧，期已久矣。君子三年不为礼，礼必坏；三年不为乐，乐必崩。旧谷既没，新谷既升，钻燧改火，期可已矣。"子曰："食夫稻，衣夫锦，于女安乎？"曰："安。""女安则为之！夫君子之居丧，食旨不甘，闻乐不乐，居处不安，故不为也。今女安，则为之！"宰我出。子曰："予之不仁也！子生三年，然后免于父母之怀。夫三年之丧，天下之通丧也。予也有三年之爱于其父母乎？"（《论语·阳货》）

孔子认为宰予不仁，因其没有回报父母、饮水思源之心，且若无孝，则仁之本亦将干枯，因此评其不仁。此如《孝经》记载，《孝经》言："子曰：孝子之丧亲也，哭不偯，礼无容。言不文，服美不安，闻乐不乐，食旨不甘，此哀戚之情也。三日而食，教民无以死伤生，毁不灭性，此圣人之政也。丧不过三年，示民有终也。"为人子女于守丧期间（三年之丧：为期二十五个月），应当闻乐不乐，食旨不甘，而宰予却对孔子

---

① （宋）朱熹：《四书章句集注》，鹅湖出版社，1984，第43页。

"食夫稻，衣夫锦，于女安乎"的提问，答以"能安!"，因而孔子评其不仁。此不仁，乃因其不孝而未能驯致其仁。

（二）孔子年少丧亲而未及行孝

《论语》中对于孝道多有发扬，然而为何一提到儒门孝子，人们总想到曾子，而不是《论语》的主述者孔子呢？因为孔子虽发扬了孝道精神，但曾子给人的印象却是一笃行、实践者，加上孔子年幼时父母相继丧亡，也就无从行其所倡导的孝，无从论及其行孝事迹。

《礼记》提到孔子：

> 孔子少孤，不知其墓。殡于五父之衢，人之见之者，皆以为葬也。其慎也，盖殡也。问于郰曼父之母，然后得合葬于防。（《礼记·檀弓上》）

依钱穆先生的考述，孔子三岁丧父，十七岁前母亲亦亡，① 母亡时其打算合葬父母，但因三岁便丧父而不知父坟，因此先将母棺停在五父之衢这地方，后来问到郰曼父的母亲，才知道父亲的坟墓位置，而后谨慎地将双亲合葬。

《礼记》还记载了孔子对父母之墓进行封坟的工作。

> 孔子既得合葬于防，曰："吾闻之：古也墓而不坟；今丘也，东西南北人也，不可以弗识也。"于是封之，崇四尺。孔子先反，门人后，雨甚；至，孔子问焉曰："尔来何迟也？"曰："防墓崩。"孔子不应。三。孔子泫然流涕曰："吾闻之：古不修墓。"（《礼记·檀弓上》）

若孔子十七岁以前丧母，则彼时（母亡时）应当尚未有弟子跟随，因此，这段记载可能是合葬之后甚久的事，例如，十七岁合葬父母，二三十岁封坟②。所谓封者，即堆土为坟；因为孔子经常四处奔波，容易忘记父母墓地所在，所以需要为此增营，

---

① 钱穆：《孔子传》，三联书店，2002，第5页。"孔子生，其父叔梁纥即死，但不知其的岁，或云：孔子年三岁。孔子母死，亦不知其年。或云：孔子二十四岁母卒，不可信。《史记·孔子世家》记孔子母卒在孔子十七岁前，当是。"

② 指于墓地做记号。

他与弟子建造了四尺高的封以为识别。然而古人不封，孔子一想到这点，便觉得对父母有愧而泫然流涕。

（三）曾子行孝事迹

孔子既在十七岁前父母已故，也就难以尽到孝道，而曾子的情况有所不同。曾子的父亲即曾点，父子二人同学于孔子，《论语》中有"吾与点也"的论述，而在《孔子家语》有如下事迹。

> 曾子耘瓜，误斩其根，曾皙怒，建大杖以击其背，曾子仆地而不知人久之。有顷乃苏，欣然而起，进于曾皙曰："向也参得罪于大人，大人用力教参，得无疾乎？"退而就房，援琴而歌，欲令曾皙而闻之，知其体康也。孔子闻之而怒，告门弟子曰："参来勿内。"曾参自以为无罪，使人请于孔子。子曰："汝不闻乎？昔瞽瞍有子曰舜，舜之事瞽瞍，欲使之未尝不在于侧；索而杀之，未尝可得。小棰则待过，大杖则逃走，故瞽瞍不犯不父之罪，而舜不失烝烝之孝。今参事父，委身以待暴怒，殪而不避，既身死而陷父于不义，其不孝孰大焉？汝非天子之民也，杀天子之民，其罪奚若？"曾参闻之曰："参罪大矣！"遂造孔子而谢过。（《孔子家语·六本》）

曾子在曾点暴怒下而受其大杖击背，之后甚至昏倒不省人事，等苏醒后再以弹琴方式来让父亲知道自己身体无恙。但孔子认为不妥，教导曾子，若小杖则受，大杖则应走，否则恐陷父亲于不义。如春秋晋国恭世子申生则有陷亲于不义之嫌。

而《论语》中关于曾子的孝行，除上文所举"启予手、启予足"外，曾子亦尝言："慎终追远，民德归厚矣。"（《论语·学而》）朱子诠释："慎终者，丧尽其礼。追远者，祭尽其诚。民德归厚，谓下民化之，其德亦归于厚。"① 慎终者，致尽于丧礼，追远者，寻根于父母祖辈、饮水思源之意，则民德归于厚道。如中国传统节日清明节，便是要人生起饮水思源、追慕古德之心，这能起到风行草偃而教化人心之效。如前引宰予建议孔子改去"三年之丧"，而为孔子所反对，评其不仁，即因此举减灭了晚辈慎终追远情怀之故。

《论语》中，曾子尝自述从孔夫子听来的孝行准则：

---

① （宋）朱熹：《四书章句集注》，第 50 页。

曾子曰:"吾闻诸夫子:人未有自致者也,必也亲丧乎!"(《论语·子张》)

曾子曰:"吾闻诸夫子:孟庄子之孝也,其他可能也;其不改父之臣,与父之政,是难能也。"(《论语·子张》)

"亲丧"之"亲",包含甚广,不过这里应特指父母祖辈。关于父母祖辈之丧礼,必须要能致其诚敬、哀悼始可,如果连这件事都不能尽敬,又能在何事中恭敬呢?

又孟庄子孝行之难能可贵,在于能够不擅改"父之臣、父之政"。一般的为政者一旦登基,便大改前朝旧制而启用自己人马,而孟庄子能谨慎对待,缅怀先祖的用心。《论语》有与此相近者:

子曰:"父在,观其志;父没,观其行;三年无改于父之道,可谓孝矣。"(《论语·学而》)

此则可视为对上段引文的补充说明。孟庄子之不改"父之臣、父之政"而为可贵,在于能观察父亲志向并绍继之,无有违反,此如《西铭》:"善继人之志,善述人之事。"①

以上,乃出自《论语》等文献关于曾子孝道之言行,曾子给人印象虽不聪敏,但能尽心尽孝,并虚心接受孔子的指正与教导,其临命终时"启予足!启予手"的表现,恰恰表达《孝经》"身体发肤,受之父母,不敢毁伤,孝至始也"的理念,曾子履践孝道而为尽孝楷模的形象亦由此建立,并流传至今。

三 《孟子》中事亲、养志之表率

《孟子》一书亦发扬孝道,其中关于孝行的表现,则常提及舜与曾子。舜虽亦被称为孝子而为后世所传颂,但似乎曾子作为孝子的形象更为突出!

(一)关于舜之孝行

《论语》中已论及舜,尚未提及孝行,而在《孟子》则专以孝行称之,如言:"尧

---

① 张载《西铭》:"知化则善述其事,穷神则善继其志。"

舜之道，孝弟而已矣。"（《孟子·告子下》）《孟子》亦引孔子之言："舜其至孝矣，五十而慕。"（《孟子·告子下》）

《孟子》关于舜的孝道描写甚多，然有些地方让人觉得不近人情。例如舜之不告而娶，若告则不得娶；① 又如舜已贵为天子，但其父瞽瞍与弟弟象却仍然日以杀舜为务等。② 虽然孟子针对这些事迹也都一一做出解释，但还是有点让人匪夷所思。也许可以推测，《孟子》中关于舜之行孝事迹，有可能因为年代久远而来自传说，不一定是真实故事。如日本学者青木正儿（1887～1964）便认为，尧、舜之名未尝出现于《诗经》，所以可能是晚于禹之后而被创造出来的人物。③

如将舜与曾子相比，曾子事迹的真实性便高于舜，加上《论语》述及其孝行，也就更加强化了曾子孝道的形象。

（二）关于曾子之孝言、孝行

《孟子》中关于曾子孝道言行之记载如下：

> 滕定公薨，世子谓然友曰："昔者孟子尝与我言于宋，于心终不忘。今也不幸至于大故，吾欲使子问于孟子，然后行事。"然友之邹，问于孟子。孟子曰："不亦善乎！亲丧固所自尽也。曾子曰：'生，事之以礼；死，葬之以礼，祭之以礼，可谓孝矣。'"（《孟子·滕文公上》）

滕文公问丧礼于孟子，而孟子答以古礼，滕文公即如孟子所言而行事，并获得众人的服悦。其中，孟子引用曾子之言，认为当父母在世时，便应待之以人伦孝行之礼俗，父母若离世，则依于丧礼而守丧，时时以礼祭拜，慎终追远，也就是无论生前还是死后，皆要不违于礼，所谓"亲丧固所自尽也"。

---

① 孟子曰："不孝有三，无后为大。舜不告而娶，为无后也，君子以为犹告也。"（《孟子·离娄上》）
② "父母使舜完廪，捐阶，瞽瞍焚廪。使浚井，出，从而揜之。象曰：'谟盖都君咸我绩。牛羊父母，仓廪父母，干戈朕，琴朕，弤朕，二嫂使治朕栖。'象往入舜宫，舜在床琴。象曰：'郁陶思君尔。'忸怩。舜曰：'惟兹臣庶，汝其于予治。'不识舜不知象之将杀己与？"曰："奚而不知也？象忧亦忧，象喜亦喜。"（《孟子·万章上》）
③ 参见冈村秀典《夏王朝》，讲谈社文库，2007，第68～69页。

此中所引曾子话语，同样出现在《论语》中，不过场景是孔子答复樊迟之问。① 曾子既为《论语》编写者之一，自然知晓孔子告于樊迟之事，或许由此而辗转传到孟子，孟子将其记为曾子之言，又或者，孟子认为曾子便是这段话的实践者，因此如此引用。②

又有记载如下：

> 曾皙嗜羊枣，而曾子不忍食羊枣。公孙丑问曰："脍炙与羊枣孰美？"孟子曰："脍炙哉！"公孙丑曰："然则曾子何为食脍炙而不食羊枣？"曰："脍炙所同也，羊枣所独也。讳名不讳姓，姓所同也，名所独也。"（《孟子·尽心下》）

曾子因父亲曾点爱吃羊枣，所以每当看到羊枣就想起父亲而不舍得吃，想把羊枣留给父亲，纵然父亲已逝，仍然思慕不已。孟子解释，脍炙虽是众人所喜爱的，然因羊枣是曾子父亲所钟爱，所以曾子对它有着特别的情感。

再如：

> 孟子曰："事孰为大？事亲为大。守孰为大？守身为大。不失其身而能事其亲者，吾闻之矣；失其身而能事其亲者，吾未之闻也。孰不为事？事亲，事之本也。孰不为守？守身，守之本也。曾子养曾皙，必有酒肉；将彻，必请所与；问有余，必曰'有'。曾皙死，曾元养曾子，必有酒肉；将彻，不请所与；问有余，曰'亡矣'，将以复进也，此所谓养口体者也。若曾子，则可谓养志也。事亲若曾子者，可也。"（《孟子·离娄上》）

君子处世，何事为大？孟子言：事亲为大！孟子的"仁义之实"乃以事亲从兄而天下平，定义"仁之实"即是"事亲"，在此特别发挥了孔子、曾子以来的孝道精神。

至于处世待人，念兹在兹所守护者，又以何事为大？孟子答：守身为大！此与"事亲"乃是息息相关。守身如曾子的全生全归，不仅是外表身体之不失，还包括德行

---

① "孟懿子问孝。子曰：'无违。'樊迟御，子告之曰：'孟孙问孝于我，我对曰：无违。'樊迟曰：'何谓也？'子曰：'生，事之以礼；死，葬之以礼，祭之以礼。'"（《论语·为政》）

② 《史记》载孟子"受业子思之门人"，而朱子对此注云："子思，孔子之孙，名伋。索隐云：'王劭以人为衍字。'而赵氏注及孔丛子等书亦皆云：'孟子亲受业于子思。'未知是否？"（朱熹：《四书章句集注》，第197页。）若如朱子所言，则传承上是为孔子传曾子，曾子传子思，子思传孟子。

上的有为有守，如曾子之易箦，至死前都要守礼，所以《孟子》中说："失其身而能事其亲者，吾未之闻也。"此如《礼记·祭义》："不辱其身，不羞其亲，可谓孝矣。"

孟子赞誉曾子之孝行乃是"养志"，而不是只养于口腹、养于口体，若如曾元之事奉曾子则属后者。养于口腹也不算错，但还不是更高尚的孝行，《论语》言："……至于犬马，皆能有养，不敬，何以别乎？"（《论语·为政》）侍奉父母，除了要能养于口体之外，还要能高尚其志，做到敬爱父母。

何以曾子为养志呢？其事奉曾点必有酒肉，而当曾点问曾子是否剩余酒肉时，则答尚有；又当酒食将彻之际，曾子必请问父亲，是否要把剩下的酒肉送给谁？至于曾元之养曾子则不同，曾元虽亦事奉酒肉，但当彻酒肉时，不会问是否要把酒肉送给谁，而当曾子问是否酒肉有剩时，曾元则答不剩，以便留着照顾曾子的下一餐。孟子于是赞扬曾子，事亲能为养志，不只养于口体，曾子能顺承曾点之志向，依曾点指示来处理剩余酒食；顾念曾点，不使其操心酒食的匮乏，必告以酒食有余，这些都显示出对父亲的尊重与体恤。因此，曾子可谓孝行之楷模。

四 《礼记》中俨然已为孝行之楷模

《礼记》中记载曾子言行甚多，亦不止于孝道方面，兹举其中孝行之相关部分。

（一）尽哀于礼

首先，见曾子因父丧而尽其哀之表现。

> 曾子谓子思曰："伋！吾执亲之丧也，水浆不入于口者七日。"子思曰："先王之制礼也，过之者俯而就之，不至焉者，跂而及之。故君子之执亲之丧也，水浆不入于口者三日，杖而后能起。"（《礼记·檀弓上》）

曾子对子思忆述自身亲丧之经历，也因这些记述，朱子视孔子道统传于曾子，曾子传于子思。这里说，曾子因父亲曾点逝世而伤心过度，以至七日未有滴水入口。曾子如此叙述，应是反省这样的举措恐有毁性之过，所以子思下举先王礼制，以表何者才为正礼！

若依先王礼制，亲丧而水浆不入、不食不饮，是为表现哀戚之情，但仍要适度，过则灭性，不及则稍加勉；此水浆不入该当多久？大概是三天，视情况而调整，若至七天不饮不食则显得过度。至于"杖而后能起"一句，应是说人子之哀戚而若病矣，故需凭杖而起。

（二）孰为根本

又有子夏与曾子的对话：

> 子夏丧其子而丧其明。曾子吊之曰："吾闻之也：朋友丧明则哭之。"曾子哭，子夏亦哭，曰："天乎！予之无罪也。"曾子怒曰："商，女何无罪也？吾与女事夫子于洙泗之间，退而老于西河之上，使西河之民疑女于夫子，尔罪一也；丧尔亲，使民未有闻焉，尔罪二也；……"（《礼记·檀弓上》）

子夏因丧子而哭到眼睛失明，曾子为之感叹。然子夏认为自己无罪，何以上天如此惩罚他以致失明，曾子听到后反而怒斥，并举出子夏的过失：第一，让西河百姓误认子夏堪为夫子（言行举止能平齐于夫子、代表夫子）；第二，子夏父母逝世时，可能未有正式丧礼，抑或哀戚之情竟表现得不如丧子之痛，而令西河地方无有传闻，不知子夏父母过世。双亲之丧竟不如爱子之丧，不知孰为根本，实为过失。

在孟子之时，已有人怀疑其后丧逾于前丧，亦即指责孟子面对母丧过于父丧，而有违礼之嫌。① 至于子夏的表现则更为逾礼，不符孝行，而受到曾子批评。

（三）不忘父母

曾子尝言：

---

① "公曰：'将见孟子。'曰：'何哉君所为轻身以先于匹夫者？以为贤乎？礼义由贤者出，而孟子之后丧逾前丧。君无见焉！'公曰：'诺。'乐正子入见，曰：'君奚为不见孟轲也？'曰：'或告寡人曰：孟子之后丧逾前丧，是以不往见也。'曰：'何哉君所谓逾者？前以士，后以大夫；前以三鼎，而后以五鼎与？'曰：'否。谓棺椁衣衾之美也。'曰：'非所谓逾也，贫富不同也。'"（《孟子·梁惠王下》）鲁平公将见孟子，而有人间隙之，认为孟子违礼而不该见，因为孟子的后（母）丧逾前（父）丧。然孟子认为，父丧时自己官职为士，俸禄为三鼎，母丧时则为大夫，俸禄为五鼎，俸禄不同，贫富不同，自然也就影响到丧礼、棺椁的丰或陋，并非违礼。

乐正子春下堂而伤其足，数月不出，犹有忧色。门弟子曰："夫子之足瘳矣，数月不出，犹有忧色，何也？"乐正子春曰："善如尔之问也！善如尔之问也！吾闻诸曾子，曾子闻诸夫子曰：'天之所生，地之所养，无人为大。'父母全而生之，子全而归之，可谓孝矣。不亏其体，不辱其身，可谓全矣。故君子顷步而弗敢忘孝也。今予忘孝之道，予是以有忧色也。壹举足而不敢忘父母，壹出言而不敢忘父母。壹举足而不敢忘父母，是故道而不径，舟而不游，不敢以先父母之遗体行殆。壹出言而不敢忘父母，是故恶言不出于口，忿言不反于身。不辱其身，不羞其亲，可谓孝矣。"（《礼记·祭义》）

乐正子春因足伤而面有忧色，原来是想起曾子"不敢毁伤身体"的教导；这与《论语》的"启予足！启予手"相互呼应，亦是张载《西铭》"体其受而归全者，参乎"的由来。

乐正子春尝闻于曾子，而曾子又闻于孔子，认为天地所生者莫贵于人，而人为父母所生，父母既予全生，为人子女当亦全而归之，始可谓孝。所谓全归，乃在盖棺论定之际，一方面，身体外表上大致无所缺损，而另一方面，也指终其一生皆能立身行道而不辱于身、不辱于亲的意思；必须念兹在兹不忘父母的关爱、叮咛，出门在外要时时警醒，维护自身安全，言语造作上更要谨慎，不惹事端，免于身体的毁伤以及名声的败坏，便能称得上有所尽孝。

五　结语

本文从"四书"的角度，扩及《礼记》，而对曾子孝行的记述以及后世对其孝行形象的建立来做一说明。依于朱子的"四书"体系，曾子是理学道统的传人，而除此之外，曾子更是儒门孝道文化的巨人，其笃实行孝的形象，甚至高过孔子、舜等圣贤而为人称述。

曾子是《孝经》的作者，加上《论语》中"不敢毁伤身体发肤"的形象，已使其孝子之形象奠立了基础。在《孟子》处，更被赞颂其尽孝不止于养体，尚能养志，可谓无所亏漏。又有《礼记》的易箦守礼，代表着不仅能够全生全归，还能全归其德于天地父母。可以说，这在重礼、重德的儒家传统中，体现了具足分量的德行表率，尤其是孝道堪为所有德行的优先,这让文献记载中性情鲁钝却沉静的曾子,得以其笃实的孝行形象而流芳后世,并在古圣先贤之列中甚为突出。

在当今的工商社会实应善加发扬孝道文化,对于年老父母的尽孝,不仅照顾到社会福利的一环,还是风俗民情中能够达到善美敦厚之极为有力的道德规范,让人懂得饮水思源、知恩报恩,扩及孝亲之情而敬老尊贤,由此上慈而下敬,从而缔造一个和谐温暖、文明礼俗的社会环境。

(责任编辑:刁春辉)

师生互动的心法传递：试论曾子之鲁

蔡忠道*

摘　要　曾子是孔子最重要的学生之一，孔子称他鲁钝，曾子却又传承孔子学脉，他是如何做到的？本文试图从曾参之鲁的内涵、曾子统摄孔子一贯之道、实践孝悌，以及弘毅之士等面向，证成曾子对于孔子心法的理解与承传，才是接续孔门学脉的关键。

关键词　孔子　曾子　忠恕　孝悌　弘毅

孔子，是中国最重要的思想家之一，受他的思想影响而建立的儒家，影响中国及华人非常深远。因此，关于孔子思想的内涵，以及儒家思想的建构、传承，自然成为学界探索的重要议题。就学习者来说，孔子树立了万世师表、至圣的典范，如何趣入圣人的心绪，以及由凡而圣的次第与步骤，就显得格外重要。曾子，被后人视为承传孔子学说的弟子，他如何契悟孔子深邃的智慧、高远的境界，并转化为可修持的入手处，再一步步向上跨越，其师孔子眼中鲁钝的曾子，是掌握了哪些要窍，终能传承孔门心法，是本论文关注的焦点，也是本文试图回答的问题。

一　曾参之鲁

孔子，作为万世师表，总能以一个字或简单几句话总结学生的特质。例如："柴也愚，参也鲁，师也辟，由也喭。"（《论语·先进》）子路（子由）的鲁莽，在《论语》

---

* 蔡忠道，台湾嘉义大学中文系教授。

其他篇章也清楚展现，孔子与弟子谈及志向时，子路总是第一位发言；孔子对他的称赞，让子路喜形于色。孔子指出学生的局限，并非展现自己识人的高明，而是在学生的起点上，如何帮助他成长，孔子说过："人之过也，各于其党。观过，斯知仁矣。"（《论语·里仁》）观学生之过，不是否定学生，而是帮他找到实践仁德的方向与下脚处。孔子的因材施教，就是观察每个学生不同的学习起点、难点，给予不同的教导。子路与冉求都问孔子"闻斯行诸"的问题，听到一个正确的道理，是否马上去实践呢？孔子回答子路"有父兄在，如之何其闻斯行诸"，回答冉求则是"闻斯行诸"（《论语·先进》）。孔子因为冉求个性较为退缩，因此鼓励他即知即行；子路的个性急躁，实践善行也是如此，因此，孔子希望他在向父兄请教之后，再起而行之。知而行之，才是真知，然而，是否要即知即行，则牵涉到认知是否正确，实践能否结合自身生命等问题。孔子针对子路、冉求的不同生命状态，有不同的教导，真实饶益弟子的生命。

曾参，与父亲曾点同在孔子门下学习，小孔子四十六岁，在孔门弟子中，属于年轻后辈。① 孔子以鲁钝总结曾子的特质，关于曾子的鲁钝，《论语》及儒家典籍皆少有记载，就《论语》所见，曾子是孔子一贯之道的领悟者与诠释者，以及修养纲要的提举者。在儒学的传承中，孔子的心法传给了曾子，曾子传给子思，子思再传给孟子，孔孟的道统传承，曾子举足轻重，后世尊为宗圣，实至名归。然而，鲁钝与宗圣之间，落差极大，宋儒程颢就说："参也竟以鲁得之。"② 程颐的意见就更深入了，他说：

> 曾子之学，诚笃而已。圣门学者，聪明才辩，不为不多，而卒传其道，乃质鲁之人尔。故学以诚实为贵也。③

伊川以"诚笃""诚实"总结曾子之学，具有洞见。孟子曾谓曾子"守约"，孟子曰：

> 昔者曾子谓子襄曰："子好勇乎？吾尝闻大勇于夫子矣：自反而不缩，虽褐宽博，吾不惴焉；自反而缩，虽千万人，吾往矣。"孟施舍之守气，又不如曾子之守约也。（《孟子·公孙丑上》）

---

① 蔡仁厚：《孔子弟子志行考述》，（台湾）商务印书馆，1992，第18页。
② （宋）朱熹：《四书章句集注》引，大安出版社，1994，第175页。
③ （宋）朱熹：《四书章句集注》引，第175页。

孟子在谈论勇气的问题时，先引述北宫黝、孟施舍的勇，北宫黝以必胜为主，孟施舍则是以不败为考虑，两者虽然都是血气之勇，孟施舍的勇气根源于考察形势的认知，以及内心不败的设定，在情理上更能把握勇气的核心内涵——面对境界而能坦然以对，因此，两者相较之下，孟施舍较北宫黝能"守约"，也就是掌握了勇气的关键。然而，北宫黝与孟施舍的勇气都是血气之勇，缺乏深刻的思维、观察与价值追求，曾子从自反而当理与否，让勇气有了深刻的理性根据，再外现为虽千万人也无惧的坦然，这样的义理之勇，较之孟施舍的血气之勇，当然是更深刻的勇气，而这样的教诲来自孔子。孔子以"勇者不惧"为君子"三达德"之一，是儒者最主要的德行。[①] 儒家的君子以仁德为根本德行，面对具体人事情境时，具备见义而为的勇气。[②] 勇气的培养必须以仁、义、礼的学习为根基，才能不沦为暴乱。如此，真正的勇敢是根植于仁义的义理之勇，诚如曾子所言之内自省而合于道，虽千万人亦可直面以对的强悍与坦然。

曾子在孔门的确不是最聪慧的学生，也不是最早跟随孔子、在圣人身边学习最久的学生，然而，曾子却以鲁钝的资质，以踏实诚笃的心态跟随圣人，对于圣人的教诲把握关要，力行不辍，成为孔子心法的传承者。

本文试就曾子守约的内涵，提出几点分析：统摄一贯、实践孝悌、弘毅之士等。并从这些内涵，论述曾子传孔子学脉的根本原因。

二　统摄一贯

孔子对于自己生命的学问，开展为内圣外王、仁义礼乐的系统，也统摄为一贯之道。《论语》有两则一贯之道的记载。

第一则是与子贡的对话：

> 子曰："赐也，女以予为多学而识之者与？"对曰："然，非与？"曰："非也，予一以贯之。"（《论语·卫灵公》）

[①] "仁者不忧，知者不惑，勇者不惧"，两见于《论语·子罕》《论语·宪问》。

[②] 子路曰："君子尚勇乎？"子曰："君子义以为上。君子有勇而无义为乱，小人有勇而无义为盗。"（《论语·阳货》）子曰："有德者，必有言；有言者，不必有德。仁者，必有勇；勇者，不必有仁。"（《论语·宪问》）

子贡，孔门四科十哲之一，是孔子最优秀的学生之一，孔子过世后，在墓前守心丧六年，对孔子非常敬重。子贡对于商业交易有才分，洞察事理，擅长言语。① 然而，"卫灵公"篇的这一则记载，显示子贡对孔子的一贯之道似乎缺乏真切的体会。

子贡与孔子讨论一贯之道，两人好像并行线，子贡从博学的角度概括孔子的精彩，孔子则引导子贡以一贯之道，然而，聪慧的子贡并没有进一步追问孔子的一贯之道，师长的引导因为得不到弟子的响应，戛然而止，孔子深刻的生命体悟无法明晰展开。

第二则是曾子与孔子的讨论。

孔子与曾子讨论一贯之道则全然不同。孔子直呼曾子的名字，这是一种亲切的称谓。②《论语》载：

> 子曰："参乎！吾道一以贯之。"曾子曰："唯。"子出。门人问曰："何谓也？"曾子曰："夫子之道，忠恕而已矣。"（《论语·里仁》）

可见孔子对曾子学习深入的信心，曾子对孔子自陈一贯之道，也毫不犹豫地回应理解。既然弟子之中已经有人表示领悟一贯之道，孔子就转身而出。其他门人对于师长的一贯之道闻所未闻，或者尚未透彻，于是向曾子请教。面对其他人的追问，曾子以"忠恕而已矣"恰当地诠释夫子的一贯之道。宋儒程颐曰：

> 圣人教人各因其才，吾道一以贯之，惟曾子为能达此，孔子所以告知也。曾子告门人曰："夫子之道，忠恕而已矣。"亦犹夫子之告曾子也。《中庸》所谓"忠恕违道不远"，斯乃下学上达之义。③

程子指出，圣人引导学生，因材施教，因此能各成其器。然而，好学精进的君子

---

① 关于孔门四科之言语科的内涵，日常老和尚指出，言语中的，是基于对事理的洞察，子贡对于商业交易的精准预测，正是对物价起伏趋势的洞察。参见日常老和尚讲述《论语浅释》（上），圆音出版社，2015。

② 例如，子曰："赐也，始可与言诗已矣！告诸往而知来者。"（《论语·学而》）孔子在与子贡谈论"贫而无谄，富而无骄"，孔子要子贡更深入体会："未若贫而乐，富而好礼者也。"子贡对于孔子的教诲，以《诗经》"如切如磋，如琢如磨"表达自己愿意随着师长的教诲努力实践，充分展现师与弟子之间对于心灵提升无止境的追求。孔子深喜子贡对于自己教诲的悦纳，因此，直呼其名，肯定可以和他研讨《诗经》。

③ （宋）朱熹：《四书章句集注》引，第97页。

不以一偏之才自居，而是广学深入，由博反约，多所成就。对于师长的道德生命，景仰向往，参学追随，又能把握整体脉络，以及精彩宗风。曾子对于孔子的一贯之道的心理状态有深刻的理解，才能以忠恕之道总结出来。程子进一步引述《中庸》第十三章证成曾子以忠恕诠释孔子的一贯之道，符顺儒家经典的内涵。试就《论语》举证之，《论语》载：

> 子曰："夫仁者，己欲立而立人；己欲达而达人。能近取譬，可谓仁之方也已。"（《论语·雍也》）
>
> 子曰："出门如见大宾，使民如承大祭。己所不欲，勿施于人。在邦无怨，在家无怨。"（《论语·颜渊》）

忠恕之道是仁的实践功夫，仁德是一种替他人着想的体贴，基于这样的体贴，在行为上，落实为忠恕的原则。① 忠者，在人际互动的过程中，一心想着别人，态度敬慎，全力以赴。夫子告诫我们"事父母能致其力，事君能致其身"（《论语·学而》）的"致"，以及《论语·颜渊》的"见大宾""承大祭"，都是尽己之忠的具体实践。曾子一日三省吾身的第一条，就是"为人谋而不忠乎"（《论语·学而》），正是这种处处尽力为别人设想的为人处世态度。曾子时时检视自心是否以这样的心态待人处世，就是实践夫子的一贯之道。恕道以己度人的深刻体贴，则是"己所不欲，勿施于人"，孔子曾以之回答子贡"有一言而可以终身行之者乎"（《论语·卫灵公》）的提问，这是可以终身奉行的德行。② 在人际互动中，以心观心，对于自己不想做的事，就不要强加在别人身上，也就是先防止以自己的眼光看待别人需要的错谬，造成自己徒劳，也给他人带来困扰。接着，体谅别人看来不如己意的言行，这样处处为他人设想的心态，自然表现出体贴友善的行为，不论身在何处，都不会引起别人的怨怼。更进一步，别人行为或有违越仁礼之处，我们仍一本体谅设想的心态，先止住苛责辱骂，深入了解行为背后的动机、见解，越礼犯分是不了解，还是见解与实践有落差，有哪些困难？这些难点，有些是个别的，更多是共同经历的艰辛，因此，实践仁义的君子会深入他

---

① 劳思光：《新编中国哲学史（一）》，三民书局，2001，第126~130页。
② "子贡问曰：'有一言而可以终身行之者乎？'子曰：'其恕乎！己所不欲，勿施于人。'"（《论语·卫灵公》）子曰："忠恕违道不远，施诸己而不愿，亦勿施于人。"（《中庸》第十三章）

人行为背后的动机、不得已，并且体谅他人的困难，再以自身学习、实践圣人的教诲的经验帮助还无法跨越的人，这就是所谓的"己欲立而立人，己欲达而达人"。在自身的学习上，以持续的热情，跟随圣人的脚步，着重心灵提升，在对待他人时，不以己意强加于他人，进而全心为别人设想，陪伴他者一起成长。

三　实践孝悌

曾子是著名的孝子，其孝悌的故事广为流传，例如出自《孔子家语》的曾子受杖故事，后来孔子教诫曾子"小棰则待过，大杖则逃走"的内涵，成为子女受到父母惩罚时的应对原则。① 孔子回答子游问孝，指出孝顺不能只是口体之养，而必须发自内心地恭敬；子夏问孝，孔子则提出"色难"（皆见于《论语·为政》）。两位出色的弟子问如何行孝，孔子特别从人禽之别的角度，提点弟子，孝顺不能停留在人禽无别的物质供养，而是要发自内心的深爱，才能至诚恭敬，以和气婉容侍奉父母。② 曾子承继这样的教诲，以敬爱之心，顺承父亲之志，实践孝道。

> 孟子曰："事孰为大？事亲为大；守孰为大？守身为大。不失其身而能事其亲者，吾闻之矣；失其身而能事其亲者，吾未之闻也。孰不为事？事亲，事之本也；孰不为守？守身，守之本也。曾子养曾皙，必有酒肉；将彻，必请所与；问有余，必曰'有'。曾皙死，曾元养曾子，必有酒肉；将彻，不请所与；问有余，曰'亡矣'。将以复进也，此所谓养口体者也。若曾子，则可谓养志也。事亲若曾子者，可也。"（《孟子·离娄上》）

儒家以仁德为核心，体贴关爱他者的仁心，是众德之根本，而孝悌则是实践仁德的下脚处，也是所有德行最切身、关键所在。③ 孟子以仁义守身为本，事亲孝悌为用，并且举曾子亲奉曾皙为例，每餐饮食必有酒肉，用完撤餐，必问父亲是否需要分享

---

① 《孔子家语·六本》，三民书局，2013，第185页。《弟子规》："父母责，须顺承""身有伤，贻亲忧"即根于此。
② 朱熹曰："盖孝子知有深爱者，必有和气；有和气者，必有愉色；有愉色者，必有婉容，故事亲之际，惟色为难耳。"参见（宋）朱熹《四书章句集注》，第73页。
③ 有子曰："孝弟也者，其为仁之本与！"（《论语·学而》）

亲朋友邻，父亲垂询是否还有菜肴，一定回答还有。这样的行为与应答，不只是物质供养无虞，更是处处体贴父母子女负荷，又想济人为善的心意，并顺承完善父母亲这样的美好想法。孟子认为这是超越口体之养的心志之养，因此，曾子是孝子的典型。曾子这样的敬爱之心，在曾晳死后，依旧不减。因为曾晳生前爱吃羊枣，曾子在父亲亡故之后，就不再吃羊枣了，以免睹物思人。① 这样思念父亲的深情厚意，在孝悌的践履中，符顺孔子"生，事之以礼；死，葬之以礼，祭之以礼"（《论语·为政》），"三年无改于父之道"（《论语·学而》）等孝道的实践。在父母终老之后，由于对父母亲真切的怀念，在丧礼与祭礼中秉持谨慎持重的态度，依礼而行，并且承传家风，对于父亲的遗规老友，不敢贸然或忘或失却敬重。② 曾子特别强调："慎终追远，民德归厚矣。"（《论语·学而》）正是曾子承孔子之道而切身实践的深刻体认。

《孝经·开宗明义章》标举了"夫孝，德之本，教之所由生也"，"夫孝，始于事亲，中于事君，终于立身"。《孝经》一方面承续孔子孝悌为本的道德实践，一方面把孝道扩充于所有的人际互动，成为终身奉行的根本德行。因为在孝道的实践中，充分体现了上慈下敬的承传关系，这样的关系让所有的人伦互动，都能变得和谐、圆满。日常老和尚曰：

> 人类之异于禽兽者，以其能将经验智慧所蕴集之文化，藉由教育而代代向下传递，并不断地改善其精神与物质生活。传递过程中传者与受者的关系，乃决定了传递的结果。孝道精神，正是华夏文化所孕育成的那种，传授（受）之间的相互关系。集华夏文化大成之至圣孔子，在孝经开宗明义章中就指出："夫孝，德之本也，教之所由生也。"此种精神之运用，起自家庭亲子，推至天下国家，虽人类社会之层次有别，贵贱贫富各异，而彼此间之上慈下敬则同。③

---

① 曾晳嗜羊枣，而曾子不忍食羊枣。公孙丑问曰："脍炙与羊枣孰美？"孟子曰："脍炙哉！"公孙丑曰："然则曾子何为食脍炙而不食羊枣？"曰："脍炙所同也，羊枣所独也。讳名不讳姓，姓所同也，名所独也。"（宋）朱熹：《四书章句集注》，第525页。

② 曾子曰："孝子之养老也，乐其心不违其志，乐其耳目，安其寝处，以其饮食忠养之孝子之身终，终身也者，非终父母之身，终其身也；是故父母之所爱亦爱之，父母之所敬亦敬之，至于犬马尽然，而况于人乎！"（《礼记·内则》）

③ 日常老和尚讲述，见《孝经浅释（上）·前言》。

日常老和尚从更宽广的视野看待孝道、孝悌，是人伦的根本学习，学得孝悌，可以长养看见父母恩德、领纳父母的至心付出，以及努力用三种美德回报父母，也就是能念恩、感恩、敬爱父母。父慈子孝的人伦互动，充分体现了上者慈爱关怀、下者敬重承顺的德行。子女在与至亲互动中，要能真心领纳，切身实践，铭刻己心，如此，就能在其他人伦关系中，体现出上下和谐的关系。① 此外，日常老和尚从文化传承的角度，分判人禽之辨，并认为孝道体现的传受关系，其实就决定了传递的结果，也就是不论是家风的传承，还是文化的传递，父子以及师与弟子之间的传受关系，是文化能否行诸久远的关键因素。

家风的传承依赖父子关系，文化的传承则靠师与弟子之间。家庭中能实践孝悌，对父母念恩、感恩，到了学校面对师长，也能看见师长全心为我设想，饶益我的深切心意，并且敬慎领纳师长的传承教导，努力实践自利利他。《孝经》开篇首段，就是以孔子与曾子的互动展开：

> 仲尼居，曾子侍。子曰："先王有至德要道，以顺天下，民用和睦，上下无怨。汝知之乎？"曾子避席曰："参不敏，何足以知之？"子曰："夫孝，德之本也。教之所由生也。复坐，吾语汝：身体发肤，受之父母，不敢毁伤，孝之始也。立身，行道，扬名于后世，以显父母，孝之终也。"（《孝经·开宗明义章》）

曾子以孝闻名于世，因此他与孔子的互动过程，也处处得宜地展现一位弟子该有的分际。这段文字是以弟子的口吻记录下来的，称孔子为"仲尼"，"仲尼"是孔子的字，充分表达对孔子的尊重。"侍"则表明了孔子与曾子的师徒关系，后面曾子的避席而言，孔子要曾子复坐，都是两人互动时情理兼具的合礼美好。而"参不敏，何足以知之"，与《论语》对照，可以看出曾子的自知与谦逊。整体而言，曾子对父亲曾皙而言是体贴的孝子，对孔子而言就是一个非常善学的弟子。②

孝悌，是一生的实践，在父母生前、殁后，都是以礼行持，不敢或违。这样的戒慎恐惧，一直要到自己生命结束之后，才能真正放下。《礼记》载：

---

① 日常老和尚讲述《论语浅释（上）》，第28~38页。
② 日常老和尚讲述《孝经浅释（上）·前言》，第13~26页。

> 曾子寝疾，病。乐正子春坐于床下，曾元、曾申坐于足，童子隅坐而执烛。童子曰："华而睆，大夫之箦与？"子春曰："止！"曾子闻之，瞿然曰："呼！"曰："华而睆，大夫之箦与？"曾子曰："然，斯季孙之赐也，我未之能易也。元，起易箦。"曾元曰："夫子之病革矣，不可以变，幸而至于旦，请敬易之。"曾子曰："尔之爱我也不如彼。君子之爱人也以德，细人之爱人也以姑息。吾何求哉？吾得正而毙焉斯已矣。"举扶而易之。反席未安而没。（《礼记·檀弓上》）

曾子死前易箦的坚持，以及"君子之爱人也以德，细人之爱人也以姑息"的严正宣示，都是对于"身体发肤，受之父母，不敢毁伤"的真切体证，以及"父母全而生之，子全而归之，可谓孝矣。不亏其体，不辱其身，可谓全矣"（《礼记·祭义》）的全归实践。《论语·泰伯》中记载了类似的事件：

> 曾子有疾，召门弟子曰："启予足！启予手！《诗》云：'战战兢兢，如临深渊，如履薄冰。'而今而后，吾知免夫！小子！"

曾子对于受之于父母的身体发肤的战兢恐惧，在病重之际，仔细检视手足的这一举动中表露无遗，曾子以如释重负的口气说："而今而后，吾知免夫！"可见这样的持守，直至死而后已，才能真正放下。我们可以对照孔子对于曾参"鲁"的评价，鲁钝的曾参，也有着踏实笃厚的学习态度，对于心境的操存、德行的持守，都能一本初衷，坚持到底。孝悌的实践，是在每一次与父母互动时的内心作意，行为上的奉养、恭敬等，也包括对于父母赐予的身体，虔敬的关护。子女对于受之父母的身体发肤，有一种慎重保护，是基于对于父母的敬爱；全始全终，则是戒慎恐惧的心理，化为坚持一生的实践，这种对于德行的坚定，曾子实践孝道，既全面又细腻，这样的持守，延伸而为"慎独"的功夫。《大学》以不自欺、慎独等修心功夫诠释"诚其意"，并引曾子"十目所视，十手所指，其严乎"总结修心戒慎的心态。① 可见在孔门后学心中，曾子德行涵养的严整与踏实。

---

① 《大学》："所谓诚其意者，毋自欺也，如恶恶臭，如好好色，此之谓自谦，故君子必慎其独也！小人闲居为不善，无所不至，见君子而后厌然，掩其不善，而著其善。人之视己，如见其肺肝然，则何益矣！此谓诚于中，形于外，故君子必慎其独也。曾子曰：'十目所视，十手所指，其严乎！'富润屋，德润身，心广体胖，故君子必诚其意。"

四　弘毅之士

孔子反省春秋末年礼坏乐崩的现实，提出仁为核心的礼乐新观念，企图为僵化而形式化的礼乐找到源头活水。孔子说，"人而不仁，如礼何？人而不仁，如乐何？"（《论语·八佾》）"君子义以为质，礼以行之。"（《论语·卫灵公》）劳思光以"摄礼归义""摄礼归仁"建构孔子仁、义、礼的核心思想。孔子以生命的正当性自觉，以及为人着想的体贴，一步步收摄外在的礼仪规范，让已经变成僵化形式的礼仪，有了道德的自觉以及温厚的情感，重新找到活泼泼的生机。再者，仁心的开展，自觉的落实，在实践层面上，仍要回归于礼，因此，孔子回答颜渊问仁，曰："克己复礼。"（《论语·颜渊》）仁义的自觉与体贴，最后都必须落实在礼的实践，例如，婚礼主要是体贴新嫁娘离开原生家庭，进入夫家的忐忑；丧礼则是贴近丧亲之痛，让丧家早日走出悲伤，恢复日常生活。孔子对于礼有深刻的探究，以知礼闻名，能将礼的外在形式与自我心灵紧密联结，如："祭如在，祭神如神在，子曰，吾不与祭，如不祭。"（《论语·八佾》）礼的学习，不是只有礼仪的行持，还要包括内心相应的情感。

曾子对于礼也有深刻的学习，《礼记·曾子问》载录了曾子请教孔子礼仪实践的各种问题，其他如《祭义》《内则》《檀弓》等篇，也都有曾子请教孔子，或者实践礼义之事，由此可见，曾子是一位学礼、知礼、行礼的弟子。孔子以知礼闻名，入太庙每事问，曾子对于礼的熟稔实践、热情学习，也是承传自孔子。

曾子承传孔子心法，对于心灵的学习与提升，也能实践笃行，例如：

> 曾子曰："吾日三省吾身：为人谋而不忠乎？与朋友交而不信乎？传不习乎？"（《论语·学而》）

《论语》第一篇《学而》就是谈学习，第一章"学而时习之"，是谈学习的快乐，通过跟着老师学习，以及自己不断的练习，深广地深入学习内涵，改善自己的生命。第二章有若谈论孝悌是行仁的根本，以及社会安定与秩序的基石。第三章孔子从反面遮止远离仁德之巧言、令色。第四章就是曾子的吾日三省吾身，属于个人德行涵养的具体学习。第五章则是谈治国的理想,是在内圣基础上的外王。① 这五章标举了儒学内圣外王的纲要与心灵学习的关键,至为重要,而修身的示范者就是曾子。曾子时时反省自己的三件事中,第一件是是否全心全意为他人着想,第二件是与朋友交往是否能秉持信念、诚信,进而获得友伴的信任,第三件是对师长教导的道理能否实践、传承。其中,最重要的是第三件,能否踏实地将师长的教导内化于自身生命,散发出德行的光芒,影响别人,传承良善的馨香。毕竟学习最重要的是跟随师长学习,若没有师长的教导,我们将一无所知,因此,寻找一位有德的师长,是学习者最重要的事;找到这样的师长之后,就必须毫无疑惧,没有丝毫保留地依从师长的教诲,这才是"传不习乎"的真正意涵。曾子之所以能够传承孔子心法,其根本原因也在此。② 有了师长的教导,我们才知道生命的宗旨理想,以及实践的下手处。曾子具体的修身中,特别把握了忠与信。孔子曰:"君子不重则不威,学则不固。主忠信,无友不如己者,过则勿惮改。"(《论语·学而》)也是特别标举忠信。曾子的忠,是在为人谋上着力,而非自己的名闻利养,能够做到全心为人谋,也就是仁的具体实践。至于信,除了言而有信之外,最重要的是为人处世的信念,而信念来自生命宗旨的确立。朋友是学习路上的伙伴,生命目标的确立与接近,让朋友可以以文相会,以德相辅;由于对于信念的坚定如一与踏实践履,展现里外一致的诚信,自然获得伙伴的信任。③ 曾子以跟随师长学习为核心,开展出忠与信的自省功夫,全然掌握了孔门的关键,也承传了孔子的心法。

关于士人的形象,曾子做了最好的提点:

> 曾子曰:"士不可以不弘毅,任重而道远。仁以为己任,不亦重乎?死而后已,不亦远乎?"(《论语·泰伯》)

士人志于道的追求,生命以弘道为主,在困窘时独善其身,飞黄腾达时兼善天下,物质的丰盈与否并非人生目标。曾子指出学习之后的生命是宏大宽广,又坚忍刚毅,

---

① 关于《论语·学而》前五章的内涵与系统性,参见日常老和尚讲述《论语摸象记(上)》,福智之声出版社,2005,第1~22页。
② 日常老和尚讲述《论语浅释(上)》,第50~55页。
③ 日常老和尚讲述《论语摸象记(上)》,2005,第16页。

既深且广的生命,随时都如清空的器皿,吸收新知,培养能力。① 孔子曰:"君子不器。"(《论语·为政》)刚毅的生命则能承担重任,可以托孤寄命,临节不变,全始全终。② 生命若能在深广中不断前进提升,又可以担负重责大任,这是多么堂正而有价值的生命!

五 结语

曾子以其鲁钝之资,与孔子学习时间又比较短,却能坚定对孔子老师的信心,笃行孝悌,日省其身,以弘毅之士为典型,终能领略孔门要义,开显一贯之道的实践路径在于忠与恕,后世肯定其为孔门心法的承传者,名实相符,毫无侥幸。

(责任编辑:刁春辉)

---

① 曾子曰:"以能问于不能,以多问于寡;有若无,实若虚,犯而不校,昔者吾友尝从事于斯矣。"(《论语·泰伯》)

② 曾子曰:"可以托六尺之孤,可以寄百里之命,临大节而不可夺也。君子人与?君子人也。"(《论语·泰伯》)

《孝经》研究专题

论孝了死生之大义：《孝经》大义探微

姚中秋[*]

摘　要　死生者，人之大事也。世界各大文明约略有两种主干信念，据此形成两种了死生之道：中国式的，非中国式的。中国之外各主要文明信神，以来世信仰了死生。中国人敬天，以孝了死生。《孝经》发明此义甚为真切，本文予以掘发，以揭明圣人立孝为教之完整大义。

关键词　孝　孝经　神教　敬天　死亡恐惧

自古以来，在中国人观念世界和社会生活中，孝至关重要，此殆无可疑者。经典论孝，随处可见。古人以至今日普通民众于人伦日用中重孝，也近乎自然。略加观察即可发现，此为中国文明大不同于其他诸文明之处。然历史上，孝之为德曾多次遭遇冲击，最新且最严重者或为近世，新文化运动之核心诉求即破家、非孝。受此观念影响，孝之大义隐微不明已近百年矣，以致今日儒学圈内，羞于论孝甚至非孝者，所在多有。今日复兴中国文化，则不能不在与西方文化之对观中推明孝之大义，本文正为此而作。笔者读《孝经》结尾"生事爱敬，死事哀戚，生民之本尽矣，死生之义备矣，孝子之事亲终矣"，讽诵再三而似豁然以为粗知孝之大义。本文将主要疏解其首章《开宗明义章》，以神教了死生之义作对比，阐明中国人以孝了死生之大义。

---

[*] 姚中秋，山东大学儒学高等研究院教授，弘道书院院长。

一 孝之始：对生命本源之自觉

《孝经》主题见"开宗明义章"谓："身体发肤，受之父母，不敢毁伤，孝之始也。"第一个词是"身体"。我有一占据特定空间的己身之体，有此身体，方有我；无此身体，则无我。故理解人，首当理解人之身体的由来。

"发肤"在身体中，何以于身体中单言"发肤"？发肤者，我作为个体之最为显著的标记也。天下所有人都有其身体，去其发肤，人与人的身体几无区别；人际相互区别之最显著标记，正是外在之毛发与皮肤。我之为我，我与他人之别，父母和他人之识别我，主要靠我的独特发肤。"身体"意谓人同为人，"发肤"强调每人都是个别的，两者共同构成活生生的人。

因为，每人的生命是父母给予的，"受之父母"。此为一最基本的生物学事实，而为《孝经》所确认，作为其全部论述之出发点：我的身体发肤受之于父母，换个说法，我父母授予我我的身体发肤。无父母之授予，即无我的身体发肤；无此身体发肤，也就没有我活的生命。

那么，生命是如何授受的？通过生。我是父母所生。文化中国起步于颛顼、帝尧之"绝地天通"，中国走出神教，而敬天。① "天地之大德曰生"（《周易·系辞下》），天生人，其具体呈现是人生人，夫妇生人。我的生命诞生于父母生我之个别事件，我生而有人人相同之"身体"，还有我所特有之"发肤"。

我作为独立个体存有，我的生命始于父母之生我的事件，此为关于人之生存、生命之最重要事实，关于人的一切伦理、社会、政治的思考理应始于此事实，比如，仁，即源于生。②

不过，此一关于生命之基本事实，常遭遮蔽，如神教多以神话遮蔽之，《创世记》中说："神说，我们要照着我们的形象，按着我们的样式造人。"③ 据此，人非父母所

---

① 对敬天之树立过程，参看姚中秋著《尧舜之道：中国文明的诞生》，中国文联出版社，2016，第64~74页。

② 朱子《仁说》曰："天地以生物为心者也，而人物之生，又各得夫天地之心以为心者也。故语心之德，虽其总摄贯通、无所不备，然一言以蔽之，则曰仁而已矣。"

③ 《创世记》，《圣经》（简化字现代标点和合本），中国基督教三自爱国运动委员会、中国基督教协会，2000，第2页。

生，而是神造。此神话也进入政治领域，成为有些国家政治之第一原理，如北美十三个州《独立宣言》说："我们主张这些真理是自明的：一切人被造（created）而平等，由其造物主（Creator）赋予某些不可剥离之权利。"①

在西方，政治学也倾向于否定人由父母所生之事实。在《理想国》中，苏格拉底希望教给城邦的守卫者一个"高贵的谎言"：人孕育于大地，待其成熟后，由大地母亲送到地面②。霍布斯延续了这一观念："我们假设再次回到自然状态，将人看成像蘑菇一样刚从地上冒出来，彼此不受约束地成长起来。"③ 这一神话构成现代思想之基点：人为"自然"所造，凭空而降，生而成为人，其生命尽管在生物学意义上得之父母，但在形而上学意义上则与父母并无关。

西方上述神教和政治思想均遮蔽了人因生而得其生命之事实。神和自然在人之外而非人，故人的生命来自非人之物，为其"抛入"荒野。故在我有生命的那一刻，我作为人，首先接触的不是人而是非人，人、他人对我反而是外在的、第二位的，包括我的父母。虽然父母生我，但我与之并无身体上的连接关系，无实质性关系，与父母之外的他人更无关系。故在人世间，我的身属于神、自然，这埋下了来世永生之伏笔，而为获得拯救，我可把自己交给神或自然；就人间而言，我的身体只属于我自己，在人世间是孤绝的。

相反，在天之下，我的身体受之于父母，父母生我从而人世有我。经文特别指明"发肤"，意在强调，每人都是独自出生的，生而为个别之自我。这与"神造人"不同：神照着自己的形象造人，推测起来当为集体地制造，所造之人必定彼此相同，所有人共同地属于神，此即"集体主义"之源头。相反，父母是个别的，他们个别地生

---

① "Declaration of Independence: A Transcription", https://www.archives.gov/founding-docs/declaration-transcript.

② 见王扬译注《理想国》，华夏出版社，2012，第126页。对此分析，可参看李猛《自然社会：自然法与道德世界的形成》，生活·读书·新知三联书店，2015，第170~178页。

③ 〔英〕霍布斯：《论公民》，应星、冯克利译，贵州人民出版社，2003，第88页。据此，霍布斯当然不承认父母与其子女之间有慈爱或者孝爱，其行为逻辑仍为自保，故母亲乃基于子女长大后不会成为其敌人而养育之，为此对其拥有统治权，而成为子女的"女主人"；父亲只是通过征服母亲而获得对孩子的统治权；并且，母亲对孩子的权力不来自生育的事实，而在于抚育，参看《论公民》，第93~97页；对其较为深入的分析，可见李猛《自然社会：自然法与道德世界的形成》，第148~160页。

育我，故我生而与他人不同，"发肤"就是最显明的标记。

父母与我之间的关系是排他的，我的身体是且只是我的父母的身体之延续，父母之"继体"，子曰："身也者，亲之枝也"（《礼记·哀公问》）；曾子曰："身也者，父母之遗体也"（《礼记·祭义》）。《孝经》以对此一事实之自觉为"孝之始"，孝始于人对自己生命之本源的自觉。人是父母所生，此非自己所不能见者，但人人都可借其他途径便利地见此事实：自己生儿女，或观察他人之生育。故凡人只要有体认、反思之心，都可见此事实，从而意识到自己与父母生命之间的交叠、传承关系。

此即孝的起点，此起点最为自然，故人人均可有孝之自觉。所谓神"造"人，则是需借复杂心智活动才能"相信"之事实，人永远都不能见，更不可能体认，甚至也无法理解，故只能"信"。故此信念绝难成为人人可有之普遍自觉，基于神造人的生命伦理和政治理论均无以普世。

一旦体认到身体发肤受之于父母，我将认识到我是复合的：我不全是我，我的身体是父母身体之延续；父母就在我身上，我不是孤绝的，父母内在于我。没有父母在我身上，就没有完整的我。而无论如何，相对于我，父母是他者。故我的存在实为我与他人内在于我而共同存在，我、人一体存有。这一事实比张横渠《西铭》所肯定之"民吾同胞也"，更为根本。

从父母角度看，由此即可了死生，这当然只是第一层次上的。人之身体必死，此为人人所见之事实，《礼记·祭义》曰：

> 宰我曰："吾闻鬼神之名，而不知其所谓。"子曰："气也者，神之盛也；魄也者，鬼之盛也；合鬼与神，教之至也。众生必死，死必归土，此之谓鬼。骨肉毙于下，阴为野土；其气发扬于上，为昭明，焄蒿，凄怆，此百物之精也，神之著也。因物之精，制为之极，明命鬼神，以为黔首则。百众以畏，万民以服。"

父母之肉身必死，然而死去、腐朽者只是肉身之一部分，子女是父母之遗体，父母在子女身上仍活着。子女又有子女，父母之遗体又通过我转移到我的子女身上。每一代人都会死，但每一代人都可继续活着，不假诸任何外在力量，只要环环相扣的生命之流不断。

二　由孝而起敬：道德意识之始

我的身体发肤既是父母之遗体，父母之生命赖我而得以延续，故我"不敢毁伤"。此处至关重要的是"不敢"。曹元弼《孝经学》引阮氏福曰："孔子为弟子讲学，日以不敢为义，《孝经》十八章，自天子至庶人凡言'不敢'者九。"①

保存自己身体发肤之完整，此为我与生俱来之生命责任，《论语·泰伯》：

> 曾子有疾，召门弟子曰："启予足！启予手！《诗》云：'战战兢兢，如临深渊，如履薄冰。'而今而后，吾知免夫！小子！"

曾子之整体生命情态是敬而慎，为什么？子曰："君子无不敬也，敬身为大。身也者，亲之枝也，敢不敬与？不能敬其身，是伤其亲；伤其亲，是伤其本；伤其本，枝从而亡。"（《礼记·哀公问》）曾子曰："行父母之遗体，敢不敬乎？居处不庄，非孝也；事君不忠，非孝也；莅官不敬，非孝也；朋友不信，非孝也；战陈无勇，非孝也；五者不遂，灾及于亲，敢不敬乎？"（《礼记·祭义》）

至关重要的正是"敬"。圣贤之教无非敬，《尚书·尧典》首章列帝尧之德，"钦、明、文、思、安安，允恭、克让"，钦者，敬也；帝尧之德，以敬为首，此具有典范意义。周公反复申明君子以敬，可参见《康诰》《酒诰》等篇。孔子曰君子之养成，无非"修己以敬"（《论语·宪问》）而已。程朱之教是，"涵养须用敬，进学在致知"②。圣贤以为，敬为众德之本；不敬，则无德；不敬，必然肆无忌惮，而相互伤害。故人之自我提升、自我约束，人际形成良好秩序，敬最为根本。

敬之本源何在？如何教人以敬？一切神教都在教人敬，但以敬神为本，以敬神为中介，引导人之互敬。而神在人之外、在人之上，按照神教之说，神创造人，故支配人，可以给人以利乐，也可以集体或者个别地惩罚人，人之敬神难免出于求利之心或畏惧之心。由此所养成之敬，容或不诚而盲目，常催生出对神的迷信、对人的藐视，或对异教徒之怨恨，总之，虽可见敬，其心智常有严重分裂。

---

① 《孝经学》卷二，续修四库全书本。
② 《宋元学案·濂溪学案下》（第一册），中华书局，1986，第521页。

而在敬天的中国，圣人只要人体认自己身体发肤之源头，由此则必有敬父母之心，此即"孝敬"。无父母，则无自己的生命，明了这一事实而不敬父母者，何以为人？面对父母，人自有敬之之情；面对父母，人也有挚爱之情，而不只是敬。相对于独立之我，父母是他人，通过敬、爱父母，我训练敬、爱他人之心智，仁者待人，无非敬、爱而已，故由孝则有仁，《中庸》曰："仁者，人也，亲亲为大。"

敬有更重要的意义。父母为我生命之源头，父母固为我所敬，敬父母，我也自敬己身。我身是父母之遗体，我的身体发肤受到毁伤，等于父母之遗体受到毁伤，保存父母遗体完好的责任让我不能不自敬己身。子曰："一朝之忿，忘其身，以及其亲，非惑与？"（《论语·颜渊》）父母在其身，忘其身，必连累及双亲，此为大不敬。故人子若敬父母，则不可不敬己身，也即约束自己，三思而后谨言慎行，《礼记·祭义》曰：

> 乐正子春下堂而伤其足，数月不出，犹有忧色。门弟子曰："夫子之足瘳矣，数月不出，犹有忧色，何也？"乐正子春曰："善如尔之问也！善如尔之问也！吾闻诸曾子，曾子闻诸夫子曰：'天之所生，地之所养，无人为大。'父母全而生之，子全而归之，可谓孝矣。不亏其体，不辱其身，可谓全矣。故君子顷步而弗敢忘孝也。今予忘孝之道，予是以有忧色也。壹举足而不敢忘父母，壹出言而不敢忘父母。壹举足而不敢忘父母，是故道而不径，舟而不游，不敢以先父母之遗体行殆。壹出言而不敢忘父母，是故恶言不出于口，忿言不反于身。不辱其身，不羞其亲，可谓孝矣。"

我身是父母之遗体，绝不能只从自己立场、为自己当下便利、利益而运用、放纵己身，而须约束自己。在此，父母成为我的监察者。我成人之后，父母常不在我身边，或已去世，但只要体知自己身体乃父母遗体，父母即"如在"眼前，父母在我之中，父母成为在我之中的我的监察者，在父母的监察下，我不能不敬己之身。

由此，我敬父母之外一切他人。我面对一切人，"恭而有礼"；我处理一切事，"敬而无失"。由此，则"四海之内皆兄弟也"（《论语·颜渊》）。故由孝而有之敬，基于最为自然、人人可见之生物事实，从敬父母开始，经过敬己，而对他人敞开，普遍地敬一切人。此即《孝经》首章所说："夫孝，始于事亲，中于事君，终于立身。"不论是事君、立身，关键都在敬之。

需要说明的是，人际维护良好秩序，除了敬，还需爱，自《天子章》"爱亲者，不敢恶于人；敬亲者，不敢慢于人。爱敬尽于事亲"起，《孝经》以下论述皆爱、敬并举。首章之所以突出"不敢"、强调敬，盖因为相对于爱，敬之为德更难而对家以外的陌生人相处，更为根本。且由敬而可以有自我约束、自我提升之自觉，由孝而生发出诸德，故有夫子开篇之论断："夫孝德之本也，教之所由生也"。

以上为"孝之始"，要旨在于，人对自己生命之"始"有所体认，认识到身体发肤受之于父母，为此则油然而敬父母；而己身为父母之遗体，为此不能不自敬，始终小心翼翼、战战兢兢，由此而普遍地敬一切人，故有子曰："其为人也孝弟，而好犯上者，鲜矣；不好犯上，而好作乱者，未之有也。"（《论语·学而》）

三 孝之终：以孝了死生

以上论"孝之始"，塑造良好而健全的身心状态，由此状态可达成"孝之终"。《孝经》谓："立身行道，扬名于后世，以显父母，孝之终也。"

何为立身？子曰："三十而立"（《论语·为政》）；"夫仁者，己欲立而立人，己欲达而达人"（《论语·雍也》）。"立身"者，挺立自身也。我有身，且在天地之间，我所直接拥有者无非我之身而已，我能做且唯一不假外力而可做好者，就是立己之身，以走向成熟，成为自主而健全之人，若君子然者。"孝之始"句强调我的生命得之于父母，由此我有对父母之敬爱，并由此生发出自敬自爱而敬人爱人，此时，我的生命尚不成熟；至"立身"，则我的生命独立而成熟，相反，父母的生命则走向衰落，我不仅应敬爱父母，更需对父母承担责任，其中最为重要者，正是了死生。

何以立身？子曰："不知礼，无以立"（《论语·尧问》）；"民受天地之中以生，所谓命也。是以有动作礼义威仪之则，以定命也"（《左传·成公十三年》），"定命"就是立身。循礼而行，"克己复礼"（《论语·颜渊》），则可以立己之身。明乎礼，自觉和确定自己之社会角色，敬事而忠信，从而作为独立的、成熟的人而自立于人之中。立身，而后可以"达"。

立身，然后可以修道。修道者，修饬自己入于人之道。《中庸》："率性之谓道"。性者，仁也；修道者，"里仁"也。子曰："里仁为美，择不处仁，焉得知？"（《论语·里仁》）"里仁"就是让自己的身进入仁的状态，也即自觉地行仁道。行仁道，则可以成己安人①，或曰治国、平天下，由此"天下归仁焉"（《论语·颜渊》）。

修身立道，则可以"扬名于后世"。本句重点在"后世"，关注的问题是人何以永生。

人之生存无非两种形态：生物学上的身体与道德之名。身体是可见之物，名是他人之评价。身体会死，而名可以常在。身死不等于人灭，名在则人还在，即便其身已死。名可大可小，"扬名"不一定意味着成就多么伟大的功业，在家内、在社区内都可扬名；人死而其子孙书其名于木主而以时思之、祭之，即可谓"扬名"矣。

"名"何以重要？神教对人最大的诱惑在于死而不朽或复活，祈求身于死后反得不死。然而，朗朗乾坤之下，人人可见人身必死且腐朽，故圣贤从不求身之不死。唯一不死者是人之名，超越有限的身体，长存于后人之中，此即"扬名于后世"，故子曰："君子疾没世而名不称焉。"（《论语·卫灵公》）君子不期冀天堂之来生，君子知道，人必没于世，然只要名在，则人不死。故君子所求者，名也。君子因名而得不朽，足矣，《左传·襄公二十四年》记：

> 春，穆叔如晋，范宣子逆之问焉，曰："古人有言曰，死而不朽，何谓也？"穆叔未对，宣子曰："昔丐之祖，自虞以上为陶唐氏，在夏为御龙氏，在商为豕韦氏，在周为唐杜氏，晋主夏盟为范氏，其是之谓乎？"穆叔曰："以豹所闻，此之谓世禄，非不朽也。""鲁有先大夫曰臧文仲，既没，其言立，其是之谓乎？""豹闻之：大上有立德，其次有立功，其次有立言。虽久不废，此之谓不朽。若夫保姓受氏，以守宗祊，世不绝祀，无国无之，禄之大者，不可谓不朽。"

范宣子关心的问题正是人如何永生而不朽。他知道，身体必死，故以家中事业之生生不已、连绵不绝为不死之道；穆叔更进一步，指明以名不朽之道：立德、立功、立言，凡此均可让人有名，扬名于后世，则可做到己身不朽。

更为重要的是，我"扬名于后世"，不仅让自己不朽、永生，而且可让父母死而复活。经文曰"扬名于后世，以显父母"。"以"字谓，我扬名于后世之目的，正为显父母。的确，我尚未死，本还在人世，无所谓不朽，而父母已死，已死的父母如何重获

---

① 《论语·宪问》：子路问君子。子曰："修己以敬。"曰："如斯而已乎？"曰："修己以安人。"曰："如斯而已乎？"曰："修己以安百姓。修己以安百姓，尧舜其犹病诸！"

生命？这也必定是其心愿。孝，则当竭诚以事亲，那么如何满足父母不死之愿望？

父母身体已死，不可能重生，故经文用"显"字。显者，显明于众人之中也。已死的父母与我不朽的方式是一样的。父母或许本来有名，但因去世久远，而名不显矣；或许本来无名，籍籍无闻而死，我如何让父母永生？通过我"扬名于后世"。我是父母之遗体，我扬名于后世，我父母之名乃显明于众人之中。他们已死，又活过来了；其名可能已为人所淡忘，现在因为我之扬名，又活泼泼地显明，得以不朽、永生。

此即"孝之终也"，大孝始于敬，终于父母之死而复活。我立身行道，扬名于后世，而已死的父母得以复活、不朽、永生。所谓孝之终，就是子女对父母给予完备之"报"：子女的身体发肤受之父母，没有父母之生养，即没有子女之生命，父母于子女之恩莫大焉。子女修身立道，扬名于后世以显父母，同时诚敬祭祀父母，赋予已死的父母以不朽的生命，是谓"报本"，这词反复出现在《礼记》论孝、论祭祀诸篇中。子女得生命于父母，以己之修身立德，报父母以永生。两代人之间以生命相报，此为天地之间最为隆重、最为深刻之情谊。故子曰："夫孝，天之经也，地之义也，民之行也。天地之经，而民是则之。则天之明，因地之利，以顺天下。是以其教不肃而成，其政不严而治。"（《孝经·三才章》）

曾子曰："父母既没〈殁〉，慎行其身，不遗父母恶名，可谓能终矣。"父母已死，其如何在、继续在、持续在，取决于我如何行我之身，这也是父母授于我之身。若我不敬此身，胡作非为，则此身可能横死，父母则永死，而且，父母还将因我而得恶名，所谓"遗"者，他们虽死，却蒙受羞辱。若我敬此身，不让死去之父母蒙受羞辱，可谓能终父母之身。

故孝者，了死生之道也，我孝敬父母，为此而立身行道，则可以了己身之死生，同时了父母之死生。

四 祭祀与鬼神之"如在"

人子立身行道，扬名于后世，以显父母，得以让自己不朽，让父祖死而复活而不朽，此就究竟义而言。而在日常生活中，孝子也可让先祖复活，此即祭祀。《孝经·感应章》曰："宗庙致敬，不忘亲也；修身慎行，恐辱先也。宗庙致敬，鬼神著矣。孝悌之至，通于神明，光于四海，无所不通。"孝之至者，可令父母、先祖"如在"而复活。

天上没有天堂，故人死，仍在此世，身体必然朽腐，人乃以名不朽，名之不朽依赖于人之记忆、思念。而父母身已不在，子女容或忘之，故《祭义》记孔子论鬼神之后谓，"圣人以是为未足也，筑为宫室，谓为宗祧，以别亲疏远迩，教民反古复始，不忘其所由生也。"圣人设宗庙，以为祭祀父祖之所，旨在教民不忘其父母，《孝经》"丧亲章"谓"春秋祭祀，以时思之"，祭祀之礼在于提醒子女思念已死之父母。

思、不忘何以如此重要？父母之肉身已不在，然而其气尚在，祭祀而思之，则父母"如在"。子曰："祭如在，祭神如神在"（《论语·八佾》）；《中庸》曰：

> 子曰："鬼神之为德，其盛矣乎！视之而弗见，听之而弗闻，体物而不可遗。使天下之人齐明盛服，以承祭祀，洋洋乎如在其上，如在其左右。《诗》曰：'神之格思，不可度思！矧可射思！'夫微之显，诚之不可掩如此夫。"

人死后何往？必死之人何以永存？中国圣贤坦承，人死后，肉体很快朽腐，但这并不意味着人完全消散于虚空。诚敬祭祀，思之念之，则死者"如在"。此即死而复活。祭祀之真义，就是死者凭借着祭祀者之诚敬复活而"如在"。孔子曾描写"如在"之情形：

> 致齐于内，散齐于外。齐之日：思其居处，思其笑语，思其志意，思其所乐，思其所嗜。齐三日，乃见其所为齐者。祭之日，入室，僾然必有见乎其位；周还出户，肃然必有闻乎其容声；出户而听，忾然必有闻乎其叹息之声。（《礼记·祭义》）

> 文王之祭也，事死者如事生，思死者如不欲生，忌日必哀，称讳如见亲。祀之忠也，如见亲之所爱，如欲色然；其文王与？（《礼记·祭义》）

祭祀祖先，"思"之念之，所思乃是自己熟悉的个别的父祖。由此，祭祀之时，父祖"如在"。父祖"如在"，故文王事死者如同事生者。既然父祖如在，则孝子可与父祖之神明相交接：

> 孝子将祭，虑事不可以不豫；比时具物，不可以不备；虚中以治之。宫室既修，墙屋既设，百物既备，夫妇齐戒沐浴，盛服奉承而进之，洞洞乎，属属乎，如弗胜，如将失之，其孝敬之心至也与！荐其荐俎，序其礼乐，备其百官，奉承

而进之。于是谕其志意，以其恍惚以与神明交，庶或飨之。"庶或飨之"，孝子之志也。(《礼记·祭义》)

最为重要的是孝子之志。中国人敬天，却认为天上并无天堂，父祖死后，不是进入另一世界，而以气游于天地之间，《周易·系辞上传》所谓"精气为物，游魂为变"。诚敬祭祀，则其"如在"我之上，"如在"我之左右。我祭祀，则父祖如在而永生；我不祭祀，则父祖不在而消散，故祭祀是至关重要的永生之道。

以鬼神为如在，是为中道。人死之后如何在？鬼神如何在？对此，西人常执两端：或以为灵魂为不死之实体，可以轮回而再次投生，甚至在另一世界复活，为此而活灵活现地描述死后世界，是为"过"；或以人为纯粹的物，死则一切俱灭，是为不及。圣人无过无不及，秉持中道，谓之"如在"，最为高明而又最切实，人皆可以切身体验之，而知其无妄。

五 跨文明对比，以见圣学之高明

死生者，人之大事也。了死生，人才有长远视野，共同体也才有文明之创造和积累。历史上，世界各大文明约略有两种主干信念，据此形成两种了死生之道：中国式的；非中国式的。具体而言，中国人敬天，以孝了死生；中国之外各主要文明信神，以来世信仰了死生。

神教有多神教或者一神教之别，不管哪种，主要功能正是让其信众了死生，神教经典中出现最多的字眼是死，因为，信众最为焦虑的正是死；神则主要通过提供来世，解决信众对死之焦虑。

比如，在基督教经典中，耶稣所行最大神迹是死而复活，其给人主要恩典是示范死而复活，"叫一切信他的都得永生"。永生于何处？神的国（Kindom of God）——有译为"天国"者，实不准确。《马太福音》中耶稣说："凡称呼我主啊、主啊的人，不能都进天国；惟独遵行我天父旨意的人才能进去。"信上帝者共进神国，故神国中没有外教徒，也没有世俗事务。《约翰福音》中，当耶稣快离世时安慰其门徒说："你们心里不要忧愁。你们信上帝，也当信我。在我父家里，有许多住处，……我去原是为你们预备地方去。我若去为你们预备了地方，就必再来接你们到我那里去。我在那里，叫你们也在那里。"神国有何诱人处?《启示录》中说:"上帝要擦去他们一切的眼泪,不再有死亡,也不再有悲哀、疼痛,因为以前的事都过去了。"在此,人得到永生,永远在天堂享乐、安息。

佛教则有涅槃与净土,人因有无明,故有生老病死之苦、轮回之苦。原始佛教求"解脱",到涅槃境界,无生、无死,一切烦恼永尽。净土宗则渴望"往生净土",自己死后能去西方极乐世界,在那里成佛(开悟),享受净土中的诸般快乐。《阿弥陀经》谓"其国众生无有众苦,但受诸乐,故名极乐"。

伊斯兰教同样有来世,在复生日,真主根据每人在人世的行为审判之,凡是全心信奉真主者,可在死后上天堂,得永生;凡是悖逆真主者,必遭惩罚,被抛入火狱。

尽管其解决方案不同,但各神教共通之处是两个世界之信念:此世和来世,神则可以自由往来于两世之间,而以统治来世为主。人在世间,必定死;因为神,人在世间之死不意味着人的消亡,相反,敞开了其人或其灵魂进入来世而得永生之可能。来世可能进神国,也可能进地狱。若进神国,则摆脱死亡纠缠而得不死。当然,前提是笃信神灵,听神判决。由此,死亡不再是令人绝望和焦虑的,死反而有可能实现不死,死正是实现永生的第一步。死不是可怕的,反而比在世之生更好,因为,相比于生,死离永生更近。就此而言,世上多数宗教倡导死的生命观,由此而有"向死而生"之类说法。

帝尧确立敬天,天不是全知、全能、全善并在人之外的神,天遍覆无外,故无所谓"天上",也没有"天堂"之类超于世间的天上的独立空间。这里有一有趣对比:神教教人信神,反有"天"堂;中国人敬天,反无"天"堂。天上既然无堂,也就没有人格神可以降临以救人上天。人生于天地之间,死亦了断于天地之间,也即人之中。《中庸》中子曰:"道不远人。人之为道而远人,不可以为道。《诗》云:'伐柯伐柯,其则不远。'执柯以伐柯,睨而视之,犹以为远。故君子以人治人,改而止。"回到人,以人观人,即有了生之大道,此即《孝经》所论者。

子女之身体发肤受之父母,为其父母之遗体,则父母之身虽死,其遗体仍活在子女身上,此为不死之第一义。己身为父母之遗体,子女不能不敬己身,为此,不能不修身而立道,由此,扬名于后世,意谓肉身虽死,却留名于人间,此即不朽。子女扬名于后世,可以显扬父母,已死的父母得以死而复活,不朽而永生,此为不朽之第二义。

"扬名于后世，以显父母"中蕴涵死而复活之义，此与神教相类似；大不同者，复活的力量不是来自对神的坚信，也非来自尽心履行神所命令之善，而源于人子对其生命本源之自觉，及因此自觉而自主地修身立道之努力。信神的人相信生命的源头在神，故指望神之拯救；敬天的人相信生命的源头在父母，故修身行道，扬名人间，让自己和父母以名不朽。两种生命状态之根本区别在于，指望神拯救的人是被动的，只能等待神的恩典，这恩典是人所不能测度的；敬天而孝敬父母的人是自主的，只要人努力，即可扬名于后世。孝敬父母的人在自己不朽的同时，让父母死而复活，他者天然就在心中，扩充而有仁民爱物之心。神施与，人等待，由此确立不平等而单向权利（也即向他人索取）意识；先祖、父母给其子生命，其子让父母永生，由此确立平等而互惠的道德意识。以此为本，形成两种完全不同的生命成长之道和人间治理之道。

子女让父母死而复活，在显扬于后世的名之中，在四时诚敬祭祀之中。由此，死者之能否复活，取决于其是否有子女，以及同样重要的是，子女是否修身立道，是否以时祭祀父母、先祖，故孟子曰："不孝有三，无后为大"（《孟子·离娄上》）。有后，则可以永生。因此，人当重生，重子女之教养。生命之流得以连绵不绝，其中每个人都通过自己的修身立道，让自己和先祖同时不朽。天堂不远人，生生不已的生命之流既是人间，也是天堂。生本身即可通向永生，最好的生是永生。所以，在敬天而孝敬父母的人那里，没有死的焦虑，此所谓"了死以生"，圣人所立者，生生之教也。《孝经》末章"丧亲章"曰：

> 子曰："孝子之丧亲也，哭不偯，礼无容，言不文，服美不安，闻乐不乐，食旨不甘，此哀戚之情也。三日而食，教民无以死伤生。毁不灭性，此圣人之政也。丧不过三年，示民有终也。为之棺椁衣衾而举之，陈其簠簋而哀戚之；擗踊哭泣，哀以送之；卜其宅兆，而安措之；为之宗庙，以鬼享之；春秋祭祀，以时思之。生事爱敬，死事哀戚，生民之本尽矣，死生之义备矣，孝子之事亲终矣。"

身体发肤受之父母，父母生我、养我、教我，故父母死，我有哀戚之情，有三年之丧。但是，父母之不朽、永生，实有赖于我之修身立道，故圣人教民不以死伤生。我唯有修身立道，扬名于后世，父母方得以"显"；我春秋祭祀，以时思之，祭祀，父母得以复活、永生。终死生之义，无非如此而已。

孝的了死生之道，塑造孝子以生的生命观，与神教之死的生命观相反。《周易·系辞》："天地之大德曰生"。人的生命来自生的事件，自当各遂其生，为此而修身立道，则自己和父母先祖皆得永生。此种生的生命观让孝子的生命饱满而积极，让文明始终保有生命力而连绵不绝。

天之下，了死生之道是身之生生不已。体认生命始于生而有孝，而自然地在家中；因生生不已，此身与他人相关，此家超越简单的夫妻关系、超越简单的父母与子女关系，向上、向下无限延伸，从而自然地横向扩展，而成为大家。此家在人间，也是"天堂"。

六　结语

宋儒据《论语·里仁》"子曰参乎"章谓曾子得孔子道统之传，然孔子所传于曾子之道者，何也？检视今日可见曾子著作，知曾子重孝，述孔子而作《孝经》，传曾子之学的子思作《中庸》亦重孝。然孝之大义究竟何在？爱敬父母，以安老者，家内和睦，是为第一义；因孝以成诸德，尤其是事君之德，也即以孝培养公民之德，是为第二义，汉唐《孝经》广教天下，用意主要在此；本文则掘发其第三义：以孝了死生，此义以可见于曾子的"慎终追远"（《论语·学而》）之说。合此三义，才可以说，"夫孝，德之本也，教之所由生也"。

人不能无教，有效的教须解决三大问题：第一，教人成德向善；第二，教人以普遍的爱敬他人之情，以形成和维护普遍秩序；第三，缓解死亡焦虑，以安顿人心。中国圣人立孝为教，解决了这三大问题而真实无妄，故此教可通行于天下，《感应章》所谓"光于四海，无所不通"是也。[1]

曾子之学之广大、精微，亦由此可见，然不明《孝经》大义，则难得其全体，朱子轻忽《孝经》，[2] 令人难以索解，或者其失之于"不及"乎？

（责任编辑：江曦）

---

[1] 姚中秋著《孝经大义》（中国文联出版社，2017）对此有全面论述。
[2] 见《朱子语类》卷第八十二，《孝经》。

明儒吕维祺《孝经大全》和会朱陆的注释特色与以经解经的解经原则*

刘增光**

摘　要　晚明儒者吕维祺的《孝经大全》是明代一部重要的《孝经》学著作,此书在注释体例上采用了第一重"己注"与第二重"他注"的二重注释形式,以此综罗前代之注,加以批判地继承,其典型表现之一便是将程朱理学、陆王心学两派之说的融会吸收,体现出了鲜明的和会朱陆的注释特色。吕维祺在批判地吸收前人注解时,以《孝经》经文为据,自觉提出了"以经解经"的解经原则,以此区别于宋儒程朱的以意解经,可谓清代汉学解经风格的先声。

关键词　吕维祺　孝经　和会朱陆　以经解经

引　言

程朱理学和陆王心学的和会,在元代就已开始。及至明代,和会朱陆的趋势更加明显,尤其是在阳明心学兴起之后的晚明。理学思想的变动必然也会反映在经学的发展中,通过对晚明《孝经》学的考察,即可知,当时儒者在对《孝经》的注解上,亦呈现出和会朱陆、兼取两派论述的特点。吕维祺的《孝经大全》便是晚明《孝经》学著述中集中体现了此特点的一部书。

---

* 本成果受到中国人民大学 2018 年度"中央高校建设世界一流大学(学科)和特色发展引导专项资金"支持。
** 刘增光,中国人民大学哲学院副教授。

宋元两代以及明前期，朱熹《孝经刊误》所奠定的《孝经》文本及其诠释范式，随着朱子理学的传播而被广泛接受，不亚于唐玄宗《御注孝经》之于唐代的影响。研究者谓："士子放论，宁妄斥孔孟之误，而不敢轻言程朱之非。《孝经刊误》既凌《孝经》而上，士林奉为圭臬，亦且远被遐荒……影响之广远深巨，殆亦不亚于'石台'矣"。① 虽然如此，南宋之后的《孝经》学并非独行朱子一家，就南宋而言，陆九渊的弟子杨简便著有《古文孝经解》，杨简的弟子钱时亦有《古文孝经管见》，② 其所用《孝经》文本即非经朱熹刊误而分列经传的《孝经》，而是以司马光的《古文孝经指解》本《孝经》为依据。③ 而就明代而言，王阳明及其弟子亦多有关于《孝经》的著作，如王阳明的《孝经大义》、止修学派李见罗的《孝经疏义》、罗汝芳的《孝经宗旨》，此外，深受罗汝芳思想影响的虞淳熙还作有《孝经迩言》。④ 前人的积淀构成了晚明《孝经》学士人和会朱陆两家思想资源注解、诠释《孝经》的基础。吕维祺的《孝经大全》即充分调用了陆王一脉关于《孝经》和孝的思想资源。

纵观宋明《孝经》学发展史，吕维祺《孝经大全》的特点和贡献如下。第一，在文本的选择上，他没有采用朱熹所据的含有《闺门章》的二十二章本《古文孝经》，而是使用了十八章本《今文孝经》，并对朱熹删改《孝经》、分列经传的做法一一做了驳斥。而前人都未曾对朱熹《孝经刊误》进行过如此完整的清理和反驳工作。第二，他和会程朱理学、陆王心学的思想资源注解《孝经》，在某种程度上呈现出了《孝经》注解上的"集大成"特点。第三，他在对《孝经》的注解和诠释上，回归到《孝经》文本自身，自觉地采用了"以经解经"的方式，呈现出了与理学"以理解经"方式的不同。他对"以经解经"方法的自觉选择，已显露出清代汉学的端倪。下文便就后两

---

① 陈铁凡：《孝经学源流》，（台北）"国立"编译馆，1986，第225~226页。
② 杨简、钱时所著二书均已佚，但在保存下来的杨简著作中，留有大量丰富的关于《孝经》和孝的论述，其中最重要的便是《慈湖遗书》卷十二所载《论孝经》一文。
③ 参见舒大刚《论宋代的〈古文孝经〉学》，载《四川大学学报》（哲学社会科学版）2004年第3期，第102页。
④ 王阳明《孝经大义》、李见罗《孝经疏义》均已佚，但李见罗书今尚存有他人所写序言，略可窥其大义。罗汝芳《孝经宗旨》今存，载《罗汝芳集》，江苏教育出版社，2007，第430~437页。虞淳熙《孝经迩言》亦存，载朱鸿《孝经总类》，《续修四库全书》第151册，上海古籍出版社，2002，第171~184页。

点进行分析，以揭示吕维祺《孝经》学的面貌①。

一 《孝经大全》和会朱陆、互存就质的注释特色

吕维祺（1587~1641），字介孺，号豫石，河南新安人，死后谥忠节。因讲学于洛阳，建明德堂，从学者众，学者称明德先生。②吕维祺私淑晚明著名儒者孟化鲤（1545~1597，字叔龙，号云浦），而孟化鲤则为北方王门尤时熙（1503~1580，字季美，号西川）之弟子。③但从吕维祺的思想来看，他并不专主一家，对程朱和陆王都有批评和吸收，故黄宗羲《明儒学案》将吕维祺列入《诸儒学案》，而非北方王门，当是十分合理的。④其《孝经大全》广引宋代以来诸儒之言，上自北宋五子，下至王阳明及其后学，囊括了程朱理学、湖湘性学、陆王心学等多家。这也正体现了其不分门户的学术特点。吕维祺尝自言："一生精神，结聚在《孝经》，二十年潜玩躬行，未尝少息。曾子示门人曰：'吾知免夫！'非谓免于毁伤，盖战兢之心，死而后已也。"⑤后世亦评价其治《孝经》云："先生手注《孝经》，以道归孝，以孝归敬，明德教之本原，振千古之绝学。……先生晚年力学独得宗旨，即谓直接孔曾可也！"⑥其《孝经》学著作今存有《孝经本义》《孝经或问》《孝经大全》等。

面对当时《孝经》学界的今古纷争，以及删改《孝经》的种种现象，吕维祺

---

① 关于第一点，本文不欲做讨论，可参看刘增光《朱熹〈孝经刊误〉在明代的流传与反响》，《朱子文化》2011年第3期。
② 《吕明德先生年谱》卷一，载《北京图书馆藏珍本年谱丛刊》59册，北京图书馆出版社，1999，第532页。《吕明德先生年谱》共四卷，卷首至卷二载于《北京图书馆藏珍本年谱丛刊》59册，第517~720页；卷三至卷四载于60册，第1~202页。下文脚注不再赘述。
③ 参见（明）吕维祺《孟先生传》，《明德先生文集》卷十一，载《四库存目丛书》集部第185册，齐鲁书社，1997，第178~179页。
④ （明）黄宗羲：《明儒学案》卷第五十五，《黄宗羲全集》第8册，浙江古籍出版社，1992，第649页。
⑤ （明）黄宗羲：《明儒学案》卷第五十五，《黄宗羲全集》第8册，第650页。
⑥ 《吕明德先生年谱》"姚庚唐跋"，第517~518页。

颇感不满，他慨叹："秦焰既灰，诸儒羽翼《孝经》者殆数百家，而今古分垒，争胜如雠，尝考今古所异不过隶书蝌蚪、字句多寡，于大义奚损？且夫正缘互异，愈征真传。苟能体认，皆存至理。而诸儒多以其意见自为家，卑者袭伪舛，高者执胸臆……或是古非今，分经列传，牵合附会，改易增减，亦失厥旨……然诸儒之说亦有雅正渊闳，可发圣蕴，可裨治理，可互存就质者，皆取节焉。"① 吕维祺既批评了删改《孝经》、分经列传者，也批评了执着于今古纷争者，同时也不满意前代之注释。而他的《孝经大全》则要避免这些弊端，以《今文孝经》十八章为尊，不分经传，一字不敢移易。在对《孝经》义理的诠释上，则以经文为本，参考诸家之说。"互存就质"的说法，正体现出吕维祺《孝经大全》和会不同思想的特色。如此，方成"大全"。

但如何将思想各异的诸家之说都收归于自己的注释中，这是个难题。为了解决这一问题，吕维祺《孝经大全》采取了"己注"与"他注"的二重注释体例：自己先对《孝经》经文作注，以小于经文的字体来标示，在注释中有时也将经史子集及先儒之言符合己说者引入，这可以称为"己注"；在自己的注释之下，再引古往今来相关的经史子集、先儒之言作进一步的申释，所引之言以更小的字体进行表示，这可以称为"他注"。在"他注"的末段，吕维祺又常常下以案（按）语，或对前人之说是否得当进行评议，或对《孝经》经文之大意进行总结。故而这一部分案（按）语的内容虽属于"他注"，但又与"他注"内容不同，起着补充说明的作用，实则也是一种"己注"。在这两重注释中，第一重为吕维祺自己的注释，第二重注释是对第一重注释的展开。通过对第一重"己注"的分析，可以直接把握吕维祺的注释是遵循了程朱之说还是陆王之说。第二重的"他注"中因为存在大量的引用，所以内容非常丰富，他在《序》中所说的"互存就质"，就主要是将他认为可发明《孝经》义理的旧注放在第二重注释中。而从吕维祺注释中引用先儒之说的内容以及他所下案（按）语，就可以窥知吕维祺注释的倾向性和选择性，判断他在这一条注释中是接近程朱理学还是陆王心学。以下，即举例对吕维祺所着重阐发的《孝经》义理进行分析，以观其和会朱陆的注释特色。

---

① （明）吕维祺：《孝经大全序》，《续修四库全书》第151册，上海古籍出版社，2002，第344~346页。

1. 至德要道——以朱涵陆之例

《孝经》首章"开宗明义章"言："先王有至德要道以顺天下……夫孝，德之本，教之所由生也"，吕维祺注云："至，极也。要，切要也。德者，人心所得于天之性。道者，事物当然之理。"① 故此处第一重注释是本自程朱理学。如朱熹说："道者，日用事物当行之理，皆性之德而具于心，无物不有，无时不然。"② "道，则人伦日用之间所当行者是也。""德者，得也，得其道于心而不失之谓也。"③ 在朱熹看来，"性者，人之所得于天之理也"，天道即是天理，性是人之所得于天之理，即在天为理，在人为性。所以可以言"性即理"。万物与人一样，皆是秉此理而有性。所以吕维祺所说"道者，事物当然之理"，完全符合朱子之说。在这条"己注"之下，他在第二重注释中引用了董鼎、吴澄、陈淳诸家关于天理之说以作申释。虽然吕维祺并未使用"天之理"一词，但他所根据的"天之性具于心为德"之说，正是出自朱熹。此下，吕维祺解释《孝经》"夫孝，德之本，教之所由生也"，又说："至德要道者非他，孝也。孝统众善，为德之本，本犹根也。行仁必自孝始，而教化由此生焉，所以为德之至，道之要也。"④ 根据朱子理学对于道、德的论说，必然以理为纽带，将道视为事物当然之理，将德视为理之实具于心。也就是说，道和德在本质上并无不同，二者都是天理。正因此，不论是吴澄的《孝经定本》还是董鼎的《孝经大义》，都将"至德"和"要道"二者俱解释为"孝"。这是根据朱子理学进行注解所推演出的必然结果。吕维祺也不例外。而他在注释中，从"孝"说到"仁"，解"本"为"根"，谓"行仁必自孝始"，更是明显受程朱理学之影响，程颐解释《论语·学而》"孝悌也者，其为仁之本欤"，说："行仁自孝弟始，孝弟是仁之一事。谓之行仁之本则可，谓是仁之本则不可。盖仁是性也，孝弟是用也，性中只有个仁、义、礼、智四者而已，曷尝有孝弟来。然仁主于爱，爱莫大于爱亲，故曰孝弟也者，其为仁之本与！"朱熹正是根据程颐之注，说"本犹根也"，"为仁犹曰行仁"⑤。

---

① （明）吕维祺：《孝经大全》卷一，第376页。
② （宋）朱熹：《四书集注》，中华书局，1983，第17页。
③ （宋）朱熹：《四书集注》，第94页。
④ （明）吕维祺：《孝经大全》卷一，第377页。
⑤ （宋）朱熹：《四书集注》，第48页。

虽然，在对《孝经》首章的解释上多引据朱子理学，但他在关于"至德要道者非他，孝也……行仁必自孝始"这条"己注"的"他注"中，仍引用了阳明后学罗汝芳（1515~1588，字惟德，号近溪）、虞淳熙（1553~1621，字长孺）之言。① 吕维祺将二人之说都拿来作为旁证，这样的旁证成立的前提就是他所说的"本犹根也"。在对"孝为德之本"的解释上，罗汝芳所说"如木之许多枝叶而贯以一本，如水之许多流脉而出自一源"和虞淳熙所说"譬如树木有根本，就生枝叶"②，都可以涵括于朱熹的"本犹根也"之下。通过类似"断章取义"的做法，吕维祺忽略掉了罗汝芳和虞淳熙二人注解《孝经》的整体语境和视角，将差别甚大的两种解释都归于自己的注释之下。而实则，罗汝芳和虞淳熙二人都是在以良知学注解《孝经》，而非以程朱天理之说来解释《孝经》，所以从根本上来说，这是不相应的。但这种不相应在吕维祺"并存就质"的二重注释中是体现不出来的。由于第一重的"己注"是主干，第二重的"他注"是丰富、补充和扩大第一重的义理，所以，吕维祺在对《孝经》首章"至德要道"的解释上是以程朱理学统陆王心学的。

2. 万物一体的"身—天下"观——以陆统朱之例

万物一体的观念影响明代思想界甚深且广，明儒对于《孝经》的注解，也多发挥万物一体之意。吕维祺将万物一体的观念灌注于对《孝经》的注释中，尤其是《孝经》言及"身"之处，在其注释中，都能找到与万物一体观相关的论述。但万物一体观虽然在北宋五子那里即已发端，但真正在广泛的知识阶层中发生影响则是在明代王阳明对万物一体观作了进一步阐发，尤其是经过王阳明后学的传播和亲身实践之后。王门后学之参与宗族建设、乡村治理，其背后所循理论即是万物一体观。可以说，万物一体观在明代后期才真正在理论与实践两个层面上完成了其发展。吕维祺在发挥《孝经》中所含的万物一体义时，所据者正是以阳明学派之说为主。

《孝经·天子章》言："子曰：爱亲者不敢恶于人，敬亲者不敢慢于人。爱敬尽于事亲，而德教加于百姓，刑于四海，盖天子之孝也。《甫刑》云：'一人有庆，兆民赖

---

① 虞淳熙解释《孝经》，深受罗汝芳思想影响。可参看吕妙芬《晚明〈孝经〉论述的宗教性意涵：虞淳熙的孝论及其文化脉络》，《中研院近代史研究所集刊》，第48辑，2005，第24~32页。

② （明）吕维祺：《孝经大全》卷一，第377页。

之'。"此本论天子之孝。在传统社会，天子是关系天下治乱的关键。故而天子之德就被儒者极力强调，天子有德，方能德被天下。吕维祺在对这段话作解释时，一方面突出了天子以孝治天下这一《孝经》的主旨，另一方面则是以万物一体的观念来解释"孝道之大"，以之作为孝治天下的理论根据。

由吕维祺的注释来看，他在第一重"己注"之后所引内容便是以虞淳熙与罗汝芳为主，而丝毫未引及程朱一派之说。其中所引虞淳熙言："凡人爱惜父母之身，便不敢嫌恶众人与我同受之身。尊敬父母之身，便不敢轻慢众人与我同受之身，原来我与人不曾有这身来，完全是天地父母的，所以立起万物一体之身，连四海百姓都不恶他慢他。直至亲民，然后是爱敬的尽处。到尽处时人人学做孝子，人人都无怨心，此事非天子不能。"① 其中的"立起万物一体之身"的说法来自罗汝芳。意思是，从根源上来讲"身"的来源的话，我与他人之身，所有人之身，本来都是没有的，"天地生人"，故都是天地大父母所给予的。认识到这一点，才能立起万物一体之身，因为每个人都是天地所生，都与天地万物为一体。故而每个人的身，都不是单纯的己身，而是万物一体之身；不是小身，而是大身。将这一思路应用在《孝经》的语境中，能够做到"亲民"的只能是天子，故而说"非天子不能"。

虞淳熙的这种理解受罗汝芳影响很大。与王阳明一样，罗汝芳强调"大学"乃大人之学，而大人之学，即是要人明了吾身是万物一体之大身，是联属天下国家为一身的大身。吕维祺在解释《孝经·开宗明义章》""身体发肤……立身行道……"一节时即引用了罗汝芳之论："所谓立身者，立天下之大本也，首柱天，足镇地，以立极于宇宙之间。所谓行道者，行天下之达道也，负荷纲常，发挥事业，出则治化天下，处则教化万世，必如孔子《大学》，方为全人，而无忝所生，故孟子论志，愿学孔子。""立身行道，果何道？曰：《大学》之道也。《大学》明德、亲民、止至善。如许大事，惟立此身，盖丈夫之所谓身，联属天下国家而后成者也。"② 作为泰州学派的传人，罗汝芳对身和天下国家关系的看法，又直接受王艮的淮南格物说影响。王艮主张身是本，天下国家是末，由此突出了每一个个体之身对于天下国家的重要性，"安身者，立天下

---

① （明）吕维祺：《孝经大全》卷二，第384页。
② （明）吕维祺：《孝经大全》卷一，第379页。这两段话即见于罗汝芳《孝经宗旨》中，载《罗汝芳集》，第431页。

之大本也。本治而末治，正己而物正也。大人之学也。是故身也者，天地万物之本也，天地万物，末也。知身之为本，是以明明德而亲民也。"① "能立此身，便能位天地育万物，病痛自将消融。"② 当然，无论是罗汝芳还是王艮，其所说"身"都不是指耳目四肢之身或知觉之身，而是万物一体的"大身"。因此，在"天子章"的第二重"他注"中，吕维祺就引了王艮《明哲保身论》："明哲者，良知也。明哲保身者，良知良能也。所谓不虑而知不学而能者也。人皆有之，圣人与我同也。知保身者则必爱身，能爱身则不敢不爱人，能爱人则不敢恶人，不恶人则人不恶我。能爱身则必敬身，能敬身则不敢不敬人，能敬人则不敢慢人，不慢人则人不慢我，此仁也，万物一体之道也。天下凡有血气者莫不尊亲，莫不尊亲则吾身保矣，吾身保然后能保天下，此仁也，所谓至诚不息也，一贯之道也。经曰：'爱敬尽于事亲而德教加于百姓，刑于四海'。"③ 这样的论述，用于注释"天子章"显然再合适不过了。更何况王艮的这一明哲保身思想，本即与《孝经》有着密切关联。④ 其以孟子的良知良能立论，就每个人都具有内在的良知良能而言，凡圣齐同，故而可以说"圣人与我同也"。而此良知良能，就是爱和敬，即孟子所言："孩提之童，无不知爱其亲，及长，无不知敬长。"（《孟子·尽心下》）但孟子并未对爱敬与良知良能作严格的对应，而王艮则将明哲等同于良知，将保身等同于良能。在沟通了这两方面后，王艮便从人己关系上论述爱身和敬身。他将这种爱己以及于爱人、敬己以及于敬人的爱敬之道，称为"仁"，此仁便是万物一体之仁，便是"万物一体之道"。而以万物一体之道的观念来论述"孝"中所含的爱敬因素，从而将"孝"提升至"爱他人"和"亲民"的高度，正可以用来论证"孝道广大"。"孝"并非拘泥于一家之内的爱亲敬亲，而更重要的是"以孝治天下"，即吕维祺所说："以是知《孝经》乃孔子所以继帝王而开万世之治统者，非沾沾于家庭定省间也。"⑤ 因此，王艮、罗汝芳等人从万物一体意义上关于"大身"与"孝"的论述，正与对《孝经》孝治宗旨的理解相一致。

吕维祺自己对"身"的理解，也是秉承了万物一体的精神。天启七年吕维祺作

---

① 《王心斋全集》，江苏教育出版社，2001，第33页。
② （明）吕维祺：《孝经大全》卷一，第379页。
③ （明）吕维祺：《孝经大全》卷二，第384页。参见《王心斋全集》，第29页。
④ 参见吴震《泰州学派研究》，中国人民大学出版社，2009，第177页。
⑤ （明）吕维祺：《孝经大全》卷二，第385页。

《身铭》，其中云：

> 大哉身乎，其备也。元气混沌，包而无外。是故天地憾，吾身缺陷。吾身亏，天地倾欹。身非块然，天地参也，合之为一体，分则三也。①

他以《中庸》人与天地相参的观念来论述人与天地万物为一体，所谓"身非块然"，即是说"身之大"，身是大身。"天地憾，吾身缺陷。吾身亏，天地倾欹"即是说吾身与天地万物为一体，这与王艮、罗汝芳、虞淳熙的"大身"观念是一致的。

这就体现出了吕维祺对《孝经》作注释时在理论资源上所作的抉择。《孝经·天子章》讲述天子之孝，居五等之孝的首位，对于论证《孝经》为孝治之书，其重要性不言而喻。正如吕氏自己在章末，也即"他注"末尾的案（按）语所言："五等之孝，惟天子足以刑四海，而诸侯以下渐有差焉，夫子之意盖有重焉者，以是知《孝经》乃孔子所以继帝王而开万世之治统者。"② 但正是在对这一章的注释中，不论是在第一重的"己注"还是第二重的"他注"中，吕维祺所引宋以降诸家之说，除宋代邢昺与元代钓沧子以外，程朱理学传人只有董鼎、许衡和邱浚，且无关乎吕维祺阐发此章时所据的核心义理——万物一体义。其余所引皆是王学一脉，包括王艮、罗汝芳、虞淳熙、朱鸿③。由于朱熹将《孝经》视为限于家庭之内的事亲敬亲之书，故而认为《孝经》中凡论孝不"亲切有味"者皆有可疑，并加以删改。④ 而吕维祺则认为《孝经》是讲"以孝治天下"的经典，这就与朱熹形成了鲜明的对比。在吕维祺关于《天子章》的"他注"中，钓沧子所作《孝经管见》正是以《孝经》为孝治之书⑤。因此，吕维祺在注释中，以王学的万物一体义作为阐发《孝经》孝治宗旨的核心理论就成为必然。相较而言，许衡、邱浚等人之注仅仅是无关紧要的注脚而已。

---

① 《吕明德先生年谱》（卷首至卷二），第616页。亦载吕维祺《孝经大全》卷一，第379页。
② （明）吕维祺：《孝经大全》卷二，第385页。
③ 明人叙述朱鸿的师承说："朱君昔尝讲阳明之学，从游于东廓、绪山、龙溪三先生之门。"载《孝经总类》，《续修四库全书》第151册，上海古籍出版社，2000，第264页。
④ 参看（宋）朱熹《孝经刊误》，四库全书本。以及黎靖德编《朱子语类》，岳麓书社，1996，第1922页。
⑤ 朱鸿：《孝经总类》，第224页。

3. 孝悌之至，通于神明——朱陆互释之例

吕维祺非常欣赏程颢所说的"神明孝悌不是两事"。他正是据此而将程颢列入了"古今羽翼《孝经》姓氏"的行列。而周敦颐著《太极图》，吕维祺赞曰："《太极图》明大孝之本源。"① 这两点略微透露出，吕维祺对孝的诠释，沾染有玄秘意味。

晚明《孝经》学士人多重视与《孝经》相关的神秘感应，并分别从义理和事实上予以支持论证。虞淳熙的《孝经迩言》《孝经集灵》即分别是这两方面的代表作，前书解释《孝经》义理，后书则对古往今来与《孝经》有关的孝感神异事件做了汇集。② 吕维祺对此也显示出了浓厚的兴趣，引用程朱理学和陆王心学二派的思想对《孝经·感应章》做了细致的注解。《孝经·感应章》言：

> 子曰："昔者明王事父孝，故事天明；事母孝，故事地察；长幼顺，故上下治。天地明察，神明彰矣。故虽天子，必有尊也，言有父也；必有先也，言有兄也。宗庙致敬，不忘亲也；修身慎行，恐辱先也。宗庙致敬，鬼神着矣。孝悌之至，通于神明，光于四海，无所不通。《诗》云：'自西自东，自南自北，无思不服。'"

这一章正是晚明《孝经》学士人阐发《孝经》感应意涵的经典依据和来源。吕维祺在解释"昔者明王事父孝……神明彰矣"的第一重"己注"中说："此极言孝之感通，以赞孝之大也。《易》曰：'乾，天也，故称乎父。坤，地也，故称乎母。'明王父天母地者也。父母天地本同一理，故事父之孝可通于天，事母之孝可通于地。"③ 其中，《易传》"乾父坤母"之说，在张载《西铭》中获得更加丰富的表达，不论是程朱理学还是阳明心学，无不表示认肯。吕维祺在这一处的"己注"中引用了可以代表程朱理学的朱熹之说："圣人之于天地，犹子之于父母。敬天当如敬亲，无所不至。爱天当如爱亲，无所不顺。"④ 但恰恰是在朱熹的这段话后的"他注"中，吕维祺引用且仅仅引用了杨简的一段话作为第二重注释。杨简的这段话是："明王之事父母孝，异乎未

---

① （明）吕维祺：《古今羽翼孝经姓氏》，《孝经大全》卷首，第358页。
② 二书均收录于朱鸿《孝经总类》中。
③ （明）吕维祺：《孝经大全》卷十一，第428页。
④ （明）吕维祺：《孝经大全》卷十一，第429页。

明者之孝。未明者之孝，虽孝而未通，故于事天不明其天，事地不明其地，不特不明其天地，亦不明其父母。虽知父母之情意，不知父母之正性，不自明己之正性，故亦不明父母之正性，亦不明天地之正性。人皆曰我惟知父母，不知天地，此不知道者之言。"① 以朱子学派所贬抑的杨简心学申发朱熹之意，这其中有多少合理性，很值得商榷。但是，比较朱熹与杨简的这两段话，从表面上看，杨简之言正是对朱熹之言的阐发。朱熹讲敬天如敬亲，而杨简则反过来讲不知天地，即不知父母，事天地明，才是真正的事父母明。二家之说在吕维祺的文本安排下，正好构成了互补。此可见吕维祺的匠心独运。在《孝经大全》中，吕维祺屡屡兼引程朱理学和陆王心学之言，且其中多次出现二者互释的现象，这正体现了吕维祺"并存互质"、和会朱陆的注释特点。

这个例子尚且是将理学派和心学派中的一者放在第一重"己注"中，而将另一者放在第二重"他注"中，以对前者进行申释。而更有甚者，吕维祺将二者都放在第一重的"己注"中，他解释《感应章》"孝悌之至，通于神明，光于四海，无所不通"时说："孝之大，至于天地鬼神相为感应，则遍天地间无非孝道充塞，人神无间，上下协和。故孝弟之至其极，自然通融贯彻于神明，光明显耀于四海，上下幽明，故无所隔碍而不通者。明王孝德感通之大至于如此。"② 在这段"己注"之后，他引用了程颢"神明孝悌不是两事"，以及杨简"六合之间，天地鬼神无所不通，无所不应。自私自蔽，始隔始离，私去蔽开，通应如故"。③ 将二者都放在"己注"中。吕维祺在不顾程子、杨简原有之意的情况下，将二者放在一起，这必然存在义理上的融贯难通问题。这一点在此处就表现得甚为明显，具体来说，在此处，义理的融贯问题，不仅仅是要求程子之言和杨简之言之间可以融贯，而且更重要的是，吕维祺所引用的程、杨二人之言与他自己对这一章的整体注释是否融贯。

在关于这一段话的第二重"他注"下，吕维祺列出了"明理一而分殊"的张载《西铭》，显然，正如上文所言，《西铭》与吕维祺"己注"中所说"父母天地本同一理"，其意义是相吻合的。通贯天地人皆是同一理，只不过理之分殊有所不同，所以父母与天地虽然不同，但事天之理与事父之理则同。故而，以程朱理学解释《孝经》的

---

① （明）吕维祺：《孝经大全》卷十一，第429页。
② （明）吕维祺：《孝经大全》卷十一，第430页。
③ （明）吕维祺：《孝经大全》卷十一，第431页。

"无所不通"，此"通"是指一理之贯通。但吕维祺在第一重注释中所引用的杨简之言，其中的"通"却显然不是就天理而言，而是就"心同"而言。杨简说："无思不服者，以东西南北之心同此道心，故默感而应也，有道则应，无道则离。"① 作为陆九渊弟子，杨简持心本论，认为："道心，人人之所自有；己私，人人之所本无。惟昏故私，惟不昏则吾即道。"② "天下之人心皆与尧、舜、禹、汤、文、武、周公、孔子同，皆与天地、日月、四时、鬼神同。"③ 人只要克去己私，回复至人人本具的道心，自然能通于神明、光于四海。他关于孝悌的论述谓："孝悌忠信乃此心之异名，力行学文乃此心之妙用。"④ "慈爱恭敬之心，乃人之本心，乃天下同然之心。此心即道心。道心者，无所不通之心。"⑤ "人心自善，自神自明，自无污秽，事亲自孝，事兄自弟，事君自忠，宾主自敬。"⑥ 可见，在杨简看来，孝敬之心，就是人之本心，是人人同具的道心。此心同乎万古，贯乎四海，通乎神明，塞乎天地，无所不至，无所不通。这种典型的心本论迥异于程朱理学的天理本体论，故吕维祺同时将二者放在对于同一段经文的注释中，是很难圆融贯通的。其结果只能是形似而神异。其间的差距，是无法弥缝的，因为从根本立场上来说就存在着鸿沟。

再就吕维祺注释的整体融贯性来说。程颢"神明孝悌不是两事"的本意是强调斋戒奉事神明时的内心之诚。这句话本亦是用来解释《孝经》的："事天地之义，事天地之诚，既明察昭著，则神明自彰矣。……（神明）感格固在其中矣。孝弟之至，通于神明。神明孝弟，不是两般事，只孝弟便是神明之理。"此外，有弟子问程颐孝子王祥孝感之事是否通神明的问题，程颐回答说："此亦是通神明一事。此感格便自王祥诚中来，非王祥孝于此而物来于彼也。"⑦ 可见二程在解释《孝经》时采取的理性化方式，强调的是内心诚敬状态的修致，而非躬行孝悌与感格报应之间的必然性感应关系。而吕维祺在《感应章》的第二重"他注"中所引用的诸家之说中，并非仅仅是理性化

---

① （明）吕维祺：《孝经大全》卷十一，第 431 页。
② （宋）杨简：《杨氏易传》卷七，《丛书集成续编》第一册，上海书店出版社，1994，第 758 页。
③ （宋）杨简：《二陆先生祠记》，《慈湖先生遗书》卷二，四库全书本。
④ （宋）杨简：《论〈书〉〈诗〉》，《慈湖先生遗书》卷八，四库全书本。
⑤ （宋）杨简：《杨氏易传》卷十八，《丛书集成续编》第一册，第 863 页。
⑥ （宋）杨简：《杨氏易传》卷九，《丛书集成续编》第一册，第 776 页。
⑦ 《河南程氏遗书》卷第十八，《伊川先生语四》，《二程集》，第 224 页。

的论述，还有神明感应式的论述。如他引用虞淳熙的《孝经迩言》："不知母啮指而子心动，父膺疾而子汗流，至于甘露灵泉、神人织女……以及种种感通，种种难测。"① 而在这段注释中被他多处引及的杨简，也是深信感应之理的。② 在此，理性化的诠释与神秘感应式的诠释之间的歧异是非常明显的。

这就存在一个问题，吕维祺自己的观点是什么，是理性化的还是神明感应式的？那么，吕维祺对于感应之理是否也是持二程般理性化的悬置态度呢？答案是否定的。相反，吕维祺在"他注"的末尾加案（按）语说"孝极自无感而不应"③，他正是欲通过强调《感应章》的神秘性内容，来烘托"以孝治天下"所达致的孝道通贯天地人物、充塞宇宙之间的效果。甚者，他用以总结《孝经》大义的"道统于孝，孝统于敬"的说法，也可以归之于是因梦遇文昌帝君而所得。吕维祺曾作《五色十八茎叶孝芝记》，细述其夜梦文昌帝君降临与他谈《孝经》，吕维祺在梦中"与帝论明王治天下之本源纲领甚悉"，帝君因其羽翼《孝经》甚力而赏赐"丹策图书符箓"以及"十有八茎叶"的孝芝一支，且命其"多寿考，备膺福祉，世世有文名显者"④。"图书符箓"大概是道教中的神秘符文一类东西，此且不论，而"十有八茎叶"的孝芝正与十八章本《孝经》相对应。也恰在梦醒后的第二天，崇祯皇帝命表彰《孝经》的《孝经制旨》下达，对吕维祺来说，孝感神应真地发生了。因此，吕维祺在文中引用汉代纬书说：

> 《孝经援神契》曰："王者德至于草木则芝草生。"……《春秋》作而麒麟出，《孝经》成而黄玉降，则今上表章《孝经》相符天人感应之理，焉可诬也。昔者至圣作《孝经》，盖为明王以孝治天下而发，其论孝治极至之效，则云"天下和平，灾害不生，祸乱不作"，又云"孝弟之至，通于神明，光于四海，无所不通"。今天子表章《孝经》，躬行大孝，而灵芝之应如响，意者，麟出玉降，理固

---

① （明）吕维祺：《孝经大全》卷十一，第 430~431 页。
② 略举一例，杨简《饶娥庙记》："《孝经》曰：'夫孝，天之经，地之义，民之行。'此道通贯上下，至一而无殊，……饶氏孝女得此道，故能恸哭流血以出父尸，蛟鼍鱼浮死万数。此岂有他道哉，孝而已矣。孝，人心之所自有，此心之灵于亲则孝，于兄则悌，于君则忠，于友则信，于乡则和，于民则爱，一以贯之，无所不通，故邑人祠娥而祝之，历年数百，旱祷而雨，疾祷而安，事祷而应。"载杨简《慈湖先生遗书》卷二，四库全书本。
③ （明）吕维祺：《孝经大全》卷十一，第 432 页。
④ 《明德先生文集》卷十，第 157 页。

然尔。……余闻明王以孝治天下为瑞，非以芝瑞也。以孝治一身一家则一身一家治，以孝治一邑则一邑治，以孝治国则国治，以孝治天下则天下治。①

无须赘言，吕维祺对于《孝经·感应章》的解释与杨简、虞淳熙更为接近，与张载《西铭》、程子"孝悌神明非两事"之间则存在着较大差距。

以上就吕维祺在《孝经》诠释中和会朱陆的三种情况做了具体分析，不难看出，吕维祺的二重注释体例，与"集注"的体例比较吻合，但又有不同。这种不同就在于，不论是以上和会朱陆中的哪一种情况，程朱理学和陆王心学其实都是作为吕维祺注释的背景出现的。不论吕维祺是将前人之说引用至其第一重的"己注"中，还是放在解释、申明"己注"的第二重"他注"中，吕维祺在注释中都有着自己的判断和取向，并非委蛇因循前人旧说。但由于其欲"互存就质"诸家之说，就必然会导致《孝经大全》中出现以朱解陆、以陆解朱的复杂甚至有些混乱的情况，违背朱陆原意的情况也屡有出现。故朱陆二者作为吕维祺注释《孝经》的思想资源，在他的注释中仅仅取得了表面文字上的和解，在某种程度上呈现出"得言忘意"的注释特点，这或许是吕维祺《孝经大全》注释体例在具体的运用过程中所必然会陷入的困境。但不可否认的是，吕维祺博观群籍，将程朱理学、陆王心学二派的相关思想梳理并置，正可以让我们明了地看到二派在关于《孝经》以及孝的认识上的差异，从而通过比较益加深入地理解《孝经》的义理和旨趣。

二 《孝经大全》"以经解经"的解经原则

吕维祺《孝经大全》的注释体例与他的解经方法紧密相关。"互存就质"的二重注释体例决定了吕维祺必然要在注释中对他所引诸家之说进行权衡和协调，如，将哪一家放在第一重"己注"中，将哪一家放在第二重"他注"中，以维护其注释的整体融贯性。这一权衡和协调的过程必然要有其原则，此原则即是注释者的解经原则。吕维祺在《孝经大全》中进行权衡和协调时，必然会涉及三方面的内容：作为思想资源的前人注释，吕维祺自己的观点，《孝经》文本本身。诠释的张力就在三

---

① 《明德先生文集》卷十，第157~158页。

者的关系中体现出来，而解经原则的生发和确立，也正是出现在三者关系最为紧张的时刻。通过分析《孝经大全》中最能体现三者紧张关系的注释，便可揭示吕维祺的解经原则。

《孝经大全》引前代之说，除"五经"与"四书"之外，共计77家，主要有汉代10家，宋代27家，明代26家。此外，《孝经大全》对前人旧说不合理者亦有明文批评，驳郑玄有5处，驳邢昺《孝经正义》有7处，驳吴澄有6处，驳董鼎有3处，驳孙本有1处。其中，邢昺《孝经正义》是对唐玄宗《孝经御注》所作疏，孙本的《古文孝经解意》则是明代《孝经》注本的一个代表。① 可见，吕维祺几乎对其所见影响较大的《孝经》注本都进行了检讨。其注释所择取资源的广博性，正反衬出其注释不拘一家，但也正是因此就决定了吕维祺必须在不同的思想资源之间进行选择，加以批判和吸收，从而提出自己认为正确的注释《孝经》的观点。否则，就成了大杂烩，成了毫无层次、没有本末先后的简单堆砌。但是，批判或者吸收前人之注释以及提出自己的观点，都需有一个客观的根据，此根据自然不能是从自己的主观立场出发，否则就成了他自己所批评的"以意解经"。此根据只能是《孝经》文本本身，因为自己的注释观点终归也是要依附于《孝经》文本的。吕维祺清楚地认识到了这一点，明确提出了力求从经典本身脉络出发理解经典，"以经解经"而非"以意解经"的解经原则。② 对吕维祺来说，这条原则非常重要，因为作为解经者，其注解《孝经》，正是"欲明孔子作经之意"③，也就是说，寻求使自己的观点符合于孔子《孝经》所表达的观点，这也正是吕维祺注解《孝经》所要达到的目的。

最能体现吕维祺解经原则的是他对《孝经·三才章》"先王见教之可以化民也，先之以博爱而民莫遗其亲"一段话的解释。其中，涉及他对《孝经》文本的态度、对邢昺《孝经正义》和朱熹《孝经刊误》的判断和批评。对于"博爱"的解释，自理学兴起，便有着争论。这一争论的起因与唐代韩愈所说"博爱之谓仁"有关。在宋儒看来，以博爱来定义孔子的"仁"，这是错误的。程颐弟子问仁，程颐回答说：

---

① （明）孙本：《古文孝经解意》，载朱鸿《孝经总类》，第126~132页。
② （明）吕维祺：《孝经大全》卷五，第401页。
③ （明）吕维祺：《孝经大全序》，第346页。

此在诸公自思之,将圣贤所言仁处,类聚观之,体认出来。孟子曰:"恻隐之心,仁也。"后人遂以爱为仁。恻隐固是爱也。爱自是情,仁自是性,岂可专以爱为仁?孟子言恻隐为仁,盖为前已言"恻隐之心,仁之端也",既曰仁之端,则不可便谓之仁。退之言"博爱之谓仁",非也。仁者固博爱,然便以博爱为仁,则不可。①

程颐区分了性与情,认为爱是情,而非性,依照孟子"恻隐之心,仁之端"的说法,爱只能说是仁的发露处,但不能说爱就是仁。因此,他认为韩愈"博爱之谓仁"的说法是不正确的。朱熹继承了程颐的这一思想,认为:"仁是爱之理,爱是仁之用。"弟子向他询问韩愈的"博爱之谓仁",朱熹说:"是指情为性了。……把博爱做仁了,终不同。"② 以体用关系来解仁与爱的关系,仁是体,爱是用,爱不足以尽仁,故以博爱定义仁自然是程朱所不能赞同的。且"博爱"之说,并没有将孟子以来的爱有差等、施由亲始的仁爱内涵表达出来,有混同于泛爱、兼爱之嫌。朱熹在解释《论语·颜渊》中子夏回答司马牛之忧所言"四海之内,皆兄弟也。君子何患乎无兄弟也"时,说:"盖子夏欲以宽牛之忧,故为是不得已之辞,读者不以辞害意可也。"胡宏也说子夏这句话是"意圆而语滞"。③ 其担忧也正与对"博爱"的担忧一致,即有悖于儒家仁爱思想而流于异端。朱熹之意是,若果真视天下人皆是兄弟,那就是不分差别的兼爱了。所以胡宏和朱熹都认为子夏的这句话有不当之处。此足以窥见,宋代理学家在严防佛老之学泛滥于儒学之时在学术上自觉持有的谨小慎微态度,同时也表露出理学家在解释经典时的据理疑经之特点。

而《孝经》中正有"博爱"一语。朱熹也有着同样的担心,他在《孝经刊误》中就认为:"先之以博爱,非立爱惟亲之序。若之,何能使民不遗其亲耶?"朱熹怀疑这句话非圣人之言,并将其删去。④ 对于朱熹的做法,吕维祺自然不能同意,在他看来,《孝经》"一脉相生,一气相贯,真一字不可篡易"⑤。正因此,他在关于这段话的第二

---

① 《河南程氏遗书》卷18,《二程集》,中华书局,1981,第182页。
② 黎靖德编《朱子语类》,中华书局,1986,第416~417页。
③ (宋)朱熹:《四书集注》,第131页。
④ (宋)朱熹:《孝经刊误》,四库全书本。
⑤ (明)吕维祺:《孝经或问》卷一,第535页。

重注释中丝毫未采朱熹之言，而是采用了唐玄宗注、邢昺疏："先王……须身行博爱之道以率先之，则人渐其风教，无有遗其亲者"①。而唐玄宗注正是"君爱其亲，则仁化之，无有遗其亲者"②。"爱其亲"和"博爱"相对应。这正符合吕维祺以"广其爱于亲"解"博爱"的做法。为了解决朱熹在《孝经刊误》中提出的难题，吕维祺采取了字义训释、以经证经等多重策略。

吕维祺首先对"博爱"与"博施济众"做了区分，认为"博爱"即"博爱其亲""笃于亲"之意，故并不违背儒家的立爱从亲始之说。"博施济众"则相当于孟子说的"老吾老以及人之老"。但是在吕维祺之前从未有儒者如此解释"博爱"，故有人就向他询问"'博爱'为'博爱其亲'，有据乎？"吕维祺解释说："按《说文》：'博：大，通也。'又《广韵》亦曰：'大也，通也'。据本经文有云'人之行莫大于孝，孝莫大于严父，严父莫大于配天'，其大也至矣。又云'孝弟之至，通于神明''无所不通'，其通也至矣。大而通，其博爱也至矣。故'博爱'为'博爱其亲'，无疑也。"他还找到了《孝经》之外的文本《论语》"事父母能竭其力""君子笃于亲"，《礼记·檀弓》"左右就养无方"等作为论据，论证"博"犹"竭也、笃也、无方也"，认为"博爱"就是竭力事亲、"广其爱于亲"之意。然后，他又从解经方法上对解"博爱"为"博爱其亲"的做法加以申释，认为：

> 以理揆之则知之耳。君子亲亲而仁民，仁民而爱物，若谓"博爱其民"是不先之以亲亲而先之以仁民也，于理通不去。
>
> 以经文证之则知之耳。本句经文"先之以博爱"，若谓"博爱其民"，是后一层事，不应言"先于"，本句经文通不去。前章经文"爱敬尽于事亲，德教加于百姓，刑于四海"。若谓"博爱其民"，是爱敬先加于百姓，而遂刑于四海，于前章经文通不去。后章经文"不爱其亲而爱他人者谓之悖德"，若谓"博爱其民"，经不应自相矛盾而一则曰先之，一则曰悖德也，于后章经文通不去。③

从这两段话来看，吕维祺对"三才章"的解释体现了"以理揆之"和"以经证

---

① （明）吕维祺：《孝经大全》卷五，第399页。
② （宋）邢昺：《孝经注疏》，上海古籍出版社，2009，第30页。
③ （明）吕维祺：《孝经大全》卷五，第401页。

之"两个原则。"以理揆之",故他要依孔孟亲亲—仁民—爱物的推扩次序,解"博爱"为爱由亲始意义上的"博爱其亲"。"以经证之",故他一方面以训诂的方式对"博"做了新的训释,并引《孝经》文本和《论语》《礼记》等书辅证其说①;另一方面从义理上将他所解释的"博"与《孝经》中的前后文相联系贯通起来。既做到了由字以通义、以通理,又做到了以经证经。

通过这样的分析和诠释,他对自己解经的原则做了高度总结:

> 凡经文有疑者,作何解?曰:于理不可通者,意见也。于经不可通者,信传之过也。是故以意见解经,不如以理解经。以传解经,不如以经解经。圣人之言千变万化,一以贯之,只是这个理,要虚心体认始得。②

在这段话中,"以理解经"和"以经解经"相应,"以意解经"和"以传解经"相应。这两种解经方式中,吕维祺所批评的是后者。"以理解经"实即吕维祺所说"以理揆之","以经解经"实即其所说"以经文证之"。

对于"以传解经"和"以经解经"二者的区分,其实在朱熹思想中即可寻到踪迹。朱熹说:

> 读书,须从文义上寻,次则看注解。今人却于文义外寻索。③

> 圣贤形之于言,所以发其意。后人多因言而失其意,又因注解而失其主。凡观书,且先求其意,有不可晓,然后以注通之。如看大学,先看前后经亦自分明,然后看传。④

朱熹所言"从文义上寻",与吕维祺的"以经文证之"无异。在朱熹看来,圣贤立言以发意,故读经者以探求圣贤之意(即吕维祺所说"理")为终极目的。虽然载有圣贤之言的经典本身是求圣人之意的门径,但是仍会出现"因言失意",迷失于语词丛林中的情况。更甚者,读者废经典而不读,专读后人之注疏,这更是曲之又曲,离

---

① (明)吕维祺:《孝经大全》卷五,第400~401页。
② (明)吕维祺:《孝经大全》卷五,第401页。
③ 《朱子语类》卷十一,第193页。
④ 《朱子语类》卷十四,第256页。

道愈远。所以他主张先求其意，将经文前后通贯，若不理解，再以后人之注释作为辅助。朱熹对于后人之注疏是持很强的谨慎态度的，他说："解经已是不得已，若只就注解上说，将来何济！"① 若能直接从圣人之言以通圣人之意，解经、作注都是头上安头、骑驴觅驴之举。"只就注解上说"，正是吕维祺所批评的"以传解经"。

朱熹还对经典与解经者二者的关系做了个很好的譬喻，他说："圣经字若个主人，解者犹若奴仆。今人不识主人，且因奴仆通名，方识得主人，毕竟不如经字也。"② 圣贤之经典是"主人"，解经者是"奴仆"，若读者不读经典，反以解经者所作的传注作为媒介来体会圣人之意，这肯定比不上直接阅读经典、"以经解经"，即如他所言"以书观书，以物观物，不可先立己见"③。这正是强调从经典文本出发来理解经典的重要性。

而吕维祺在解释"以经解经"时所说"圣人之言千变万化，一以贯之，只是这个理，要虚心体认始得"，这段话涉及读经工夫，亦是本自程朱，程颐言：

> 学者当以《论语》、《孟子》为本。《论语》、《孟子》既治，则六经可不治而明矣。读书者，当观圣人所以作经之意，与圣人所以用心，与圣人所以至圣人，而吾之所以未至者，所以未得者，句句而求之，昼诵而味之，中夜而思之，平其心，易其气，阙其疑，则圣人之意见矣。④

朱熹言：

> 大凡人读书，且当虚心一意，将正文熟读，不可便立见解。⑤
> 只是虚心平读去。⑥

吕维祺在评述"闺门章"时即曾引用程颐"平其心，易其气，阙其疑"⑦ 之说。

---

① 《朱子语类》卷十一，第181页。
② 《朱子语类》卷十一，第193页。
③ 《朱子语类》卷十一，第181页。
④ 《河南程氏遗书卷第二十五·伊川先生语十一》，《二程集》，第322页。
⑤ 《朱子语类》卷十一，第191页。
⑥ 《朱子语类》卷十一，第187页。
⑦ （明）吕维祺：《孝经大全》卷九，第424页。

但吕维祺又与程朱有很大不同。程朱强调读经者自身的体贴，将读经作为切己事玩味体察，即将经典所载义理体之于身心，有着"得意忘言"的味道。如朱熹说："读六经时，只如未有六经，只就自家身上讨道理。"① 这种读经观与其天理说紧密相关，朱熹说："六经是三代以上之书，曾经圣人之手，全是天理。"② 又言："经之有解，所以通经。经既通，自无事于解。借经以通乎理耳，理得，则无俟乎经。"③ 也就是说，天理恒常，古今不易，圣人之经也不过是"天理"的表达和体现。而天理能为人心所体得，人心具有体认承载天道的能力，④ 所以，阅读经典也成了捕鱼之筌。于此可见，宋儒解经，多据理疑经，并非无由。

而吕维祺并没有这样一个"天理"的预设，他所说的"理"并非天理，毋宁说是体现圣人之意的经典的文理、义理。正因此，"以经文证之"才与"以理揆之"构成了对等关系。而在朱熹的经典观中，"理"相对于经典内容来说具有更高的地位，体会得天理可以无经。此处，即体现出了学术史上的汉学与宋学在解经上的差别。当然，吕维祺并非不承认"天理"的存在，他本人在与师友弟子的讲学中也是以朱熹的《四书章句集注》为主，但是我们能够看到他对于人能否把握"天理"持有高度的警惕性。他说："天地间安有所谓文，只有一理。其可见为文者，皆理之糟粕……学人者欲以千古而下设身圣人之地，以传圣人之心，为圣人之言，斯亦远矣。如以丹青传照，愈传愈失其真。……今之学人皆其自谓能为圣人之言者也。"正因此，他只说自己所写之文谓"理尘"，而不是理本身，不敢自谓已得圣人本心。⑤ 这段话不禁会让我们想到刘宗周对阳明学末流"冒认本体""冒认圣人"的批评。他批评那些口口声声"欲以千百世下解千百世以上圣人之言"者往往"求诸渺茫无何有之乡"，正是出于这样的考虑，他强调，与其如此，不如求于圣人之"孝弟庸行"、圣人之日用常行。⑥ 而他之所以毕生用力于发明《孝经》，其因即归根于此。

---

① 《朱子语类》卷十一，第188页。
② 《朱子语类》卷十一，第190页。
③ 《朱子语类》卷十一，第192页。
④ 宋儒的道统说亦可由此获得一理解。只有承认当代人完全能够体认天道、天理的必然性，当代人才有可能成为道的传承者。体道是传道的前提。
⑤ 《理尘自序》，《吕明德先生文集》卷九，第149页。
⑥ 《题功甫四书解》，《吕明德先生文集》卷九，第156页。

从宋明理学转进至清代汉学，这一转进过程必定与儒者对于"经典"的态度、"解经"的方法有莫大关系。若完全信任经典，认为其真实地反映了圣人之意，那么，在解经的过程中，就必然会强调从经典文本出发。如与朱熹相较，吕维祺对经典（《孝经》）的态度显然是更为尊信，这正是二人在注解《孝经》时所反映出的不同。我们也可以看到，吕维祺所主张的"以经解经""以理解经"，稍过一步，便成了朱熹的"理得则无俟乎经"。圣人既萎，千百年之后，谁又有何凭据，断言自己所体会的"理"便是圣人之意，便是"天理"呢？只有经典才是衡量、体认圣人之意的客观标准。即此而言，"以理解经"，就是"以经解经"。如果不是"以经解经"，不以经典作为客观尺度，那就变成了"以意解经"。"理"也就成了"意"，或者将自己体会所得的"意"视为"天理"。吕维祺"以经解经"的提法，从一个侧面反映了晚明儒者对于经典解释的反省和思考，这无疑露出了汉学解经的萌芽，此或即清代解经风格之先导？

三 结语

吕维祺在对《孝经》的注解和诠释中，以互存就质、和会朱陆的方式，欲和会程朱理学、陆王心学两派之注，这样的做法似乎并不成功，其中遗留有很多问题，尤其是就其注释的整体性和一贯性而言，由于并存两派之说，往往有互相矛盾、扦格不通之处，抑或与吕维祺自己对《孝经》的理解有着隔阂，这一切都表明，和会朱陆在经典解释上所存在的难度相当大。但吕维祺所提出的"以经解经"的解经原则却很成功地化解了朱熹在《孝经刊误》中提出的关于"先之以博爱"的注释难题。而且，这一解经原则是他在注解经典时所自觉提出的。这一点对于我们观察和理解明清思想转型有着重要意义。余英时在谈及明代后期朱学和王学的义理之争时，指出：当时已经出现了"论学一定要'取证于经书'"，"质诸先觉，考诸古训"的口号，表明义理的是非之争"只好取决于经书"，他认为这就是后来清儒所谓"训诂明而后义理明""汉儒去古未远"这一类的说法的先声。[①] 但余先生的说法是就思想史的发展来说，并未观察明代后期儒者对经典的注释。而从吕维祺对《孝经》的注释来看，吕维祺所提出的

---

① 余英时：《中国思想传统及其现代变迁》，广西师范大学出版社，2004，第194页。

"以经解经"原则无疑更能鲜明地预示了清代学术的发生。①

黄宗羲所作《万充宗墓志铭》中赞万斯大（字充宗，1633~1683）之学，其中就提到了"以经释经"，说：

> 充宗以为，非通诸经不能通一经，非悟传注之失则不能通经，非以经释经则亦无由悟传注之失。何谓通诸经以通一经？经文错互，有此略而彼详者，有此同而彼异者。因详以求其略，因异以求其同，学者所当致思也。何谓悟传注之失？学者入传注之重围，其于经也，毋庸致思；经既不思，则传注无失矣，若之何而悟之。何谓以经解经？世之信传注者过于信经，试拈二节为例……充宗会通各经，证坠辑缺，聚讼之议，涣然冰释，奉正朔以批闰位，百注遂无坚城。②

依黄宗羲对万斯大解经方式的概括，正似一个"解释学循环"。依其妙喻，直接面对经典才是能否冲出传注之重围的关键。其中所说的"信传注者过于信经"的做法，朱熹早有批评。而吕维祺更是明确提出了"以经解经"，据经以驳前人旧注，此即黄宗羲所谓"非悟传注之失则不能通经，非以经释经则亦无由悟传注之失"。至于"非通诸经则不能通一经"，吕维祺引《论语》《礼记》等以证《孝经》，故也可以说已经带有了这样的特点。如他对《孝经》"先之以博爱"的注释，顾炎武《日知录》卷八"博爱"条即谓："'先之以博爱而民莫遗其亲'。'左右就养无方'，博爱也。"③ 顾氏引《礼记·檀弓》"左右就养无方"以作解，是否便是直接出自吕维祺，不能确证，但二人以经证经的思路确是一致的。梁启超在《中国近三百年学术史》中亦引黄宗羲的这段话以概括清代经学的治经特质。④ 今人研究乾嘉学者的治经方法时，亦多引及之，甚至将其视为"乾嘉治经方法的近源"⑤。但事实上，这一治经方法，在明末学者

---

① 此外，吕维祺极为重视礼。他作有《存古约言》《四礼约言》等礼学著作，他认为若要挽救不道德而尚奢靡的世风，"惟礼可以已之"，此为"古代之权舆，风教之嚆矢"。（《明德先生文集》卷八，第132页）此亦可见明末重礼之风。
② （明）黄宗羲：《万充宗墓志铭》，《黄宗羲全集》第10册，浙江古籍出版社，1992，第405页。
③ 《日知录校释》，岳麓书社，2011，第283页。
④ 梁启超：《中国近三百年学术史》，中国书店，1985，第72页。
⑤ 郑吉雄：《乾嘉学者治经方法与体系举例试释》，蒋秋华主编《乾嘉学者的治经方法》，中研院中国文哲研究所筹备处，2000，第112页。

之中即已明确标出。据此以观，研究明清学术思想的变迁，明代后期经注的研究不可忽视。长期以来，明代经学都被视为经学史上的"积衰时代"，卑视明代经学，谓"明时所谓经学，不过蒙存浅达之流；即自成一书者，亦如顾炎武云：明人之书，无非盗窃"①，这一看法无疑显得有些批评过度。否则，执持于这一看法而认为明代经学无研究之价值，便无法勘清明清学术思想之流变。

（责任编辑：李富强）

---

① （清）皮锡瑞：《经学历史》，中华书局，1981，第278页。

图书在版编目(CIP)数据

曾子学刊. 第一辑 / 曾振宇主编. -- 北京：社会科学文献出版社，2018.12
 ISBN 978 - 7 - 5201 - 3782 - 9

Ⅰ.①曾… Ⅱ.①曾… Ⅲ.①曾参（前505-前436）-人物研究②曾参（前505-前436）-哲学思想-研究 Ⅳ.①B222.35

中国版本图书馆CIP数据核字（2018）第252173号

曾子学刊（第一辑）

主　　编 / 曾振宇

出 版 人 / 谢寿光
项目统筹 / 赵怀英
责任编辑 / 赵怀英　王玉敏

出　　版 / 社会科学文献出版社·联合出版中心（010）59366446
　　　　　 地址：北京市北三环中路甲29号院华龙大厦　邮编：100029
　　　　　 网址：www.ssap.com.cn
发　　行 / 市场营销中心（010）59367081　59367083
印　　装 / 三河市东方印刷有限公司

规　　格 / 开　本：889mm×1194mm　1/16
　　　　　 印　张：15　字　数：268千字
版　　次 / 2018年12月第1版　2018年12月第1次印刷
书　　号 / ISBN 978 - 7 - 5201 - 3782 - 9
定　　价 / 99.00元

本书如有印装质量问题，请与读者服务中心（010-59367028）联系

▲ 版权所有 翻印必究